EDITH STEIN GESAMTAUSGABE

4

EDITH STEIN GESAMTAUSGABE

Herausgegeben von der
Edith Stein Stiftung, Köln

Unter wissenschaftlicher Mitarbeit von
Hanna-Barbara Gerl-Falkovitz
Lehrstuhl für Religionsphilosophie und
vergleichende Religionswissenschaft der
Technischen Universität Dresden

4

Biographische Schriften 4

Selbstbildnis in Briefen III

Edith Stein

Selbstbildnis in Briefen

Briefe an Roman Ingarden

Einleitung von
Hanna-Barbara Gerl-Falkovitz

Bearbeitung und Anmerkungen von
Maria Amata Neyer OCD
Fußnoten mitbearbeitet von
Eberhard Avé-Lallemant
Bearbeitung der 2. Auflage von
Hanna-Barbara Gerl-Falkowitz

HERDER

FREIBURG · BASEL · WIEN

Diese Sonderausgabe wurde realisiert mit freundlicher Unterstützung der Provinzen des Teresianischen Karmels (OCD) in Deutschland und Österreich sowie der Edith Stein Gesellschaft Deutschland.

Neuausgabe 2025 der 3., durchgesehenen Auflage 2015

Hermann-Herder-Straße 4, D-79104 Freiburg

www.herder.de
produktsicherheit@herder.de

Umschlaggestaltung: Finken & Bumiller, Stuttgart
Satz: SatzWeise, Bad Wünnenberg
Printed in Germany

ISBN 978-3-451-02624-9
ISBN E-Book (PDF) 978-3-451-83884-2

Geleitwort

Dieser Band bildet den Abschluß des ersten Teils (Biographische Schriften) der Edith Stein Gesamtausgabe. Er korrigiert, präzisiert und ergänzt den entsprechenden Band der vorhergehenden Ausgabe (ESW XIV, 1991).

Das hier zutage tretende Selbstbildnis Edith Steins in ihrer wissenschaftlichen und tiefen menschlich-persönlichen Beziehung zu Roman Ingarden kann einerseits durch die Lektüre der Briefbände „Selbstbildnis in Briefen I und II“ (ESGA 2 und 3) erhellend in das Lebensganze Edith Steins eingeordnet werden, es vermag zum anderen die Vielfalt der menschlichen Beziehungen Edith Steins zu konkretisieren und vor Augen zu führen.

Die „Briefe an Roman Ingarden“ führen in die philosophische Szene der ersten Hälfte des zwanzigsten Jahrhunderts ein und veranschaulichen zugleich den Werdegang Edith Steins von einer Philosophin in der Welt zu einer Philosophin im Karmel.

Herausgeber und Bearbeiterin sind wiederum sehr vielen Menschen zu Dank verpflichtet. Wie bei den vorhergehenden Briefbänden war Frau Professorin Dr. Hanna-Barbara Gerl-Falkovitz bereit, auch diesen Band fundiert einzuleiten. Neben den vielen hilfsbereiten Menschen, darunter Herrn PD Dr. Eberhard Avé-Lallemant (München), danken wir ihr ganz besonders.

Michael Linssen OCD † (Würzburg)
Maria Amata Neyer OCD (Köln)

PS. Während der Endkorrektur dieses Bandes verstarb am 23. Mai 2001 völlig unerwartet Michael Linssen OCD. Er hat sich unauslöschliche Verdienste um die schwierige Herausgabe der Werke Edith Steins erworben, schon von EWS XI bis XVIII, nun bei ESGA 2, 3, 4, 13 und 16.

R. I. P.

Inhalt

Einleitung

von Hanna-Barbara Gerl-Falkovitz

1. Warum in Briefe eindringen?

Edith Steins denkerischer Rang, ihr erschreckendes Schicksal, ebenso ihre religiöse Kraft rücken sie in die Reihe jener, deren Äußerungen auch in privaten Briefen die Aufmerksamkeit wecken: Solche Personen werden öffentlich. Damit werden nie für die Allgemeinheit gedachte Mitteilungen unter ganz neuen Blickwinkeln gelesen, auch durchforstet: von der Historie, von der besonderen Fragestellung der Kultur- und Philosophiegeschichte, von der Theologie, von der Frauenforschung, einfach von einem verehrenden Blick, möglicherweise auch nur von der Neugier. Wer Edith Steins Charakter kennt, weiß, daß sie diese Aufmerksamkeit nicht gesucht, eher als Hinderung beim Schreiben empfunden hätte.

So ist die Herausgabe ihrer Briefe, vor allem jener ungewöhnlichen an Ingarden, ein Eindringen; nur ein Tagebuch wäre wohl noch intimer. Dennoch ist die Annäherung zu wagen, auch wenn Edith Stein selbst nur wenigen eine solche Nähe eröffnete. In dem immer größer werdenden zeitlichen Abstand wirkt nicht mehr zudringlich, ja darf gesucht und enthüllt werden, was das ursprüngliche Erleben, Erfahren, Denken dieser Frau gegenwärtig macht. Das Unmittelbare wird durch den Abstand gedämpft und gleichzeitig in größere Klarheit gehoben: das Subjektive ist abgesunken, das Besondere, nämlich Einmalige und allgemein Bedeutsame, schält sich heraus. So wird das Unbeabsichtigte zum Dokument, was übersetzt heißt: zum Lehrstück, aber gerade nicht im langweilig-lehrhaften Sinn. Vielmehr geht vom Absichtslosen eine lebendige Bewegung aus, die Edith Steins sonstigen philosophischen Stil eher selten begleitet.

Das sonstige Briefcorpus Edith Steins liegt im Rahmen der Gesamtausgabe, erstmals zusammen mit an sie gerichteten Schreiben und anderen Dokumenten, in zwei Bänden vor.[1] Es umfaßt unterschiedlichste Empfänger, unterschiedlichste Anliegen: Austausch mit Freunden und Bekannten, Mitteilungen an die Familie, Anfragen, kurze Grüße (die zahllosen Postkarten!), auch knappe philosophische Diskussionen, ebenso knappe religiöse Hin-

[1] Edith Stein, *Selbstbildnis in Briefen I: Briefe von 1916–1933,* ESGA 2, Freiburg 2000; *Selbstbildnis in Briefen II: Briefe von 1933–1942*, ESGA 3, Freiburg 2000.

weise, Ratschläge – die reiche Mischung eines vielfach angeforderten Lebens. Dieser bekannt gewordene Briefwechsel wirkt diszipliniert, sachbezogen, selten kommt es zum längeren Austausch. Freilich bleiben selbst die wesentlich erweiterten Briefsammlungen chronologisch lückenhaft, was die entscheidenden Jahre vor und nach der Taufe Edith Steins (1922) angeht.

Die Lücke dieser frühen Jahre, in welchen sich der härteste Widerstreit um den gemäßen Weg abspielte, ist durch das glückhafte Auftauchen der Briefe an Roman Ingarden geschlossen – mehr als das: in reichem Maße gefüllt. Denn mehr als die Hälfte der Briefe stammt aus den Jahren 1917 bis 1925; sie zeigen die innere Suchbewegung der jungen Doktorin und Privatassistentin Husserls einem als adäquat empfundenen Partner gegenüber, sie zeigen Selbstkritik und Scharfblick ins eigene Innere, und vor allem zeigen sie das allmähliche Einmünden in eine schmerzlich gesuchte Lösung – Lösung der inneren Unsicherheiten, Lösung auch vom Freund Ingarden, Auftauchen eines anderen Friedens. All dies ist begleitet von reichen persönlichen und sachlichen Hinweisen auf den Göttinger und Freiburger Phänomenologenkreis und Husserl selbst.

So bietet das Vorliegende zweierlei Einblick: in Edith Steins Seele (wenn man diesen einfachen Ausdruck so einfach gebrauchen darf) und in die Werkstatt der Phänomenologie in den 10er und 20er Jahren. Die Stein- und Ingarden-Forschung wie die Kenntnis des Husserl-Kreises können von der nochmals ergänzten, nunmehr vollständigen Veröffentlichung[2] gleichermaßen gewinnen; die auftauchende *terra incognita* gehört ins wissenschaftliche Gespräch. Zunächst, dieses Gespräch in den hier gebotenen Grenzen einleitend, zu Edith Steins seelischer Lage und schwieriger persönlicher Entfaltung.

2. *Einer Freundschaft Blühen und Sich-Bezähmen*

In der Freundesbeziehung muß ein privater Horizont angesprochen werden, der sich mit dem sachlichen untrennbar berührt. Oben wurde von dem glückhaften Auftauchen der Stein-Briefe gesprochen, was genauer heißt: sie wurden von Ingardens Söhnen nach dessen Tod († 1970) im Original an die Polnische Akademie der Wissenschaften in Warschau und in Kopie an den Kölner Karmel gegeben (1986) – wohl ausgelöst durch die Seligsprechung Edith Steins am 1. Mai 1987. Ingarden selbst hatte die Veröffentlichung öfter erwogen, da er den biographischen und philosophiehistorischen Wert der

[2] Die Erstveröffentlichung in ESW XIV im Herder Verlag, Freiburg 1991, enthielt noch 9 lückenhafte Briefe, die jetzt ergänzt werden konnten; ein Brief (Nr. 81) wurde noch aufgefunden, so daß sich von dieser Nummer ab die Zählung der Briefe gegenüber der Erstausgabe verschiebt.

Korrespondenz wohl einschätzen konnte[3] und 1968 auch Husserls Briefe an ihn herausgegeben hatte[4].

Vielleicht hinderte ihn letztlich eine gewisse Zurückhaltung wegen der privaten Anklänge der Briefe. Zwischen 1917 und 1918 zeigen sie eine tiefere als nur aus der gemeinsamen Denkarbeit aufsteigende Freundschaft – sie lassen auf der Seite Edith Steins Liebe erkennen, dann Überwindung und Verzicht, dies allerdings schon Ende 1917. Denn das sacht keimende Gefühl, immer wieder verhüllt, aber auch immer wieder durchscheinend, bleibt unerwidert. Die Antwortschreiben Ingardens sind nicht erhalten oder noch nicht aufgetaucht; jedenfalls versuchte Edith Stein auf eine seit 1924 geäußerte Bitte hin, die Briefe zurückzugeben[5]. Aus ihrem gefaßten, zuweilen mühsam gezähmten, mühsam sachlichen Ton, der Leidenschaftlicheres erraten läßt, geht ihr Kampf gegen sich selbst, das Einhalten der vom Freund offenbar zugewiesenen Grenzen, die Anstrengung bloß gedanklichen Austausches hervor. Philosophieren ersetzt den Ton des Herzens, den der andere nicht hören will. So tragen die Briefe von 1917 den Zwiespalt des weder ganz entwickelten noch ganz zum Schweigen gebrachten Gefühls. Und dieser Ton bleibt auch nach dem Höhepunkt oder Tiefpunkt im Spätherbst dieses Jahres für eine Weile hörbar. Als Ingarden Anfang 1918 zurück nach Polen geht, müht sich die Schreiberin – nicht immer mit Erfolg – um Gleichgewicht. Die Briefe bleiben lang, in der Korrespondenz Edith Steins sogar einmalig lang und von wechselnder Stimmung. „Ich denke manchmal, daß ich Ihnen als eine recht überspannte und launenhafte Person erscheinen muß. Und nicht mit Unrecht. Zur Milderung des Eindrucks kann ich nur anführen, daß Sie das einzige Opfer für alle Unvernunft sind, die in mir steckt, und daß ich mich sonst aller Welt gegenüber ganz schrecklich vernünftig betrage. So vernünftig, daß meine Briefe vermutlich als Fälschung angesehen würden, wenn Sie mal auf den Gedanken kämen, sie zu veröffentlichen. Also, hüten Sie sich, das je zu tun!“[6] Wirkliche Überwindung und Ruhe kommen in die Briefe erst im Herbst des Jahres 1919 – weniger wegen Ingardens Heirat, eher wegen Edith Steins bereits vorwärtsdrängender religiöser Entwicklung und nicht zuletzt wegen einer neuen, von ihrer Seite wiederum tiefen (und wiederum einseitigen) Freundschaft zu Hans Lipps. „Zunächst muß ich Ihnen sagen, daß die Freiburger Erinnerungen gerade um die Zeit, als ich die Nachricht von Ihrer Vermählung bekam, durch fri-

---

[3] Tatsächlich veröffentlichte er eine kleine Auswahl, nur sachliche Erörterungen betreffend, in: Roman Ingarden, *Edith Stein on Her Activity as an Assistant of E. Husserl*, in: *Philosophy and Phenomenological Research* XXIII, 2 (Dec. 1962), 155–175.

[4] Edmund Husserl, *Briefe an Roman Ingarden. Mit Erläuterungen und Erinnerungen an Husserl*, hg. v. R. Ingarden, Den Haag 1968.

[5] Vgl. Briefe 86, 87, 111.

[6] Brief 38 vom 5.7.1918.

sche Eindrücke unwirksam gemacht waren, durch eine Geschichte, die in vielem eine unheimliche Analogie mit der Ihnen bekannten aufwies. Einzelheiten erlassen Sie mir wohl. Die Erfahrungen waren mindestens ebenso schmerzlich, aber meine inneren Widerstandskräfte waren gewachsen, so daß ich leichter hindurchkam und, wie ich glaube, gerade dadurch die innere Freiheit erlangt habe.“[7]

Diese innere Freiheit teilt sich nun auch den sachlich und unverkrampft werdenden Briefen mit. Aber es scheint, als würde Ingarden noch längere Zeit nicht ohne Befangenheit handeln: Er nennt die Namen seiner Kinder nicht, braucht mehrere Jahre, um deren Photo (ohne seine Frau) zu senden. Sichtlich grenzt er sein privates Leben vor Edith Stein ab. Nicht ohne Nachdenklichkeit über den psychologischen Umschwung liest man dann freilich Ende 1929 – Ingarden war mittlerweile 1927 wieder in Deutschland und auch zu einem kurzen Besuch bei Edith Stein gewesen –, wie sie ihm die Bitte um das „Du“ nun wirklich unbefangen abschlägt, denn „es wäre unwahrhaftig, weil nicht meinem Empfinden entsprechend, und so etwas möchten Sie ja selbst nicht. [...] Für mich hängt an der vertraulichen Anrede etwas von Familienwärme, wie sie in mein Leben nicht mehr paßt. Sie müssen immer denken, daß um mich herum unsichtbare Zellenwände sind. Die Liebe, die nicht von dieser Welt ist, geht durch diese wie durch alle materiellen Wände hindurch, sie kennt keine Grenzen von Zeit und Raum, aber anderes wird dadurch ferngehalten. Wenn Ihnen das weh tut, ist es mir leid, aber ich kann es nicht ändern.“[8]

Diese Spröde – erst die seine, dann die ihre – hindert freilich nicht, ja befördert die Konzentration auf den einzigen Nenner, der bleibt: die Phänomenologie. Die Verknüpfung der beiden Freunde geschieht nun in sachlicher Hinsicht, durch das Dritte und den Dritten: die Bindung an Gedankenwelt und Person des gemeinsamen Lehrers.

3. Meisterschaft des Denkens: Edmund Husserl

An dieser Stelle eine knappe Charakteristik Husserls, mit dem die Freundschaft und Denkgemeinschaft Stein-Ingarden so tief zusammenhängen. Vieles in den Briefen Angedeutete berührt die Kenntnis umfassender Zusammenhänge; so sei das leichthin Ausgetauschte wenigstens mit einer Rahmenskizze unterfangen.

Edmund Husserl war in seinen Freiburger Universitätsjahren, in deren Kontext die Briefe einsetzen, längst ein Philosoph von Weltrang. Geboren

[7] Brief 94 vom 29.11.1925.
[8] Brief 131 vom 29.12.1929.

am 8. April 1859 in Proßnitz (Mähren), von jüdischer Abstammung und protestantischem Bekenntnis, war er zuerst zu Mathematikstudium und -promotion nach Leipzig, Berlin und Wien gegangen, hörte dort 1884–1886 den Philosophen Franz Brentano und geriet dadurch auf die Probleme der Logik. 1887 habilitierte er sich *Über den Begriff der Zahl* und blieb bis 1901 als Privatdozent in Halle. Seine Forschung konzentrierte sich endgültig auf die Philosophie und hier auf die Erkenntnistheorie: Gegen den subjektivierenden Historismus und Psychologismus der Zeit arbeitete er an der objektiven Logik des Erkennens, also an den weder geschichtlich noch psychologisch bedingten Voraussetzungen des Erkenntnisaktes. Sein Werk *Logische Untersuchungen* (in zwei Teilen 1900/01) erregte sofortigen, ungewöhnlichen Widerhall in der philosophischen Welt und brachte ihm den Ruf an die renommierte Göttinger Universität (1901–1916). Dort formte sich langsam ein „Göttinger Phänomenologenkreis", parallel zum Kreis um Pfänder, Geiger und Scheler in München. Mehrere „Münchner", darunter der hochbegabte Adolf Reinach, gingen ab 1905 zu Husserl nach Göttingen; Theodor Conrad (der spätere Mann von Hedwig Martius) gründete 1907 die „Göttinger Philosophische Gesellschaft", wo Max Scheler seit 1910/11 Vorlesungen hielt. 1907 trug Husserl *Die Idee der Phänomenologie* als Vorlesung vor; 1913 begründete er zusammen mit Pfänder, Scheler, Reinach und Geiger das „Jahrbuch für Philosophie und phänomenologische Forschung". Darin erschien sein zweites großes Werk *Ideen zu einer reinen Phänomenologie und phänomenologischen Forschung* (Teil I). Husserls Schülerkreis war längst international geworden; sein Ruhm brachte ihm die Berufung als Ordinarius nach Freiburg (1916–1928) ein – Höhepunkt seiner Laufbahn. In Martin Heidegger erwuchs ihm ein Schüler und Assistent (1919–1922), dann der erwünschte Nachfolger (ab 1928), was aber sogleich den sachlichen und unüberbrückbaren Unterschied zwischen beiden an den Tag brachte. Heideggers politischer Irrweg während der nationalsozialistischen Ära machte die Beziehung schließlich ganz unmöglich. Husserls Weltruf bewahrte ihn vor tätlichen Angriffen seitens der braunen Machthaber, freilich nicht vor demütigenden Schikanen. Seine Vortragstätigkeit blieb vielbeachtet: 1929 las er in Paris (*Méditations Cartésiennes*), 1935 in Wien und Prag. 1936 erschien als letztes Werk, in gewissem Sinn als fragende Überprüfung des eigenen Denkens und Unterscheidung zum Zeitgeist *Die Krisis der europäischen Wissenschaften und die transzendentale Phänomenologie.* Am 27. April 1938 starb der „Meister" in Freiburg; seine letzten Monate zeigen eine vorher verhüllte innere Bewegung auf das Christentum zu.[9] Auf abenteuerliche

[9] Schön und zurückhaltend hat darüber berichtet Sr. Adelgundis Jaegerschmid OSB, *Gespräche mit Edmund Husserl,* in: Waltraud Herbstrith (Hg.), *Wege zur inneren Stille,* Aschaffenburg 1987.

Weise wurde sein großer Nachlaß über die Schweiz nach Löwen gebracht, wo ein Husserl-Archiv die Bestände bewahrt. Husserls Frau Malvine (1860–1950) entrann dem Holocaust durch ein Versteck in einem belgischen Kloster. Während des Krieges konvertierte sie zum Katholizismus.[10]

Diese Namen und Daten geben den Rahmen für die vorliegende Korrespondenz und werden durch sie weiter persönlich erhellt. Um den Rahmen aber nicht nur äußerlich, als Pflichtübung des Historikers, zu zeichnen, sei kurz und keineswegs zureichend der frühe Horizont von Husserls Denken umrissen; sonst wird die außerordentliche Bedeutung dieses Lehrers für seine Schüler, aber auch für die Gesamtentwicklung der zeitgenössischen Philosophie nicht begreiflich.

Husserl hatte in der deutschen Philosophie, die seit Kant und dem großen 19. Jahrhundert international tonangebend war, erhebliches Aufsehen erregt durch eine Wende des Denkens, die später Scheler und Heidegger – freilich sehr anders – mitverfolgten. Die Schulphilosophie war damals vom Neukantianismus geprägt, einer Neuauflage und epigonalen Verschärfung von Immanuel Kants kritischem Denken. Kant hatte 1781 – im Gegensatz zur antiken und mittelalterlichen Auffassung – die Vernunft in ihren verschiedenen Kräften als dasjenige Instrument bestimmt, das von sich aus unhintergehbare Koordinaten liefert, mit denen Wirklichkeit geordnet und aufgenommen wird. Zum Beispiel trägt jede Anschauung die Koordinaten Zeit und Raum an sich, findet sie also nicht an den Dingen, sondern überträgt sie auf die Dinge – Wirklichkeit läßt sich nicht anschauen, ohne sie in Zeit und Raum vorzustellen. Ebenso bildet die Vernunft selbst die ständig vorgegebene, nicht abnehmbare „Brille" zur Erfassung des Wirklichen. Kants *Kritik der reinen Vernunft* von 1781 stößt bis zu dieser Tatsache vor, kann sie aber nicht „überholen".

Kant hat diese Entdeckung selbst als „kopernikanische Wende des Bewußtseins" bezeichnet: „Bisher nahm man an, alle unsere Erkenntnis müsse sich nach den Gegenstände richten. [...] Man versuche es [...] einmal, ob wir nicht in den Aufgaben der Metaphysik damit besser fortkommen, daß wir annehmen, die Gegenstände müssen sich nach unserem Erkenntnis richten. [...] Es ist hiemit eben so, als mit den ersten Gedanken des Kopernikus bewandt [...], ob es nicht besser gelingen möchte, wenn er den Zuschauer sich drehen, und dagegen die Sterne in Ruhe ließ."[11]

In der Folge ergibt sich daraus die kantische Skepsis: Das „Ding an sich" bleibe unerkennbar, erkannt werde nur das „Ding für uns", in der Wiedergabe unseres Bewußtseins. Für den Neukantianismus des 19. Jahrhunderts

[10] Briefe Malvine Husserls an Sr. Adelgundis Jaegerschmid OSB sind unveröffentlicht und enthalten Notizen zum Zerwürfnis Husserl-Heidegger.

[11] *Kritik der reinen Vernunft*, Vorrede zur 2. Auflage.

bedeutete das eine verschärft subjektive Philosophie: Da das Ich die Kategorien der Wirklichkeit vorgibt, kann mithin begründet nur über das Ich in seinen Bedingtheiten, nicht über die Wirklichkeit als objektive nachgedacht werden.

Husserl vollzog nun den ebenso revolutionären wie konservativen Schritt, wieder über das Wirkliche als das „Gegebene" zu reden und es für erkennbar zu halten – trotz Kant, besser gesagt: mit und gegen Kant. Hinter Kant konnte er nicht einfach zurückgehen, da dessen Analyse und Ergebnisse unbestreitbar waren. Auch für Husserl gibt es Bewußtseinsgesetze, „nach denen wir beim Denken vorgehen müssen, wenn wir die Wahrheit finden wollen". Diese Gesetze aber sind zu trennen von den psychologisch oder ideengeschichtlich erklärbaren Bedingungen – sie sind notwendig objektiv, auch im Subjekt (etwa wie die Mathematik nicht abhängig von der Psyche des Mathematikers ist). Was die Dinge betrifft, die sich dieser gesetzmäßigen Erkenntnis darbieten, so kann man sie freilich nicht mehr naiv, „vorkantisch" theoretisieren. Nicht die Dinge, wie sie sind, sondern wie sie erscheinen, sind einzig Gegenstand des Nachdenkens. So läßt sich nicht das „Ding an sich", aber das „Ding, das dem Bewußtsein erscheint" analysieren, das „Phänomen". Hier genau versucht Husserl, Kants Skepsis fruchtbar zu machen: Das Phänomen enthält ein Wie und ein Was für die Theorie. Kant hatte gefragt: *Wie* erscheint etwas? Husserl wird weiterfragen: Wie erscheint *etwas*? Schon der Nachweis, daß die Konstitutionsleistung des Bewußtseins untrennbar mit dem Etwas des Phänomens verknüpft sei, oder anders: daß das Bewußtein immer schon intentional auf ein Etwas gerichtet sei, bedeutete eine methodische Erschütterung. Sie setzte die seit Kant entzogene Möglichkeit, „zu den Sachen selbst" zu gelangen, wieder frei, wenn auch nur formal. Die „Sachen selbst" sind dabei selbstverständlich nicht außerhalb des Bewußtseins gedacht; sie sind *noemata* der *noesis*, oder nochmals: dem Bewußtsein erscheinende, von ihm konstituierte Gegenstände der Erkenntnis. Wird diese Voraussetzung geteilt, kann die Erkenntnis aber gegenstandsbezogen operieren, wie es Husserl in den verschiedenen methodischen Reduktionen, immer neu ansetzend, entwickelt.

4. Der Göttinger Kreis

Dieser äußerst knapp skizzierte Gedankengang eröffnete eine neue Phase des Philosophierens für Deutschland und in der Folge für die europäisch-amerikanische Geistesgeschichte. Edith Stein, blutjunge Studentin der Psychologie an der Universität Breslau, erfährt Husserls Anstoß als Lösung aus einem unbefriedigenden subjektivistischen Denkzirkel. Bei der Vorbereitung eines Referates über Denkpsychologie gab ihr der Assistent Dr. Moskiewicz einen Hinweis: "‚Lassen Sie doch all das Zeug', sagte er, ‚und lesen Sie *das* hier; die andern Leute haben ja doch alles nur daher.' Er reichte mir ein dickes Buch: Es war der II. Band von Husserls ‚Logischen Untersuchungen'. [...] Mos kannte Husserl persönlich; er hatte ein Semester bei ihm in Göttingen studiert und sehnte sich immer wieder dorthin. ‚In Göttingen wird nur philosophiert – Tag und Nacht, beim Essen, auf der Straße, überall. Man spricht nur von ‚Phänomenen'."[12]

Edith Steins Eindruck von der Lektüre war bekanntlich so stark, daß sie ihre anfängerhaften Studien abbrach und 1913 nach Göttingen wechselte, ins Seminar des „Meisters", wie er von jetzt an bei ihr heißen wird. Die erregende Atmosphäre dieser Göttinger Jahre, die Edith Steins denkerische und methodische Kräfte entbanden, hat sie mit Scharfblick und der Glut des ersten philosophischen Eros beschrieben.[13] Sie traf im dortigen Seminar den Polen Roman Ingarden, der seit 1912 bei Husserl studierte und wie sie selbst 1916 mit Husserl nach Freiburg wechselte. Das Seminar war außerdem durch Adolf Reinach (1883–1917) bestimmt, der seit seiner Habilitation 1909 in Göttingen in glücklicher Weise als Assistent Husserls lehrte. Reinach in der Zeichnung durch Ingarden: „Wenn es um die Fähigkeit ging, ein Seminar zu führen, muß ich gestehen, daß er der beste Lehrer war, den ich je getroffen habe. Weder Twardowski noch Husserl sind ihm gleichgekommen, sowohl was die Formulierung der Probleme als auch die Stellungnahme zu ihrer möglichen Lösung bot. Er hatte immer ein Beispiel bei der Hand, er verstand alles, was man ihm zu sagen hatte."[14] Für Edith Steins Weg war Reinach von großer und mehrfacher Bedeutung. Seine Klugheit half ihr entscheidend in den Krisen ihrer Doktorarbeit; sein für sie kaum faßbarer Weltkriegstod am 16. November 1917 traf sie schrecklich und konfrontierte sie tief anrührend mit dem Glauben der Witwe Anne Reinach.

Der Göttinger Kreis war international und – ein scharf empfundenes Novum – auch von Frauen besucht, seit sich die deutschen Universitäten ab 1900 nach und nach für das Frauenstudium geöffnet hatten. Einige Namen, die später selbst die Arbeit an der Phänomenologie weiterführten, geben den weit ausgreifenden Horizont schon des frühen Kreises: Zu Husserl kamen 1908 Alexandre Koyré aus Odessa und Dietrich von Hildebrand aus Mün-

---

[12] *Aus dem Leben einer jüdischen Familie. Das Leben Edith Steins: Kindheit und Jugend (Autobiographie)*. ESGA 1, 170.

[13] Ebd., Kap. VII.

[14] R. Ingarden, *Die philosophischen Forschungen Edith Steins*, in: Waltraud Herbstrith (Hg.), *Edith Stein – eine große Glaubenszeugin. Leben – Neue Dokumente – Philosophie*, Annweiler o. J., 207. – Nach Reinachs Tod erschien ein Auswahlband, federführend von Edith Stein zusammengestellt: *Adolf Reinachs gesammelte Schriften, herausgegeben von seinen Schülern*, mit einem *Vorwort* von Hedwig Conrad-Martius, Halle 1921. Heutige Standardausgabe: Adolf Reinach, *Sämtliche Werke. I: Die Werke; II: Kommentar und Textkritik*, hg. v. K. Schuhmann und Barry Smith, München 1989.

chen, 1909 Johannes (Jean) Hering aus Straßburg, 1910–1912 Hedwig Martius aus München (von Geiger), 1911 Hans Lipps aus München und Winthrop Bell aus Kanada, 1912 Roman Ingarden aus Polen und Adolf Grimme aus Preußen, 1913 Fritz Kaufmann und Edith Stein.[15] Diese Namen und einige mehr, etwa der Spätankömmling Heidegger, erscheinen über die Jahre hinweg in Edith Steins Briefen, ja es sieht so aus, als wäre sie seit Freiburg eine Art Sammlungspunkt und Nachrichtenbörse für die in alle Welt versprengten „Göttinger" gewesen.

5. Der Philosoph Roman Ingarden

Wer war Ingarden in diesem zahlenmäßig kleinen, bedeutungsmäßig gewichtigen Arbeits- und Freundeskreis? Geboren wurde Roman Ingarden am 5. Februar 1893 in Krakau, war also eineinhalb Jahre jünger als Edith Stein. Nach sechs Jahren Studium bei Husserl promovierte er 1918 in Freiburg über *Intuition und Intellekt bei Henri Bergson*, nicht ohne ausführliche Kritik an Bergson (1859–1941) zu üben – mit Edith Steins Billigung übrigens. Die Rückkehr nach Polen bedeutete in den schlechten Nachkriegsjahren zunächst eine Art Hauslehrerstelle und auch Schulunterricht, bis Ingarden 1924 Dozent in Lemberg wurde; Edith Stein gratulierte ihm 1934 zu einer Professur. 1931 erschien die auf deutsch geschriebene bekannteste Arbeit *Das literarische Kunstwerk*; 1937 folgte ergänzend *Vom Erkennen des literarischen Kunstwerks* (dt. veröffentlicht 1968). Die Philosophie-Professur ab 1945 in Krakau wurde von 1950 bis 1956 aufgehoben: Der Stalinismus entledigte sich des „idealistischen" Nicht-Marxisten, dem auch die Teilnahme an internationalen Tagungen im Ausland verboten wurde. 1957 unter Gomulka konnte Ingarden bis zu seiner Emeritierung 1963 die Professur wieder ausüben; er war Mitglied der Polnischen Akademie und konnte ab 1957 seine Gesammelten Werke im staatlichen wissenschaftlichen Verlag veröffentlichen, darunter drei Bände *Der Streit um die Existenz der Welt* von 1947/48 (dt. 1964, 1965, 1974) und *Untersuchungen zur Ontologie der Kunst* von 1962 (engl. 1989). 1963 erhielt er den Johann-Gottfried-von-Herder-Preis; 1968 legte er auf Einladung von Karol Wojtyla auch eine (ziemlich kritische) Stellungnahme zu Edith Steins Philosophie vor.[16] Ingarden starb am 14. Juni 1970 in Krakau.

---

[15] Eberhard Avé-Lallemant, *Die phänomenologische Bewegung. Ursprung, Anfänge und Ausblick*, in: Hans Rainer Sepp (Hg.), *Edmund Husserl und die phänomenologische Bewegung. Zeugnisse in Text und Bild*, Freiburg/München [2]1988, 70.
[16] Ingarden, *Die philosophischen Forschungen Edith Steins*, 203 – 229.

Auch hier sei das Aufgezählte inhaltlich deutlicher bestimmt. Ingarden versucht sich zunächst an einer Ausarbeitung der Argumente gegen den „transzendentalen Idealismus" seines Lehrers Husserl; dieser Kritik dienen die frühen Arbeiten *Über die Gefahr einer Petitio Principii in der Erkenntnistheorie* 1921, *Über die Stellung der Erkenntnistheorie im System der Philosophie* 1925 und *Bemerkungen zum Problem ‚Idealismus-Realismus'* 1929 in der Festschrift zu Husserls 70. Geburtstag. Hintergrund ist das Unbehagen (das auch Edith Stein teilt), Husserl habe in den *Ideen* von 1913 seine „Wende zu den Sachen selbst" teilweise rückgängig gemacht und sei im wesentlichen wieder auf die kantisch-„idealistische" Position zurückgekommen. Stattdessen sucht Ingarden entschiedener als Husserl die Möglichkeit einer Ontologie, einer Lehre von der Realität als einer Vorgabe des Bewußtseins, neu zu begründen. Er reagierte übrigens merklich gereizt auf die ontologischen Entwürfe von Hedwig Conrad-Martius, die Edith Stein ihm zusandte und die für ihn zu stark außerphilosophische glaubensmäßige Vorgaben einbezogen.[17] Von der Erkenntnistheorie aus vollzog Ingarden den Schritt, der ihn bekannt machen sollte: zu einer Begründung der Ästhetik auf die phänomenologische Betrachtung. Besonders *Das literarische Kunstwerk* von 1931 versucht, objektive oder besser ontologische Maßstäbe für die Betrachtung und Wertung von Kunst zu gewinnen – im Gegenzug gegen eine zu psychologistische, subjektive Einfühlung, die sich einem von der Sache bestimmten Wertmaßstab verweigern muß. Umgekehrt neigt Ingardens Analyse notwendig zu einem nicht geschichtlich und nicht erfahrungsmäßig verankerten, gleichsam „überzeitlichen" Urteil – was nicht zuletzt der Grund war, weswegen er von den doktrinären Ideologen seines Landes als „Idealist" verschrien wurde. Dieses Urteil ist mittlerweile revidiert; schon 1975 fand in Polen eine internationale Tagung über Phänomenologie und Marximus statt, wo – unter den damaligen Vorgaben – Ingardens Leistung für die phänomenologische Forschung vielfach gewürdigt wurde. Die weitere Rezeption Ingardens muß abgewartet werden; im zeitweilig vorherrschenden Interesse für die geschichtlich-soziale Verwiesenheit von Kunst und Künstler wurde seine Annäherung wenig aufgegriffen (was freilich nichts über seinen denkerischen Rang sagt). Neuerdings zählt er vielmehr zweifelsohne zu „den großen polnischen Denkern und Phänomenologen unseres Jahrhunderts"[18]. So zielt der Titel des zu Ingardens 100. Geburtstag erschienenen Sammelbandes *Kunst und Ontologie*[19] auf die Spannung zwischen schöpferischen

---

[17] Brief 80 vom 13. 12. 1921.

[18] Gregor Haefliger, Art. *Roman Ingarden*, in: Julian Nida-Rümelin (Hg.), *Philosophie der Gegenwart in Einzeldarstellungen von Adorno bis v. Wright*, Stuttgart 2. erw. Aufl. 1999, 343.

[19] Wlodzimierz Galewicz, Elisabeth Ströker, Wladyslaw Strozewski (Hgg.), *Kunst und Ontologie. Für Roman Ingarden zum 100. Geburtstag.* Elementa 62, Amsterdam/Atlantis 1994.

Bewußtseinsakten und dem seinsmäßig gegebenen Gegenstand (von seiner Materialität, der Bedeutungsebene, den dargestellten Inhalten bis zum ästhetischen Wert), mithin auf Ingardens eigenständige Ausarbeitung der Verbindung von Phänomenologie und Ontologie.

6. *Ein „Briefwechsel, der keiner ist"?*

Die Briefe Edith Steins sind nicht nur vorrangig ein Spiegel der Schreiberin, sondern in geringerem Maße auch ein Spiegel Ingardens. Schon im ersten Brief vom 5. Januar 1917 scheint eine Facette auf, unter der Edith Stein offenbar für Ingarden wichtig war: Die wenige Monate zuvor mit *summa cum laude* promovierte Doktorin hatte seine Dissertation über Bergson durchgearbeitet, inhaltlich und sprachlich, und billigt sie mit einigen Verbesserungswünschen. Sie schlägt, jung und mutig, sogar vor, er möge sein kritisches Kapitel „unter irgend einem schwungvollen Titel wie ‚prinzipieller Widersinn der Bergsonschen Methode' oder so" erscheinen lassen. Von Anfang an zeigt sich ihre später noch oft erprobte Fähigkeit zu Kritik, Anregung, Klärung, zum uneigennützigen Mitdenken. Es scheint, daß Ingarden diese Fähigkeit sogar ein wenig übernutzt, wenn man die Arbeitsbelastung der Speyerer Lehrerin ab 1923, die sich kaum zur eigenen geistigen Fruchtbarkeit freikämpfen kann, bedenkt und die fortgesetzten Bitten Ingardens um Lektüre und Beurteilung seiner Entwürfe aus den Briefen entnimmt. Allerdings verfügte Edith Stein auch über die Freiheit, solche Bitten freundlich-klar abzuschlagen – freilich erst in den späteren Jahren. Aus den Schreiben wird jetzt auch deutlich – was bisher nicht bekannt war –, daß Edith Stein 1929/30 Ingardens *Literarisches Kunstwerk* bis in Einzelheiten hinein überarbeitete und außerdem für den Druck beim deutschen Verlag Max Niemeyer sorgte. Noch mehr schätzte sie den Beitrag zur Husserl-Festschrift 1929: „Ihre Arbeit […] gefällt mir ausgezeichnet, bei weitem am besten von allem, was ich von Ihnen gelesen habe."[20]

Dieses Anschieben, Ermutigen, Stützen des Freundes durchzieht besonders die Briefe der ersten Jahre. Es wiederholt im Kleinen, was Edith Stein zeitgleich, manchmal resigniert, manchmal angeregt berichtend als Husserls Privatassistentin mit dessen Manuskripten leistet: kongeniales Einfühlen in die Gedankenwelt eines anderen. Gegenüber Ingarden sind die Ratschläge selbstbewußt, sicher vorgetragen, ebenso wird der manchmal erwähnte „philosophische Kindergarten" (Edith Steins Seminar in Freiburg) reizendboshaft charakterisiert. Andererseits sind die Töne des Selbstzweifels mehrfach und redlich gemeint zu hören – Selbstzweifel aber nur da, wo es um das

[20] Brief 126 vom 16.5.1929.

eigene Arbeiten, das eigene Schöpferische geht (das durch das Übermaß der Fremdaufgaben sicherlich auch gewalttätig zurückgehalten wurde).

Für die eingehende Husserl-Forschung enthüllen die Briefe auch den eineinhalbjährigen Kampf der Assistentin mit unvollendeten, mehr noch: ungeordneten Papieren und nicht minder mit deren Urheber. Es war immer schon bekannt, daß Edith Stein Husserl außerordentlich zuarbeitete. Aus der Ingarden-Korrespondenz tauchen nunmehr aber die Bedingungen und der Umfang dieser Arbeiten auf, darüber hinaus „unser Herr und Meister" selbst[21], liebevoll-scharf porträtiert neben flüchtigen Zügen Frau Malvines. Zu Art und Umfang der Arbeit ergibt sich dreierlei: Die karg bezahlte, weiterhin von ihrer Mutter unterstützte Doktorin mußte das Rohmaterial der *Ideen II* sichten. Dies tat sie zunächst mit Hingabe, dann mit wachsender seelischer Ermüdung – weniger wegen der überbordenden stenographierten Papierstöße als wegen der Unbeteiligtheit Husserls, der sich längst anderen Themen zugewandt hatte. Manchmal gelang ein Einbeziehen des Autors, jedoch: „2 Tage ist das geschehen, dann war's wieder zu langweilig. Ich habe mir jetzt vorgenommen, unabhängig von den wechselnden Einfällen des lieben Meisters und so schnell es die Nebenaufträge, die ich erhalte, gestatten, das Material, das ich da habe, in eine Form zu bringen, die es auch andern zugänglich macht. Wenn ich so weit bin und er sich dann immer noch nicht entschlossen hat, die Arbeit systematisch anzugreifen, dann werde ich auf eigene Faust versuchen, die dunkeln Punkte aufzuklären".[22] Tatsächlich autorisiert sich Edith Stein selbst zu einer Art Ausarbeitung und betont dabei ihre Selbständigkeit, freilich mit dem schmerzlichen Unterton des Alleingelassenseins[23]. Der Gedanke gänzlich eigener Vollendung der Vorgaben taucht immer wieder auf[24]. Ende Februar 1917 notiert sie, die „Ausführungen über Natur und Geist" seien „zu einem einheitlichen Ganzen verschmolzen" und könnten veröffentlicht werden, falls Husserl sie durchsähe[25].

Zweitens oblag Edith Stein auch die Neubearbeitung der bereits erschienenen *VI. Logischen Untersuchung*, deren Papiere aussahen, „als ob der liebe Meister eines Tages genug davon gehabt und sie, wie sie gerade waren, in ein Schubfach gestopft hätte"[26]. Aus dem Weiteren ergibt sich, daß Edith Stein Teile dieser Untersuchung nach Geheiß Husserls zu kleinen Jahrbucharbeiten umgestalten sollte[27].

---

[21] Brief 68 vom 30. 4. 1920.
[22] Brief 1 vom 5. 1. 1917.
[23] Brief 3 vom 28. 1. 1917.
[24] Brief 6 vom 3. 2. 1917.
[25] Brief 9 vom 20. 2. 1917.
[26] Brief 10 vom 7. 3. 1917.
[27] Brief 14 vom 9. 4. 1917. – Die Entwürfe zur Umarbeitung der *VI. Untersuchung* sind veröffentlicht in Hua 20.

Drittens gehört zu den bleibenden Verdiensten dieser mehr als mühevollen Arbeit auch die „Entdeckung" des Konvoluts über das *Zeitbewußtsein*, besser gesagt: die Entdeckung der Notizenzettel seit 1903 zu diesem Thema. Edith Stein, die schon von dem Gedanken berührt war, ihre Arbeit wegen offenkundiger Fruchtlosigkeit aufzugeben – Husserl blieb ungesprächig –, entschloß sich daraufhin zu einem weiteren Anlauf[28]. Tatsächlich berichtet sie im August 1917 über die gelungene Anordnung, etwas später auch von gefundenen Notizen über die Raum-Konstitution[29]. Nach weiterer angestrengter Tätigkeit, offenbar an den *Ideen II* und deren „Analyse der Person", bricht der Zwiespalt offen aus; sie erklärt Husserl ihren „Rücktritt" wegen der unbefriedigenden Art ihrer Assistentenschaft[30]. Zwar liest und bedenkt sie mit ihm auch im Juni 1918 noch dieselben *Ideen*, ja sie leistet Hilfe im Haushalt bei Husserls Krankheit im Oktober 1918, doch weist sie mehrfache Versuche, sie zurückzugewinnen[31], ohne das geringste Zögern ab. „Denn ich habe gar keine Lust, neue Stöße von Papier aufzuhäufen, die er nicht anguckt"[32] – so der monatelange Refrain. Im nachhinein hat sich die Mühsal der Co-Autorin ausdrücklich wider Erwarten gelohnt: 1928 erscheinen die *Vorlesungen zur Phänomenologie des inneren Zeitbewußtseins*, freilich von Heidegger herausgegeben, der die Vorarbeiten Edith Steins fast unverändert übernimmt, sie aber nur in einem Nebensatz erwähnt[33]. Ebenso erscheinen die *Ideen II und III* nach Husserls Tod, herausgegeben von Ludwig Landgrebe[34], der jedoch betont, daß es ohne Edith Steins Leistung dieses Werk nicht gäbe. – Um es klarzustellen: Die Kündigung bei Husserl betraf nur seinen Arbeitsstil, nicht seine Gedankenwelt, noch weniger seine Persönlichkeit, an die Edith Stein „mit grenzenloser Verehrung und Dankbarkeit"[35] dachte – die Briefe zeigen in vielen winzigen Spiegelungen und Alltagsbeobachtungen ihren Scharfblick wie ihr Gefühl für seine große menschliche Noblesse.

Neben diesen reizvollen wissenschaftsgeschichtlichen Notizen werden viele andere Fragen ausgetauscht – man erfährt von Edith Steins Lektüre (Dostojewski, Kleists Penthesilea) und Lieblings-Musik (Bach und Mozart), von polnischen Sprachstudien. Man lernt aber auch wie kaum sonst die preußische Patriotin in Diskussion mit dem polnischen Patrioten kennen, sieht die politisch denkende, vom Weltkrieg und Deutschlands Zusammenbruch

[28] Brief 20 vom 6.7.1917.
[29] Brief 21 vom 7.8.1917; Brief 22 vom 26.8.1917. – Das unedierte Ms. befindet sich im Husserl-Archiv Löwen.
[30] Brief 28 vom 19.2.1918.
[31] Brief 41 vom 25.7.1918.
[32] Brief 12 vom 20.3.1917.
[33] Hua 10, 1966.
[34] Hua 4 und 5, 1952.
[35] Brief 78 vom 15.10.1921.

verstörte Edith Stein – ein bisher unterschätzter Zug, der hier unterstrichen sei. Anfänglich überwiegt noch der hoffnungsvolle, auch klar beobachtende Ausblick nach vorn: „Nach dem Kriege wird das Wahlrecht und damit die Zusammensetzung des Abgeordnetenhauses und wohl auch des Ministeriums eine andere. Dann wird mein liebes Preußen deutscher und damit zugleich auch mitteleuropäischer sein“[36]. Kurz darauf ein bezeichnendes Bekenntnis, das vor dem Hintergrund ihres Lebensendes bewegend wirkt: „Alles, was ich bin, gehört dem Staat; wenn ich den Krieg überlebe, dann will ich es als neu geschenkt wieder aufnehmen“[37]. In der Mitte desselben Jahres ein beinahe lebensmüder Ton – eine Reihe Breslauer Studienfreunde sind tot, „der Jugendübermut ist zum Teufel [...], als ob man einer längst ausgestorbenen Generation angehörte. [...] Im allgemeinen sind es eigentlich nur 2 Sachen, die meine Spannkraft aufrecht erhalten: die Begier zu sehen, was aus Europa wird, und die Hoffnung, etwas für die Philosophie zu leisten“[38]. Bemerkenswert aktiv denkt die Philosophin über Europa nach. Bei Gelegenheit bringt sie eine „alte Idee“ wieder zur Sprache, man solle in den verschiedenen Ländern Institute für Kulturaustausch einrichten „zur Anbahnung eines wechselseitigen Verständnisses“[39]. Nach dem Krieg in Breslau tritt sie unmittelbar in die neugegründete Deutsche Demokratische Partei ein, vor allem von den Zielen bewegt, die Frauen zur Wahlurne zu bringen und für die Abstimmung in Oberschlesien zu kämpfen – monatelange harte Arbeit, Abfassung von Flugblättern, Parteiversammlungen folgen[40]. Diese Karriere endet zwar: „Die Politik habe ich satt bis zum Ekel. Es fehlt mir das übliche Handwerkszeug dazu völlig: ein robustes Gewissen und ein dickes Fell. Immerhin werde ich bis zu den Wahlen aushalten müssen, weil es zuviel notwendige Arbeit gibt“[41]. Aber Edith Steins geschichtliches, frauenrechtliches, soziales Denken wird bleiben – 1919 konzipiert sie eine Abhandlung über *Individuum und Gemeinschaft*, die unmittelbar aus der politischen Arbeit hervorgeht; 1920 folgt *Eine Untersuchung über den Staat*. Die Briefe geben weiterhin manchen Reflex auf die Weimarer Republik wie später (sehr verhalten) auf das Dritte Reich.

Noch eine Bemerkung zum Gesamteindruck: Edith Steins ausführliche Mitteilungen wirken zwar rasch und bereitwillig hingeworfen, trotzdem aber selten impulsiv, manchmal sogar gebremst. Tatsächlich liegt der Grund nicht bei der Schreiberin, die man als junge Frau gelöster, farbiger erwartet hätte (wie das bei der Autobiographie doch immer wieder durchbricht). Der

[36] Brief 3 vom 28. 1. 1917.
[37] Brief 7 vom 9. 2. 1917.
[38] Brief 20 vom 6. 7. 1917.
[39] Brief 35 vom 2. 6. 1918.
[40] Brief 60 vom 30. 11. 1918; Brief 62 vom 10. 12. 1918.
[41] Brief 63 vom 27. 12. 1918.

Grund liegt bei dem „Briefwechsel, der keiner ist", wie sie einmal scherzend die Wahrheit benennt[42]: einfach bei Ingardens Zurückhaltung, Schweigen, seiner schwer zu sänftigenden Neigung zu Mißverständnissen. So bleibt als Maxime: „Ich für meinen Teil mußte mich ja immer gewaltsam zurückhalten, um nicht mit dem Einsatz meiner vollen Persönlichkeit zu schreiben"[43]. Aber obwohl Edith Stein in einen „weiten, luftleeren Raum"[44] hineinzusprechen hat, hört man den schönen, ernsthaft-noblen Ton auch in seiner unfreiwilligen Bändigung.

7. Glauben mit oder gegen die Philosophie?

Ein Thema deutet sich 1917 an, das statt auf offenen Austausch bei Ingarden auf verschlossene Türen stößt. Diese Abwehr wird bis zum Ende bleiben: Sie betrifft den Glauben. Bezeichnenderweise werden Edith Steins Mitteilungen über ihren Weg immer lakonischer. Der Wunsch nach gemeinsamer Augustinus-Lektüre 1917 erfährt offenbar keine Gegenliebe. Lebenswendende Entscheidungen wie der Entschluß zur Taufe oder zum Eintritt in den Karmel werden nur noch knapp notiert. Auch hier antwortet Ingarden, wie es scheint, mißgestimmt; Edith Stein erwähnt seinen „sehr säuerlichen Glückwunsch-Ersatz" zu ihrer Einkleidung[45].

Diese gegenseitige Wortlosigkeit fügt seinem wie ihrem Porträt jedoch einige Züge hinzu. Ingardens mangelndes Verständnis für das „Heimfliegen" seiner Freundin zum Christentum beruht, soweit man aus den reagierenden Briefen sehen kann, auf einer intellektuellen Barriere. Sie ist jedoch weniger persönlicher als grundsätzlicher Natur (und daher noch schwerer wegzuräumen). Er wirft Edith Stein (wie auch den von ihm abgelehnten metaphysischen Arbeiten von Hedwig Conrad-Martius) offenbar vor, die intellektuelle Arbeit auf Glaubensaussagen zu stützen, und umgekehrt: Offenbarung durch das Instrument der Rationalität zu erhellen. Damit scheint ihm die „Philosophenwürde" verletzt[46]. Hier ist ein neuralgischer Punkt des Theoretisierens getroffen, den Edith Stein selbst ausgezeichnet kennt, wie sie temperamentvoll klarlegt: „Ihr Verhalten ist ja das ganz typische der Intellektuellen, soweit sie nicht kirchlich erzogen sind, und ich habe es bis vor wenigen Jahren nicht anders gemacht."[47] Und eine Attacke, die mitten aus ihrer Geradlinigkeit kommt: „Wie ist es möglich, daß ein Mensch mit wissenschaft-

---

[42] Brief 3 vom 28.1.1917.
[43] Brief 32 vom 12.5.1918.
[44] Brief 33 vom 17.5.1918.
[45] Brief 160 vom 5.5.1934.
[46] Brief 121 vom 10.2.1928.
[47] Brief 85 vom 19.6.1924.

licher Schulung, der den Anspruch auf strenge Sachlichkeit erhebt und ohne gründliche Untersuchung nicht über die kleinste philosophische Frage ein Urteil abgeben würde – daß der die allerwichtigsten Probleme mit einer Phrase abtut, die an den Stil eines Winkelblättchens erinnert. Ich meine den ‚zur Beherrschung der Massen ausgedachten Dogmenapparat'."[48] Spätere Briefe von 1927, die im Umfeld des Wiedersehens nach zehn Jahren geschrieben sind, werden verhaltener, deuten aber nicht weniger hellsichtig Ingardens intellektuelle Flucht an: „Es ist nicht nötig, daß wir bis zum Ende unseres Lebens zu einem Rechtsausweis der religiösen Erfahrung kommen. Aber es ist notwendig, daß wir zu einer Entscheidung für oder wider Gott kommen."[49]

Sicher und erfahren wirken viele dieser Bemerkungen, nicht von der Not der Verteidigung geprägt. Edith Stein wägt den Sinn einer Auseinandersetzung bei so unterschiedlichen Vorgaben nachdenklich ab: „Ich fürchte mich auch nicht, Ihren Einwänden zu entgegnen. Aber es wäre nötig, jeden einzelnen Satz zu widerlegen, auf alle Mißverständnisse und falschen Voraussetzungen einzugehen, die darin stecken. Es sollte mich die Zeit und Mühe nicht reuen, wenn ich mir nur versprechen könnte, Ihnen damit irgend etwas helfen zu können. Aber eben das glaube ich gegenwärtig nicht. Jeder meiner Briefe würde einen neuen Kommentar erfordern, der auf nicht größeres Verständnis zu rechnen hätte als das Kommentierte. Ich erinnere mich ja gut, wie es bei mir war, ehe die Binde von meinen Augen genommen wurde."[50]

Zeichenhaft ist der letzte Brief dieser langen Freundschaft aus Anlaß von Husserls Tod geschrieben, mit dem Datum vom 6. Mai 1938. Freilich gibt es begreifliche Gründe für das anschließende Verstummen: die nach der „Reichspogromnacht" vom 9. November 1938 aufgenötigte Emigration in den Karmel Echt am Ende des Jahres 1938 und den Ausbruch des Krieges. Trotzdem läßt sich auch sagen, daß die Beziehung, die im Zeichen Husserls zu wachsen begann, mit seinem Tod einen äußeren Schlußstein fand. Es ist dem Ganzen dieser Freundschaft aber auch gemäß, sich zu erinnern, daß Edith Stein in ihrem bekannten Akt der Übereignung Gott ihren Tod angeboten hatte „für alle, die Du mir gegeben, daß keiner von ihnen verloren gehe". In dieser Wendung sind ihre Freunde eingeschlossen, ohne den Anhauch eines Zögerns, mit der Wörtlichkeit jener Treue, die sie – auch Ingarden – immer zugesagt hatte.

---

[48] Ebd.

[49] Brief 117 vom 20.11.1927.

[50] Brief 120 vom 1.1.1928. Am Ende des Briefes wird die Lektüre der *Autobiographie* von Teresa von Avila (Edith Steins eigener Schlüssel zum Glauben) empfohlen, ferner Johannes vom Kreuz, auch die Mystikerin Lucie Christine in der Übersetzung Romano Guardinis (Mainz 1921).

Das Eigentümliche des Briefwechsels fällt erst am Ende ins Auge: Was überfließend begann, im Ausschütten und Sich-Bezwingen eines Gemüts, mündet in gelassenes, schön und unkommentiert in sich ruhendes Zuhausesein. Am eigenen Leben muß nichts mehr erklärt und begründet werden, es vollzieht sich in endgültiger Weise.

Abkürzungsverzeichnis

a.o.	außerordentlich
Bd.	Band
bes.	besonders
bezw., bzw.	beziehungsweise
BRI	Edmund Husserl, Briefe an Roman Ingarden (Phaenomenologica Bd. 25). Mit Erläuterungen und Erinnerungen an Husserl, hg. von Roman Ingarden, Den Haag 1968
Briefwechsel	Husserl, Edmund, Briefwechsel. Husserliana, Dokumente Bd. III, 10 Tle. In Verbindung mit Elisabeth Schuhmann hg. von Karl Schuhmann, Dordrecht 1993–1994
ca.	circa
dgl.	dergleichen
Dilthey-Jahrbuch	Dilthey-Jahrbuch für Philosophie und Geschichte der Geisteswissenschaften. Hg. von Frithjof Rodi in Verbindung mit O. F. Bollnow, U. Dierse, K. Gründer, R. Makkreel, O. Pöggeler und H.-M. Sass, Bd. 6, Vandenhoeck & Ruprecht, Göttingen 1989
d.M.	dieses Monats
erw.	erweitert
ESGA	Edith Stein Gesamtausgabe. Hg. im Auftrag des Internationalen Edith Stein Instituts Würzburg von Michael Linssen OCD und Klaus Mass OCD, unter wissenschaftlicher Mitarbeit von Hanna-Barbara Gerl-Falkovitz, Herder, Freiburg – Basel – Wien 2000–2008
ESW	Edith Steins Werke, Bd. I–XVIII. Hg. von Lucy Gelber, Romaeus Leuven OCD, Michael Linssen OCD – Archivum Carmelitanum Edith Stein, Éditions Nauwelaerts, Louvain; Uitgeverij „De Maas & Waler“, Druten; Herder, Freiburg – Basel – Wien 1950–1998
ev.	eventuell
Fr.	Frau
Frl.	Fräulein
geb.	geboren(e)
gest.	gestorben

HChr	Husserl-Chronik. Denk- und Lebensweg Edmund Husserls. Husserliana, Dokumente Bd. 1. Hg. von Karl Schuhmann, Den Haag 1977
Hg.	Herausgeber
hg.	herausgegeben
Hua	Husserliana und Husserliana-Dokumente: Publikationen des Husserl-Archivs Leuven (Löwen)
J.	Jahr
Jahrbuch	Jahrbuch für Philosophie und phänomenologische Forschung. In Gemeinschaft mit M. Geiger/München, A. Pfänder/München, A. Reinach/Göttingen (bis Bd. 3), M. Scheler/Berlin hg. von Edmund Husserl, Verlag Max Niemeyer, Halle a. d. S. Bd. 1/1913 – Bd. 11/1930
Jg.	Jahrgang
Jh.	Jahrhundert
JPPF	Jahrbuch für Philosophie und phänomenologische Forschung, s. Jahrbuch
Kap.	Kapitel
m. E.	meines Erachtens
Ms., Mss.	Manuskript, Manuskripte
NB, n. b.	notabene
Nr.	Nummer
OCist	Ordo Cisterciensis (Zisterzienserorden)
OCD	Ordo Carmelitarum Discalceatorum („Orden der Unbeschuhten Karmeliten“; Karmelitenorden)
OSB	Ordo Sancti Benedicti („Orden des hl. Benedikt“; Benediktinerorden)
PS, P.S.	Postskript(um)
resp.	respektive, beziehungsweise
SJ, S.J.	Societas Jesu („Gesellschaft Jesu“, Jesuitenorden)
SS, S.S.	Sommersemester
St.	Stunde(n)
u.	und
u. a.	unter anderem
U.L.F.	Unsere Liebe Frau
v.	von
WS, W.S.	Wintersemester
Zs.	Zeitschrift

Editorische Vorbemerkung

Mit spitzen Klammern 〈 〉 versehene Einfügungen im Text wie in den Fußnoten kennzeichnen editorische Hinweise/Ergänzungen/Verdeutlichungen.

Briefe,
Postkarten

1

Freiburg, 5. I. 17.
Goethestr. 63.

Lieber Herr Ingarden,[1]

eben habe ich die Lektüre Ihrer Arbeit[2] beendet und will Ihnen gleich ein paar Zeilen darüber schreiben, wenn sie auch nicht so bald abgehen können.

Die Argumentation gegen Bergson[3] scheint mir durchaus richtig und die Arbeit als Ganzes *für die Fakultät* völlig ausreichend. Man könnte allerdings durch einige Kleinigkeiten etwas mehr äußere Einheit herstellen. So würde ich in der Einleitung zu dem kritischen Teil nur das erwähnen, was Sie in dem ausgeführten Kapitel bringen, ebenso in den Anmerkungen. Ich würde auch dies Kapitel nicht als Bruchstück eines kritischen Teils erscheinen lassen, sondern (wie Sie schon bescheiden genug sagen) als „Versuch einer Kritik" unter irgend einem schwungvollen Titel wie „prinzipieller Widersinn der Bergsonschen Methode" oder so. Die Wechsel auf die Zukunft könnten dann in einer Schlußbemerkung ausgestellt werden.

Noch ein paar kleine Randbemerkungen: die Ausführungen über logische und geometrische Erkenntnis (S. 177f.) finde ich nicht sehr klar. Wenn Sie hier kurz auf die entsprechenden Teile der Darstellung zurückkommen würden (daß Materie und Intellekt sich „auf dem Wege zum Raume befinden"), könnte die Sache vielleicht leichter verständlich werden.

Zu S. 180 Anmerkung möchte ich Ihnen zu erwägen geben, ob nicht mit dem „gemeinsamen Kern" aller Kategorien die gegenständlichen Kategorien der formalen Ontologie gemeint sind, mit den verschiedenartigen Kategorien (wie sie etwa in der Realitäts- und der Bewußtseinssphäre auftreten) die der materialen Ontologien und mit den „gegenständlichen" die Ihrer „Gegenstandstheorie im engeren Sinne"?[4]

Zu S. 185. Man kann nicht in einem Nebensatz von dem „bekannten" Widersinn des Kantischen Standpunktes reden. Wenn man nicht näher darauf eingehen kann, muß man schon ganz davon schweigen. Das gilt auch für die Bemerkung über das „Ding an sich" S. 193.

Das gilt noch für die Ausgabe, die der Fakultät vorgelegt wird. Für den Druck der Dissertation schon sollen Sie dann doch auf die bisher geübte löbliche Selbstbeherrschung verzichten und noch etwas Positives beisteuern, zunächst über Kategorien und Wesen. So richtig es ist, mit der immanenten Kritik zu beginnen, und so erheiternd das dialektische Spiel ist: wieviel Phänomenologie schon dahinter steckt, das ist für den Fernerstehenden, glaube ich, nicht sichtbar und muß deutlich ausgesprochen werden. Aber das können Sie mit gutem Gewissen auf das Jahr nach dem rigorosum[5] verschieben.

12. I. 17.

Eigentlich müßte ich den letzten Absatz auf Grund einer Unterredung, die ich am Tage nach seiner Rückkehr mit dem Meister[6] hatte, durchstreichen. Ich legte es ihm dringend ans Herz, daß er Ihre Arbeit lesen müßte, was ihm auch sehr einleuchtete (sie ruht seitdem mit meiner vereint auf seiner Fensterbank); als ich dann von der ev. Vorbereitung eines Jahrbuch-Bandes anfing, stellte es sich heraus, daß er im Sommer einen herausbringen möchte und daran denkt, den fertigen Teil Ihrer Arbeit aufzunehmen mit „Forts. folgt". Was sagen Sie dazu? Es war überhaupt ein aufregendes Gespräch. Ich habe sehr abschreckend die Mühsal geschildert, die man bei der Verarbeitung des Rohmaterials der Ideen[7] hat, so daß man sich noch einmal durchaus einverstanden erklärte, mir dieses Vergnügen zu überlassen. Als ich dann erzählte, auf welche Schwierigkeiten ich gestoßen sei, tauchte plötzlich der nicht unberechtigte Gedanke auf, man müßte eigentlich die ganze Lehre von der Konstitution noch einmal überlegen und zu diesem Zwecke den 1. Teil der Ideen[8] wieder ansehen. 2 Tage ist das geschehen, dann war's wieder zu langweilig. Ich habe mir jetzt vorgenommen, unabhängig von den wechselnden Einfällen des lieben Meisters und so schnell es die Nebenaufträge, die ich erhalte, gestatten, das Material[9], das ich da habe, in eine Form zu bringen, die es auch andern zugänglich macht. Wenn ich so weit bin und er sich dann immer noch nicht entschlossen hat, die Arbeit systematisch anzugreifen, dann werde ich auf eigene Faust versuchen, die dunkeln Punkte aufzuklären. Sie finden das vielleicht etwas größenwahnsinnig, denn es scheint mir, daß Sie (und wohl ganz mit Recht) meine philosophische Begabung nicht gerade hoch einschätzen. Aber nach dem, was bereits vorhanden ist, scheint mir die Aufgabe auch für meine bescheidenen Kräfte nicht unlöslich. Auf Zeit soll es mir nicht ankommen. Ich habe, nachdem ich mir diesen modus zurechtgelegt hatte, meiner Mutter[10] unterbreitet, daß ich mit Beschäftigung für immer versorgt wäre und daß mir nur eine lebenslängliche Rente dazu fehlte. Ich erhielt umgehend die Antwort, ich sollte mir um diesen Punkt keine Sorge machen. Also ist das Schreckgespenst der Rückkehr an die Schule[11] aus meinem Dasein verbannt, und das bedeutet doch eine große Erleichterung. – Von etwas anderm als der Arbeit kann ich kaum erzählen, da ich in dieser Woche ganz einsiedlerisch gelebt habe. Ja so, mit den polnischen Bauern[12] bin ich bald fertig und muß sagen, daß sie mir als Ganzes einen starken Eindruck machen. Besondern Reiz hat es für mich, wie das ganze Dorf als eine Lebenseinheit erfaßt und hingestellt ist. So machen mir denn die Stellen am meisten Freude, wo etwas von der „Volksseele" zum Ausdruck kommt: die Feste, Kirchgang, das Unternehmen gegen den Gutshof, die Hilfsaktion der Nachbardörfer usw. Dann natürlich auch die Leute, die sich bewußt mit dieser Volksseele beschäftigen, Rochus und Jacek. Was den eigentlichen Roman angeht, so kann ich wohl noch die Sicherheit und Lebenswahrheit bewundern, mit der die Personen gezeichnet sind, und an vielen Einzelheiten Freude haben, aber Stoff und Darstellung sind mir doch zu roh („brutal“, würden Sie sagen) als daß ich einen rechten Genuß daran finden könnte. Sie wissen ja, ich halte es im Leben mit der Kultur und in der Kunst mit der Schönheit, und in beidem suche ich so etwas wie „Harmonie“.

So, jetzt bleibt der Brief liegen, bis Ihre Adresse kommt, denn die Adresse habe ich mir natürlich nicht gemerkt an diesem schrecklichen Abend[13], an dem ich so abgespannt war, daß absolut nichts mehr in mich eindringen konnte. Wenn sie aber gar zu lange auf sich warten läßt, dann kriegen Sie ihn gar nicht. Und ich habe Sie doch stark im Verdacht, daß Sie noch in Wien sind!

Recht herzliche Grüße
Edith Stein.

Die gewünschten Feldadressen:
Vicewachtmeister *Reinach*[14] 185. Inf⟨anterie⟩-Div⟨ision⟩
185. Feldart⟨illerie⟩-Reg⟨iment⟩
9. Batterie
Gefreiter *Kaufmann*[15] 212. Division
279. F⟨eld⟩ A⟨rtillerie⟩ Reg⟨iment⟩
7. Batterie

Lipps[16] hat vom 15. ab Urlaub und kommt hoffentlich her.

[1] Einen Teil der folgenden Briefe hatte Roman Ingarden bereits früher veröffentlicht in: *Philosophy and Phenomenological Research* XXIII, Dec. 1962, Philadelphia, PA, S. 155–175. Dieser Erstdruck trägt dort den Titel: *Edith Stein on her Activity as an Assistant of Edmund Husserl. (Extracts from the Letters of Edith Stein with a Commentary and Introduction Remarks).*

[2] Ingardens Doktorarbeit *Intuition und Intellekt bei Henri Bergson*, die später in Husserls Jahrbuch (JPPF) 5, Halle 1922, veröffentlicht wurde.

[3] Henri Bergson, geb. 18.10.1859 in Paris, gest. 4.1.1941 ebd., Philosoph, Professor am Collège de France und Mitglied der Académie Française, Literatur-Nobelpreisträger 1927.

[4] Die Termini dieses Absatzes sind dem Werk Edmund Husserls entnommen; vgl. Anm. 6.

[5] Mündliches Doktorexamen.

[6] Gemeint ist Edmund Husserl, der von seinen Schülern stets so genannt wurde. Edith Stein schreibt darüber: „Er wußte darum und mochte es gar nicht leiden.“ (ESGA 1, 201). Zur Zeit des Briefes kam er soeben aus seinen Weihnachtsferien in Hinterzarten zurück. Edmund Husserl, geb. 8.4.1859 in Proßnitz/Mähren, gest. 27.4.1938 in Freiburg/Br., Begründer der phänomenologischen Schule, Privatdozent in Halle (1878–1901), Professor für Philosophie in Göttingen (1901–1916) und Freiburg (1916–1928). Nach seinem Tode konnte sein umfangreicher Nachlaß, in dem auch zahlreiche Ausarbeitungen Edith Steins erwiesen sind, nach Löwen/Belgien gerettet werden, wo er heute im Husserl-Archiv zu-

gänglich ist und in umfangreichen Publikationen erschlossen wird. Edith Stein war in Freiburg von 1916–1918 Husserls Privatassistentin.

[7] Husserls Werk *Ideen zu einer reinen Phänomenologie und phänomenologischen Philosophie*. Edith Stein arbeitete an Husserls Manuskripten zum noch unveröffentlichten Zweiten Band der *Ideen*. Es erschien erst 1952 aus Husserls Nachlaß.

[8] Der Erste Band erschien als 1. Beitrag im I. Bd. des von Husserl gegründeten *Jahrbuchs* (JPPF), Halle 1913, neu aufgelegt 1922 und 1928, alle bei Max Niemeyer, Halle/Saale. Eine mit allen von Husserl noch selbst hinterlassenen Erweiterungen und Ausarbeitungen versehene Ausgabe erschien als Bd. III der Hua, hg. von Karl Schuhmann, Den Haag 1976.

[9] Husserls verschiedene Manuskripte über den II. Teil der *Ideen*.

[10] Auguste Stein geb. Courant, geb. 4.10.1849 in Lublinitz/OS, gest. 14.9.1936 in Breslau; sie lebte in Breslau und führte dort den Holzgroßhandel ihres 1893 verstorbenen Mannes.

[11] Edith Stein hatte an der Viktoriaschule in Breslau das Seminarjahr begonnen, es aber abgebrochen, als sie am 1.10.1916 als Husserls Assistentin nach Freiburg ging (vgl. ESGA 1).

[12] Roman *Die Bauern* von Wladyslaw Reymont, geb. 7.5.1867 in Kobliele Wielcke, gest. 5.12.1925 in Warschau. Reymont erhielt 1924 den Literatur-Nobelpreis für sein vierbändiges Hauptwerk *Chlopi*, deutsch: *Die Bauern*, 1904–09. Ingarden hatte Edith Stein das Werk geschenkt.

[13] Vermutlich der Abschiedsabend, ehe Ingarden Anfang Januar nach Krakau zurückkehrte.

[14] Adolf Reinach, geb. 23.12.1883 in Mainz, gefallen 16.11.1917 bei Diksmuide/Flandern, Schüler Husserls und Privatdozent in Göttingen, eng befreundet mit Edith Stein (vgl. ESGA 1).

[15] Fritz Kaufmann, geb. 3.7.1891 in Leipzig, gest. 9.8.1959 in Zürich. Kaufmann habilitierte sich 1926 bei Husserl in Freiburg, bis 1933 dort Lehrtätigkeit, anschließend an der Hochschule für die Wissenschaft des Judentums in Berlin, schließlich Emigration in die USA, zuletzt in die Schweiz. Zahlreiche Briefe Edith Steins an Kaufmann sind erhalten und publiziert in ESGA 2 und 3; auch in ihren autobiographischen Aufzeichnungen (ESGA 1) wird Kaufmann oft erwähnt.

[16] Hans Lipps, geb. 22.11.1882 in Pirna, gefallen 10.9.1941 in Rußland. Lipps machte Doktor- und Staatsexamen in Medizin und Philosophie. Er war Dozent für Philosophie der Mathematik in Göttingen, später Professor in Frankfurt/M.; zeitweise arbeitete er als Schiffsarzt. Edith Stein erwähnt Lipps oft in ihren Erinnerungen und Briefen (vgl. ESGA 1–4).

2

Postkarte
Herrn Roman Ingarden
Krakau (Galicien)
Krupnicza 12.

Poststempel: Freiburg (Breisgau) 16.I.17.

Lieber Herr Ingarden, 16.I.17

gestern erhielt ich Ihre Postanweisung, finde es aber sehr töricht, daß Sie nicht lieber einen besseren Stand der österreichischen Valuta abwarten. Ich vergaß, Ihnen zu schreiben, daß auf der Bibliothek alles in Ordnung ist[1]. (Der Brief war wohl überhaupt höchst spinnisch und ich hätte ihn nicht abgeschickt, wenn ich ihn bei hellem Tageslicht noch einmal angesehen hätte.) Ich möchte gern *viel* von dem hören, was Sie daheim zu sehen bekommen und was einen Staatsbürger von Mitteleuropa (in spe!) angeht. Übrigens die Ziele der Entente[2]: Mitteleuropa zu erwürgen, bevor es geboren ist. Aber daraus wird nichts!

Herzlichen Gruß
Edith Stein

[1] Ingarden hatte 1916 die Bibliothek des Philosophischen Seminars in Freiburg durchgesehen.
[2] Englisch-französisches Bündnis im Ersten Weltkrieg.

3

Freiburg, 28. I. 17.
Goethestr. 63.

Lieber Herr Ingarden,

vielleicht ist indessen mein Brief doch zu Ihnen gelangt, er war nur etwas zu lang, Verfängliches für die Zensur stand nicht drin. Außer dem spinnischen Anhang, der irgendwann zu mitternächtlicher Stunde hinzugekommen ist (das wissen Sie doch, daß das die Spinnstunde ist), enthielt er einige Randbemerkungen zu Ihrer Arbeit, unmittelbar nach der Lektüre niedergeschrieben. Die müßte ich noch einmal aus meinem Gedächtnis auskramen, wenn sie wirklich in einem amtlichen Papierkorb umgekommen sein sollten. Aber heute noch nicht.

Natürlich, die Polendebatte[1] hat Sie geärgert. Ich fand Herrn Korfantys[2] und die Ministerrede ziemlich gleich töricht. Aber viel bedeutsamer schienen mir die Worte des Freikonservativen v. Kardorff[3], der entschieden für eine Änderung in der Ansiedlungspolitik eintrat. Wenn der Gedanke der Neuorientierung so weit nach rechts vorgedrungen ist, dann bestehen doch begründete Hoffnungen für die Zukunft. Nach dem Kriege wird das Wahlrecht[4] und damit die Zusammensetzung des Abgeordnetenhauses und wohl auch des Ministeriums eine andere. Dann wird mein liebes Preußen deutscher und damit zugleich auch mitteleuropäischer sein.

Es freut mich herzlich, daß auch Sie nun zuversichtlicher der Zukunft entgegensehen. Diese Wirkung hatte ich ja von Ihrer Heimreise immer erhofft. Meinen Glauben an die Zukunft kennen Sie ja. Und wenn ich auch manchmal todmüde bin und den Druck der gegenwärtigen Verhältnisse kaum noch erträglich finde, so lasse ich mich doch durch solche Stimmungen nicht beirren und hoffe, daß bessere Zeiten mir auch meine alten Lebensenergien wiedergeben werden.

Die neueste Prognose des Meisters für das Werden der Ideen: ich muß zunächst so lang bei ihm bleiben, bis ich heirate; dann darf ich nur einen Mann nehmen, der ebenfalls sein Assistent wird und die Kinder desgleichen. Höchst infaust![5] Abgesehen von der Zeit fehlen die notwendigen Voraussetzungen. Denn wenn es am Ende nicht ganz außer dem Bereiche des Möglichen liegt, daß sich jemand fände, der vor einer Verbindung mit mir nicht zurückschreckte (et vice versa[6]), so halte ich es für wesensmäßig ausgeschlossen, daß ein Mann sein Assistent sein könnte![7] Er beschäftigt sich jetzt mit Konstitution der Natur (natürlich ohne Berücksichtigung der Ausarbeitung[8]), ich bin indessen mit der Fortführung der Ausarbeitung, zu der ich mich selbst autorisiert habe, ohne auf Widerspruch zu stoßen, bis zur Person[9] vorgedrungen. Natürliche Folge ist, daß man kaum noch miteinander redet. Für mich ist das sehr schmerzlich, denn die Sachen sind sehr kompliziert und das Material, das mir vorliegt, ist höchst unvollständig. Ich arbeite also jetzt ziemlich selbständig, und das ist ja recht erfreulich, aber etwas Gedankenaustausch wäre dabei sehr ersprießlich. Ich könnte Sie also jetzt gut brauchen, und auch Sie würden wohl philosophisch etwas mehr von mir haben als in der schrecklichen Zeit, wo ich durch die Ordnung der Manuskripte halb verblödet war[10]. Lipps war neulich kurze Zeit auf Urlaub in Deutschland, und ich hoffte auf seinen Besuch, es ließ sich aber nicht einrichten. Als Stellvertretung schickte er mir aus Dresden wunderschöne Orchideen (meine Wirtin konnte die Vermutung nicht unausgesprochen lassen, daß sie von „dem guten Freund kämen, der jetzt nicht da wäre"!), die mich aber nicht ganz trösten konnten. Philosophieren kann man ja gar nicht mit ihnen. (Adresse von Lipps: 47. Landwehr-Division, 391. Infanterie-Regiment III. Bataillon. Titel: Feldarzt).

Eine Neuigkeit, die Sie freuen wird: Elsenhans hat eine Antwort auf Linke geschrieben, Frischeisen-Köhler[11] hat sie an Husserl geschickt mit der dringenden Bitte um eine Erwiderung, und er hat sich dazu verpflichtet! Ich lese jetzt mit dem Bärchen[12] die 6. Untersuchung[13], Frl. König[14] beteiligt sich neuerdings auch und Dr. Loofs[15] hat auch die Absicht. Das gibt also wenn auch keine Philosophische Gesellschaft[16], so doch wenigstens einen philosophischen Kindergarten.

Übrigens: das Bärchen ist im Zustande vollkommener Glückseligkeit aus München zurückgekehrt, alldieweil er in der spinnischen Pension seine ihm bestimmte Lebensgefährtin gefunden hat. Eine „schöne und elegante Dame", in deren Gesellschaft er mitleidig Ihrer gedenken mußte, weil Sie armes Hascherl sich doch hier immer vergeblich nach so etwas gesehnt haben! Der

Anblick eines glücklichen Menschen hat ja immer etwas höchst Erfrischendes; abgesehen davon könnte ich aber nicht behaupten, daß mir das gute Kind in dem neuen Stadium seiner Entwicklung interessanter geworden wäre.

Also, „viele Briefe" erwarten Sie von mir? Ei, dann schreiben Sie brav, und ich werde ebenso brav antworten. Für einen Briefwechsel, der keiner ist, bin ich doch nur unter ganz außergewöhnlichen Umständen zu haben. Erzählen könnte ich Ihnen noch viel (z. B. einiges zu Herings[17] Arbeit, die ich fertig gelesen habe); aber dann würde die Langmut des guten Zensors wieder auf eine zu harte Probe gestellt und es würde wieder ein „Brief, der ihn nicht erreichte". Also! (auf gut Freiburgisch).

Herzlich grüßend
Ihre Edith Stein.

Meine Arbeit[18] ist im Druck: 9 Bogen, 546 M.

1 Am 5. 11. 1916 hatten die verbündeten Kaiser Wilhelm II. (Deutsches Reich) und Franz Joseph I. (Österr.-ungar. Monarchie) durch ein gemeinsames Manifest ein unabhängiges Königreich Polen proklamiert. In diesem Zusammenhang kam es im Preußischen Abgeordnetenhaus wiederholt zu Debatten zur „Polenfrage". Vermutlich meint Edith Stein die Debatte am 18. und 19. Januar 1917, bei welcher es zwischen dem Polen Korfanty und dem Innenminister v. Loebell zu einem erregten Wortwechsel kam.

2 Wojciech Korfanty, geb. 20. 4. 1873 in Kattowitz, gest. 17. 8. 1939 in Warschau; polnischer Rechtsanwalt, Journalist und Politiker, 1903–1918 im Preußischen Landtag und im Reichstag (als Vertreter der Polenfraktion).

3 Siegfried v. Kardorff, geb. 4. 2. 1873 in Berlin, dort gest. 12. 10. 1945; war 1920–1933 Mitglied des Reichstags, Abgeordneter des Preußischen Landtags.

4 Bis 1918 galt in Preußen das Drei-Klassen-Wahlrecht. Die Klassen waren eingeteilt nach der Steuerleistung; da alle drei Klassen dieselbe Anzahl von Wahlmännern aufstellten, hatten die höchstbesteuerten, zahlenmäßig geringeren Gruppen stets das Übergewicht. Nach dem Ersten Weltkrieg, als das gleiche Wahlrecht für alle eingeführt wurde (durch die Artikel 22 und 109 der Weimarer Verfassung), erhielten auch die Frauen das aktive und passive Wahlrecht.

5 „unselig".

6 „und umgekehrt". Diese Worte schrieb Edith Stein nachträglich zwischen die Zeilen.

7 Diese Meinung erwies sich als Irrtum. Heidegger wurde nach Stein Husserls Assistent.

8 Gemeint ist die Ausarbeitung des I. Abschnittes der *Ideen II.*

9 Vgl. den späteren III. Abschnitt der *Ideen II.*

10 Vom Sommersemester 1916 bis Anfang Januar 1917 weilte Ingarden in Freiburg; in dieser Zeit sahen sie sich fast täglich (vgl. ESGA 1).

11 Theodor Elsenhans, geb. 7. 3. 1862, gest. 1918, Philosoph, Psychologe, Professor in Dresden. – Paul Ferdinand Linke, geb. 15. 3. 1876 in Staßfurt/Magdeburg, gest. 19. 6. 1955 in Brannenburg/Inn, Professor in Halle. – Max Frischeisen-Köhler, geb. 1878 in Berlin, gest. 1923 in Halle, Philosophieprofessor in Halle, damals Herausgeber der Kant-Studien. – In seinem Artikel *Phänomenologie, Psychologie, Erkenntnistheorie*, Kant-Studien 20 (1915), S. 224–275 hatte Theodor Elsenhans die Phänomenologie angegriffen; Paul Ferdinand Linke hatte repliziert mit *Das Recht der Phänomenologie. Eine Auseinandersetzung mit Th. Elsenhans*, Kant-Studien 21 (1916) S. 163–221, worauf Elsenhans mit einem Text *Phäno-*

menologie und Empirie replizierte (der schließlich in den Kant-Studien 22 (1917) S. 243–261 erschien). Max Frischeisen-Köhler hatte letzteres Manuskript am 10. Januar 1917 an Husserl gesandt (vgl. Husserl, *Briefwechsel,* Bd. III, Tl. 8, S. 49f.)

[12] „Bärchen" war der Scherzname für Otto Gründler, der in Freiburg bei Husserl studierte; er gab später *Elemente einer Religionsphänomenologie auf phänomenologischer Grundlage* heraus (München 1922).

[13] Aus Husserls *Logischen Untersuchungen*, 2. Band, Halle 1901. Vgl. Br. 9, Anm. 4.

[14] Nicht ermittelt.

[15] Friedrich Loofs, Arzt, der auch unter dem Pseudonym Armin Steinart auftrat.

[16] In Göttingen hatten sich Husserls Schüler in der „Philosophischen Gesellschaft" getroffen.

[17] Jean Hering, geb. 12.9.1890 in Ribeauvillé, gest. 23.3.1966 in Straßburg, Husserl-Schüler aus Göttingen, später Professor für Neues Testament an der ev.-theol. Fakultät der Universität Straßburg. Seine Arbeit *Eidos und Morphé* erhielt unmittelbar vor der Drucklegung – Ende 1920 – den Titel *Bemerkungen über das Wesen, die Wesenheit und die Idee*; veröffentlicht in JPPF 4 (Halle 1921).

[18] Edith Steins Dissertation *Zum Problem der Einfühlung*, Halle 1917.

4

Postkarte
Herrn Roman Ingarden
Krakau (Galicien)
Krupnicza 12.

Lieber Herr Ingarden, ⟨Freiburg,⟩ 30. I. 17.

nein, Sie haben mich nicht geärgert. Für Offenheit bin ich immer dankbar (und das Gegenteil nehme ich sehr übel); außerdem wußte ich schon bei der Lektüre der Zeitungsberichte, was Sie sagen würden. Gestern ging wieder ein ausführlicher Bericht an Sie ab. Sollte der auch nicht ankommen, dann müßte ich mich auf Karten beschränken. Ich denke daran, im März den Schauplatz meiner Taten nach Breslau[1] zu verlegen, um mich ein paar Wochen verwöhnen zu lassen. Wenn Sie bis dahin genügend Heimatluft auf Vorrat eingesogen haben, könnte ich Sie vielleicht auf dem Rückweg mit hernehmen?

Herzlichst Ihre
Edith Stein

[1] Dort war sie zu Hause (Breslau X, Michaelisstraße 38). Edith Stein fuhr am 24.2. von Freiburg ab und traf am 28.3. wieder dort ein. Sie nahm den Rückweg über Berlin (24.3.) und Frankfurt (27.3.), vgl. Br. 12.

5

Postkarte
Herrn Roman Ingarden
Krakau (Galicien)
Krupnicza 12.

Poststempel: Freiburg (Breisgau), 2. 2. 17.

1. II. 17.

Was sagen Sie zu unserer Note?[1] Ich habe die feste Zuversicht, daß es im Sommer zu Ende geht. Das ist nicht bloß die im Vertrauen auf die Sprache unserer Regierung motivierte Hoffnung, sondern trägt den Charakter eines Erfahrungsbewußtseins, und ich halte es mit dem „Prinzip aller Prinzipien"[2]. Ich bin also *gar* nicht mehr müde, sondern ganz voll von einer Freudigkeit, gegen die auch alle „humanen" Anwandlungen nicht aufkommen. Ich schreibe Ihnen das, weil Sie mich einmal einen Abend lang in einer kleinmütigen Stimmung gesehen haben, deren ich mich heute noch schäme.

Viele Grüße
Edith Stein

[1] Am 12. 12. 1916 hatte die Deutsche Regierung im Namen der Mittelmächte über neutrale Staaten den Entente-Mächten ein Angebot unterbreitet, das die Einleitung von Friedensverhandlungen vorschlug, was jedoch von den Entente-Staaten am 31. 12. 1916 abgelehnt wurde. Die Reichsregierung sah sich daraufhin einer neuen Sachlage gegenüber, die zu neuen Maßnahmen führte. Am 31. 1. 1917 wurde durch eine Regierungsnote den Botschaftern der neutralen Staaten die Eröffnung des uneingeschränkten U-Boot-Krieges gegen England als Gegenzug zu dessen Seeblockade Deutschlands mitgeteilt. Von dieser Maßnahme erhoffte sich die Oberste Heeresleitung ein baldiges Ende des Weltkrieges.

[2] Anspielung auf Husserl, *Ideen I*, § 24 („Prinzip aller Prinzipien: daß jede originär gebende Anschauung eine Rechtsquelle der Erkenntnis sei": Hua III/1, S. 51).

6

Freiburg, 3. II. 17.
Goethestr. 63

Lieber Herr Ingarden,

also die Verbindung funktioniert! Das ist ja sehr tröstlich. Das Thema „meine philosophische Begabung" haben Sie zu ernst genommen. Das gehörte doch zu dem spinnischen Teil meines Briefes – wenigstens so weit Ihre Person in Frage kam. Ich habe mir schon selbst gesagt, daß Sie mir kaum Veranlassung zu meiner Vermutung gegeben haben (auf den Gedanken, daß Sie meine Arbeit lesen müßten, bin ich wirklich nicht gekommen) und daß sie im Grunde wohl nur auf einer „Projektion" meiner Selbstbeurteilung in andere beruhte. Die litt aber gerade in der Zeit unseres häufigsten Zusammenseins unter der stark deprimierenden Art meiner Beschäftigung (cf. den letzten Brief). Schließlich noch, um Ihnen die Bedeutung des ganzen Problems verständlich zu machen: ich stelle mir doch immer die Frage, ob ich das Recht habe, mich einem anderen Berufe zu entziehen, in dem ich etwas leisten könnte, wenn ich zu produktiver wissenschaftlicher Arbeit nicht fähig bin. Und da ich gerade bei der üblen Angewohnheit bin, überall ethische Konflikte zu sehen: Sie wissen ja wohl, daß es mich schon lange bedrückt hat, daß ich gegenwärtig nichts „fürs Vaterland tue". Sie können sich nach meiner letzten Karte denken, daß sich dies Gefühl in den letzten Tagen noch verstärkt hat. Nun haben sich die Studentinnen hier organisiert, um sich fakultätenweise geschlossen zu einer möglichst rationellen Verwendung im Hilfsdienst[1] zu melden, und ich habe beschlossen, auch etwas zu übernehmen, wenn ich in Freiburg Arbeit finden kann – denn von den Ideen möchte ich mich doch nicht trennen. Der Meister meinte allerdings, (nach anfänglicher Betroffenheit) ich hätte ihm Arbeit für lange Zeit vorbereitet und könnte nun auch an einen andern Ort gehen, er wollte es als besondern Glücksfall betrachten, wenn ich hier bleibe. Aber ich habe doch Angst, daß die Sache ganz ins Stocken gerät, wenn er sich selbst überlassen bleibt, und ich fühle mich doch durchaus mitverantwortlich – wenn das auch komisch klingen mag.

Über die Art meiner Arbeit an den Ideen sind Sie sich wohl doch noch nicht ganz klar: vorläufig suche ich nur, aus den Materialien den gesamten Gedankengang (der mir ziemlich klar vor Augen steht, aber nirgends fixiert oder gar durchgeführt ist) in einer einheitlichen Ausarbeitung festzulegen. Das soll die Basis für die Arbeit des Meisters sein, und das möchte ich gern beenden, weil ich glaube, daß er sich durch die Materialien selbst nie hindurchfinden und immer in Einzelheiten steckenbleiben würde. Nur für den schlimmsten Fall, daß er gar nicht an die Überarbeitung heranginge, hatte ich es ins Auge gefaßt, es selbst zu tun. Natürlich bin ich dann auf jahrelange Arbeit gefaßt. Aber ich hoffe ja, daß das nicht nötig wird. Ein philosophischer Spaziergang nach Haslach[2], den wir kürzlich zusammen machten, hat mich wieder ganz zuversichtlich gemacht. Übrigens hat sich im Anschluß daran ganz plötzlich bei mir ein Durchbruch vollzogen, wonach ich mir einbilde, so ziemlich zu wissen, was Konstitution[3] ist – aber unter Bruch mit dem Idealismus! Eine absolut existierende physikalische Natur einerseits, eine Subjektivität bestimmter Struktur andererseits scheinen mir vorausgesetzt, damit sich eine anschauliche Natur konstituieren kann. Ich bin noch nicht dazu gekommen, dem Meister diese Ketzerei zu beichten.

Nun aber zu Ihren Angelegenheiten. Husserl gedachte zunächst nur das, was Sie schon abgegeben haben, fürs Jahrbuch ins Auge zu fassen, d.h. als 1. Artikel. Natürlich muß er erst sehen, ob es geeignet ist. Wegen der Wesensgeschichte[4] sollten Sie sich mit Hering in Verbindung setzen (via Frl. Ortmann[5]). Ich hörte in Göttingen wieder, daß er regulär Theologie studieren will. Man müßte ihn also jetzt vor die Wahl stellen: entweder er macht's oder Sie. Es geht doch nicht, daß diese Sachen ewig unbearbeitet bleiben, weil er sie mal angefangen hat. Übrigens wollte ich mich doch noch mit Ihnen über einiges verständigen, was ich aus der Arbeit herausgelesen habe bzw. nicht. Herings μορφαί (ποῖον und τί)[6] sind wohl Wesen in Konkretion („reale Wesen" möchte ich nicht sagen, weil die Gegenstände nicht auf reale beschränkt sind), sie machen den Gegenstand zu dem, was er ist. Die entsprechenden reinen Wesenheiten wären εἶδος und idealer Gegenstand. Der Unterschied zwischen ποῖον und εἶδος einerseits, τὶ und idealem Gegenstand andererseits scheint mir ein formal-ontologischer zu sein: nämlich der zwischen „Gegenstand" in einem engeren Sinne (dem in der apophantischen Sphäre die nominale Bedeutung entspricht) und Attribut (Prädikat, Bestimmung oder wie Sie es sonst benennen wollen)[7]. Was seine „Idee" ist, das geht, glaube ich, wirklich aus der Arbeit nicht klar hervor. Stellenweise ist es ohne Zweifel „Bedeutung", konsequent durchgehalten ist das aber nicht. Hoffentlich wird Ihnen aus diesen spärlichen Andeutungen klar, was ich meine. Ich hätte Ihnen gern unsere erweiterten Illustrationen zur Wesenslehre geschickt; das sieht aber, glaube ich, zu geheimnisvoll für einen nicht phänomenologisch geschulten Zensor aus.

Meine Säuglinge[8] machen mir doch Spaß. Besonders Dr. Loofs, der zwar noch stark infiziert von psychologistischen und andern -istischen Vorurteilen ist, aber sehr frisch an die Sachen ran geht und erheblich anregender wirkt als das sehr viel fortgeschrittenere, aber entsetzlich schwerfällige Bärchen. Wenn Sie im Sommer kämen und ich noch da wäre, könnten wir's vielleicht wagen, eine richtige Philosophische Gesellschaft zu machen.

Nun bitte ich Sie noch recht schön, *alles* zu tun, was in Ihren Kräften steht, damit Ihr Herz wieder parieren lernt. Wenn wir am Ende des Sommersemesters zur Feier des Friedensschlusses (!) in die Schweiz fahren, wollen wir uns doch nicht durch die Launen eines rebellischen Muskels stören lassen. Und dann überhaupt.

Soviel ich weiß, werden Ihre Briefe nicht zensiert. Das sollten Sie doch mehr berücksichtigen. Ich möchte so gern mehr wissen als die „Frankfurter"[9] unter der Rubrik „Polen" bringt.

Recht herzliche Grüße
Edith Stein.

[1] Diese Initiative der Studentinnen geht auf das „Gesetz über den vaterländischen Hilfsdienst“ zurück. Am 21. 11. 1916 hatte der Reichsrat dem Entwurf zugestimmt; er wurde am 25. 11. nach einer Debatte im Reichstag in Kraft gesetzt. Zu diesem Hilfsdienst gehörte Arbeit in der Industrie, in der Landwirtschaft, in Krankenhäusern und Schulen. „Der Deutsche Reichstag (wollte) in dem Gesetz über den vaterländischen Hilfsdienst eine neue Schutz- und Trutzwehr schaffen“ (Bethmann-Hollweg); vgl. Schulthess, *Europäischer Geschichtskalender* 57,1 (1916) S. 551–553 und 619.

[2] Haslach: Stadtteil von Freiburg, südwestlich der Altstadt.

[3] „Konstitution“: das Thema der *Ideen II*.

[4] Hering hatte seine Arbeit *Eidos und Morphé* in erster Fassung schon im SS 1914 als Anhang zu seiner Staatsexamensarbeit vorgelegt. – Vermutlich hatte Ingarden Edith Stein gegenüber Arbeitspläne erwähnt, die er später in seiner Studie *Essentiale Fragen* verwirklichte. Dort wird auf die Arbeit Herings eingegangen (vgl. JPPF 7, Halle 1925, S. 125–304, bes. § 10 ff.).

[5] Margarete Ortmann hatte, nach einigen Jahren der Schultätigkeit, seit 1910 bei Husserl in Göttingen studiert, wo Edith Stein sie kennenlernte (vgl. ESGA 1, 205 f). 1917 arbeitete sie, zusammen mit Jean Hering, in Straßburg. „Fräulein Ortmann kam einmal über Sonntag von Straßburg zu uns herüber“, schreibt Edith Stein in bezug auf den Sommer 1916 in Freiburg (ESGA 1, 338). Später war Margarete Ortmann als Studienrätin in Hamburg tätig (gest. ca. 1970).

[6] Aristotelische Termini: Formen (wie und was).

[7] In Herings Studie und Edith Steins Bemerkungen dazu werden aristotelische Unterscheidungen zu phänomenologischen in Beziehung gesetzt. Vgl. dazu auch die Weiterführungen von Edith Stein in ESGA 10–12 und von Hedwig Conrad-Martius in *Das Sein*, München 1957.

[8] Gemeint sind die Anfänger in Edith Steins „philosophischem Kindergarten“.

[9] Frankfurter Zeitung.

7

Freiburg 9. II. 17.
Goethestr. 63.

Lieber Herr Ingarden,

herzlichen Dank für Ihren Brief. Es freut mich sehr, daß Sie Fortschritte im Verständnis des Deutschtums machen. Sie sind „verliebt in die polnische Seele“ – gerade die Worte kamen mir auch, als ich mir neulich einmal den Grundunterschied unserer Stellung zu Staat und Volk klar zu machen suchte. Sehen Sie, ich kann so wenig in Deutschland verliebt sein wie in mich selbst, denn ich bin ja es selbst, d. h. ein Teil davon. Die Völker sind „Personen“, die ihr Leben haben, ihr Werden und Wachsen und Vergehen. Es ist ein Leben jenseits des unsern, obwohl es das unsere mit in sich einbezieht. Darum kann man nicht sinnvoll fragen, ob sie groß oder klein sein „sollen“, d. h. ob wir etwas dazu tun sollen, denn das liegt so wenig im Bereiche unserer Macht, wie die Zellen darüber zu beschließen haben, ob der Organismus, den sie aufbauen, wachsen oder abnehmen soll. Aber wir werden nicht bloß aufgebraucht wie Zellen, sondern wir *können* uns unseres Verhältnisses zu dem Ganzen, dem wir angehören, bewußt werden (ich glaube sogar, daß die wirksamen Entwicklungstendenzen erlebbar sind) und können uns freiwillig unterordnen. Je lebendiger und mächtiger dies Bewußtsein in einem Volke wird, desto mehr gestaltet es sich zum Staate, und diese Gestaltung ist seine Organisation. Staat ist selbstbewußtes Volk, das seine Funktionen discipliniert. Da mir nun das Erstarken des Selbstbewußtseins mit einer aufsteigenden Entwicklungstendenz verbunden zu sein scheint, so scheint mir die Organisation als ein Zeichen innerer Kraft und das Volk das vollkommenste (seiner Durchbildung als Volk, natürlich nicht seinen „Charakteranlagen" nach), das am meisten Staat ist. Und ich glaube bei ganz objektiver Betrachtung sagen zu können, daß es seit Sparta und Rom nirgends ein so mächtiges Staatsbewußtsein gegeben hat wie in Preußen und im neuen Deutschen Reich. Darum halte ich es für ausgeschlossen, daß wir jetzt unterliegen. Vielleicht erscheint Ihnen das alles als wüste Spekulation. Das ist es aber nicht. Reichlich unklar, das weiß ich, aber durchaus auf Phänomenen beruhend. Ein Erlebnis hat sich mir besonders eingeprägt[1]: wie ich am Tage unserer Mobilmachung nach 24stündiger Fahrt heimkam und mich aus dem Familienkreise zurückzog, weil ich es nicht ertragen konnte, von gleichgültigen (d.h. persönlichen) Angelegenheiten reden zu hören; da stand es mir plötzlich ganz klar und deutlich vor Augen: heute hat mein individuelles Leben aufgehört und alles, was ich bin, gehört dem Staat; wenn ich den Krieg überlebe, dann will ich es als neu geschenkt wieder aufnehmen. Das war kein Produkt eines überreizten Nervenzustandes, sondern ist bis heute in mir lebendig geblieben, und ich leide die ganze Zeit darunter, daß ich nicht den rechten Platz gefunden habe, um ganz in diesem Sinne zu handeln. Und das ist der Geist, der bei uns lebendig ist, wenn auch die Mehrzahl anders denken mag und ganz gewiß viel dummes Zeug geschwätzt wird[2]. Von Haß gegen „englischen Krämergeist", von Kulturprogramm gegen „östliche Barbarei" ist ja bei meiner Auffassung keine Spur. Mein Vertrauen auf unsere Regierung beruht darauf, daß wir Männer an der Spitze haben, die keine genialen Projekte machen, sondern ganz still und demütig zu erlauschen suchen, wohin der Lauf des Weltgeschehens gehen will. Und die Schwäche der Entente (+ Herrn Wilson[3]) ist es, daß sie ein Programm hat zur Gestaltung Europas. Solche Pläne können immer nur gelingen, wenn sie zufällig mit der Tendenz der historischen Entwicklung zusammenfallen. Sonst kommt man unfehlbar unters Rad. Ja, nun also Amerika[4] (das steht natürlich an der Nullgrenze der staatlichen Entwicklung)! Die Stimmung bei uns ist keineswegs gedrückt, vielmehr ein heller, heiterer Trotz: „und wenn die Welt voll Teufel wär!"

Nun möchte ich Ihnen noch ein Wort über Ihre Bemerkungen zur polnischen und deutschen Literatur sagen. Zu einem Vergleich bin ich natürlich nicht fähig. Ich glaube aber, daß auch Sie noch nicht kompetent dafür sind. Kellermann[5] und Thomas Mann[6] sind doch kein Maßstab. Um ein Urteil über die deutsche Literatur fällen zu können, müßten Sie viel mehr kennen, vor allem ein Verhältnis zu Goethe haben. Aber in gewisser Hinsicht dürften Sie vielleicht Recht behalten. Ich glaube, unsere Größe liegt nicht auf dem Gebiet des Romans, soviel wirklich künstlerisch Hochstehendes wir auch haben mögen. Es liegt wohl im ethischen Grundcharakter unseres Volkes, daß es seinen adäquaten Ausdruck nur in der hohen Tragödie finden kann. Und ich glaube nicht, daß wir hier irgend einen Vergleich zu scheuen brauchen. Freilich, das neue Deutschland hat noch nicht seinen Dichter gefunden, sondern muß noch von der Vergangenheit zehren. Aber es ist ja auch noch so jung! – Ich habe übrigens die feste Absicht, Polnisch zu lernen (die Grammatik ist leider noch nicht da, trotzdem ich sie sofort bestellt habe) und mich mit Ihrer Literatur zu beschäftigen. Am Ende komme ich mal so weit, daß ich etwas übersetzen kann. Das wäre eine sehr schöne Erholungsbeschäftigung in friedlichen Zeiten.

Die Frage meines Hilfsdiensts ist noch nicht weiter vorgerückt. Dem Meister ist nur sehr bald angst geworden, was er im Sommer ohne mich tun sollte, und er hat beschlossen, selbst mit den Schuldirektoren zu sprechen, ob hier Lehrermangel ist. Morgen werde ich wohl hören, ob er es schon getan hat.

Recht herzliche Grüße
Edith Stein.

[1] Dieses Erlebnis schildert Edith Stein in ihren Aufzeichnungen: ESGA 1, 243.

[2] Roman Ingarden fügt an dieser Stelle im Erstdruck (vgl. Br. 1, Anm. 1) die Fußnote hinzu: „Ich zitiere diese Stelle aus diesem Brief, weil ich an das Schicksal von Frl. Stein und ihre Verbrennung im Vernichtungslager denke. R. I."

[3] Thomas Woodrow Wilson, geb. 28.12.1856 in Staunton/Va., gest. 3.2.1924 in Washington, war von 1913 bis 1921 Präsident der Vereinigten Staaten von Amerika. Nach seiner Wiederwahl im November 1916 hatte er seine Aufmerksamkeit den politischen Verhältnissen in Europa zugewandt und am 21.12.1916 eine Friedensnote an die kriegführenden Mächte gerichtet, die aber von Seiten der Entente-Mächte negativ beantwortet wurde.

[4] Amerika befand sich damals auf dem Wege zum Kriegseintritt gegen die Mittelmächte (3.2.1917 Abbruch der diplomatischen Beziehungen zu Deutschland, 6.4. Kriegserklärung an Deutschland).

[5] Bernhard Kellermann, geb. 4.3.1879 in Fürth, gest. 7.10.1951 in Klein-Glienicke bei Potsdam; Schriftsteller, Verfasser technisch-utopischer und gesellschaftskritischer Romane.

[6] Thomas Mann, geb. 6.6.1875 in Lübeck, gest. 12.8.1955 in Kilchberg bei Zürich; 1929 Nobelpreis für Literatur.

8

Postkarte
Herrn Roman Ingarden
Krakau (Galicien)
Krupnicza 12.

Poststempel: Freiburg (Breisgau) 20. 2. 17.

19. II. 17.

Lieber Herr Ingarden, es steht zwar noch die Bestätigung diverser Briefe aus. Ich will Ihnen aber doch Ihre „kurzen Anfragen“ beantworten. Das Jahrbuch[1] ist wieder ziemlich aus dem Gesichtskreis des Meisters verschwunden und damit auch die Veröffentlichung Ihrer Arbeit. Von Reinach habe ich ewig nicht gehört. Doch wurden kürzlich mehrfach Kämpfe aus dem Wytschatebogen[2] gemeldet, und so fürchte ich, daß er jetzt nicht Zeit zu philosophischer Lektüre hat. Sobald er in Ruhestellung käme, ginge es sicherlich. Das Semester schließt hier schon am 24., und ich werde voraussichtlich dann sofort heimfahren, erbitte also Ihre nächste Nachricht schon dahin (Michaelisstr. 38). Die „dziura“[3] Freiburg fühlt sich sehr geschmeichelt, daß Sie sich nach ihr sehnen, und läßt Ihnen sagen, daß sie sich große Mühe geben will, Ihnen das Leben hier angenehm zu machen. Aber Sie sollen auch jetzt nicht traurig sein, sondern es recht genießen, daß Sie in der Heimat sind.

Herzliche Grüße
Edith Stein.

[1] Gemeint ist JPPF 4, das erst 1921 erschien.
[2] Gegend um Wijtschate; Dorf in Belgien, das im Ersten Weltkrieg heftig und lange umkämpft wurde.
[3] „dziura“ (polnisch = Loch), hier im Sinne von „Nest, Provinznest“.

9

Freiburg, 20. II. 17.

Lieber Herr Ingarden,

heute bekam ich Ihren Brief vom 15. und die Karten vom 16. u. 17. Sie schienen unzensiert, dagegen hatten die beiden Karten vorher Zensurstempel aus Krakau. Über meinen Hilfsdienst können Sie vorläufig ganz beruhigt sein. Das Ministerium hat uns belobigend geantwortet und geraten zu warten, bis man uns in unsern Fächern verwenden könnte, was kaum vor dem späten Frühjahr der Fall sein würde. Ich habe mich ganz „vernünftig" in den angelegten Listen für Freiburg und Schuldienst eingetragen, und so wird die Sache wohl nun bei den Akten ruhen. Wenn ich meine Tätigkeit hier nicht für wichtig genug hielte, würde ich mich freilich bei diesem Verfahren nicht beruhigen. Ich bin sehr gespannt, was Sie für Pläne haben und was daraus wird, ich finde es gar nicht nett, mich mit so geheimnisvollen Andeutungen abzuspeisen. Außerdem gefällt es mir nicht, daß Sie sich noch immer nicht gut fühlen, und ich bin energisch dagegen, daß Sie etwas übernehmen, bevor Sie kräftig genug sind. – Meine Bedenken gegen den Idealismus habe ich dem Meister neulich feierlich unterbreitet. Eine „peinliche Situation" (wie Sie fürchteten) war das gar nicht. Ich wurde in einer Ecke des lieben alten Ledersofas untergebracht, und dann hat man 2 Stunden heftig debattiert – natürlich ohne sich gegenseitig zu überzeugen. Der Meister meinte, er sei gar nicht abgeneigt, seinen Standpunkt zu ändern, wenn man es ihm als notwendig erwiese. Das ist mir aber bisher nicht gelungen. Jedenfalls ist ihm fühlbar geworden, daß er diesen Punkt noch einmal gründlich durchdenken muß, wenn er es auch vorläufig noch verschoben hat. Das Sachliche schreibe ich Ihnen einmal besonders, heute bin ich zu müde dazu, ich komme von einem ausführlichen Abendbesuch bei Husserl, es war schon ein halber Abschied, denn am Sonnabend[1] haben wir das letzte Seminar, und am Nachmittag reise ich ab! (Das! bedeutet einen Luftsprung, denn ich freue mich diebisch). Jetzt bin ich mit dem Ordnen meines Nachlasses beschäftigt. Die Ausführungen über Natur und Geist[2] sind zu einem einheitlichen Ganzen verschmolzen. Die zugehörigen wissenschaftstheoretischen Erörterungen[3] habe ich noch nicht mit dabei, das soll ein 2. Teil werden. Ich glaube aber, daß das, was (von meiner Seite) fertig ist, für sich publiziert werden könnte, wenn der Meister es überarbeitet hätte. Ich habe mir beim Überlesen ein Verzeichnis der „dunkeln Punkte" angelegt, das nehme ich mit nach Breslau, um mich damit zu beschäftigen, sobald ich mich ein wenig von „Natur und Geist" erholt habe. Der Meister ist auf die gute Idee gekommen, daß ich das müßte (5 Monate habe ich nichts anderes getrieben). Erst meinte er, ich dürfte überhaupt in dem Monat, den ich fortbleiben will, nichts arbeiten, sondern sollte einmal „junges Mädchen spielen"; dann hat er sich aber erboten, mir zu meiner Belustigung die Entwürfe zur Neubearbeitung der 6. Untersuchung[4] mitzugeben. Das ist doch „nit garschtig". Man legt jetzt sehr großen Wert auf meine „Lehrtätigkeit" und denkt daran, mich im nächsten Semester offiziell mit Anfängerübungen zu beauftragen und mir das Seminar dafür zur Verfügung zu stellen. Ich soll – so hat man sich in rührender Naivität ausgedrückt – hier werden, was Reinach in Göttingen war. Nur habilitieren darf ich mich nicht (wofür Elli[5] plädierte), weil man doch „aus Prinzip" dagegen ist. – Es freut mich sehr, daß Sie auf religiöse Probleme gestoßen sind. Dann wird sich Ihr Haar auch nicht allzu sehr gesträubt haben ob der „Metaphysik" in meinem letzten Brief. Ich finde, man rennt an allen Ecken und Enden daran (vom religiösen Erleben einmal ganz abgesehen); es ist unmöglich, eine Lehre von der Person abzuschließen, ohne auf Gottesfragen einzugehen, und es ist unmöglich zu verstehen, was Geschichte ist. Klar sehe ich natürlich da noch gar nicht. Aber sobald die Ideen fertig sind, möchte ich an diese Sachen herangehen. Es sind *die* Fragen, die mich interessieren. Vielleicht lesen wir zusammen Augustin[6], wenn Sie wiederkommen? Das Fragezeichen gilt nun auch dem Wiederkommen. Dabei hatte ich mir auch schon überlegt, wie wir die Philosophische Gesellschaft inscenieren könnten. Ich dachte, es müßte ein Thema genommen werden, von dem wir beide schon mindestens ein ganz klein wenig Ahnung hätten. Und dabei verfiel ich auf Intuition[7]. Ohne Sie würde ich es doch nicht wagen, mit einer eigenen Analyse zu beginnen. Denn an positive Mitarbeit von anderer Seite ist noch kaum zu denken. Aber mit Ihnen ginge es. Frau Pluikke[8] nimmt jetzt auch teil, und das Bärchen ist wirklich recht verständig, hat in dem einen Semester erstaunlich viel gelernt. Loofs ist noch das ärgste Wickelkind, ich hoffe aber, wenn ich ihn im April noch etwas bearbeite, wird er zu passiver Teilnahme einigermaßen vorbereitet sein. Da er seine Blößen wenigstens ungeniert zeigt, scheint er mir kein ganz hoffnungsloser Fall. Einen großen Vorzug hat er jedenfalls: einen schönen Bücherschrank, in dem ich gestern zu meinem Entzücken fast den ganzen Dostojewski entdeckte. Ich habe mich sofort auf die Brüder Karamasow[9] gestürzt, denn – ich muß es Ihnen gestehen – ich hatte schon seit einiger Zeit richtigen Hunger auf einen russischen Roman.

Jetzt muß ich aber Schluß machen, sonst fallen mir gleich die Augen zu.

Gute Nacht!
Edith Stein.

[1] Am 24. Februar.
[2] Das war die Thematik der *Ideen II.*
[3] Nämlich das Material der zukünftigen *Ideen III.*
[4] An dieser Stelle bringt Ingarden in seiner Erstveröffentlichung folgende Notiz: „Es ist hier die VI-te Untersuchung des II. Bandes der ‚Logischen Untersuchungen' gemeint. Dieses Werk Husserls ist in zweiter Auflage im Jahre 1913 ohne diese VI-te Untersuchung erschienen. Sie sollte vollkommen aufs neue geschrieben werden ... Indessen Husserl hat ... die neue Redaktion zurückgezogen ... Die Manuskripte aber zu dieser Redaktion sind aufbewahrt worden, und eben sie sind es, die Edith Stein hier erwähnt. In der dritten Auflage der ‚Logischen Untersuchungen' im Jahre 1923 wurde die alte Redaktion publiziert, bloß mit wenigen Abänderungen. Anm. R. Ingarden." – Dasselbe geschah in der 4. Auflage (Max Niemeyer, Tübingen 1968). – Das erwähnte Material zur Neubearbeitung der *VI. Logischen Untersuchung* wird zur Edition in Hua vorbereitet.
[5] Husserls Tochter Elisabeth, geb. 2.6.1892 in Halle, gest. 1982 in Boston/USA.

[6] Aurelius Augustinus, geb. 13.11.354 in Tagaste/Numidien, gest. 28.8.430 in Hippo/Nordafrika, einer der vier abendländischen Kirchenväter; Rhetor, Philosoph und Theologe; anfangs Manichäer, ließ sich 387 vom hl. Ambrosius, Bischof von Mailand, taufen und wurde 395 Bischof von Hippo.
[7] Wegen des Themas von Ingardens Doktorarbeit.
[8] Eine zunächst bei Husserl in Freiburg, dann in Heidelberg studierende Russin; Näheres nicht ermittelt.
[9] Fjodor Michajlowitsch Dostojewski, geb. 11.11.1821 in Moskau, gest. 9.2.1881 in St. Petersburg. *Die Brüder Karamasow* gehören zu Dostojewskis großen Romanen.

10

Breslau, 7. III. 17.
Michaelisstr. 38

Lieber Herr Ingarden,

Ihr Brief, den ich heute erhielt, hat mich sehr betrübt, nicht etwa weil ich irgendetwas „übel nehme", sondern weil ich Sie in so trostloser Gemütsverfassung sehe, ohne Ihnen helfen zu können. Ich kann wohl Ihrem Unglauben meinen Glauben entgegenstellen; aber es scheinen doch bestimmte Tatsachen zu sein, durch die Ihre gegenwärtige Stimmung motiviert ist, und gegen die kann ich nichts sagen, solange ich sie nicht kenne. Daß man bei einer offenen Aussprache und bei gegenseitigem Verstehenwollen zu einer Verständigung kommen könnte, glaube ich allerdings, und darum möchte ich sehr gern wieder einmal mit Ihnen zusammen sein. Zu einem längeren Aufenthalt in Freiburg wage ich Ihnen jetzt gar nicht zuzureden. Aber zum Examen sollten Sie doch kommen, sobald Sie gesundheitlich so weit sind, daß Sie es ohne Bedenken tun können. Um die Vorbereitung brauchen Sie sich nicht zu sorgen. Ich glaube, es hat noch nie einen Menschen gegeben, der damit „fertig" geworden ist.

Ich bin seit etwa 10 Tagen hier und fahre am 24. über Berlin[1] zurück, um noch ein paar Tage mit meiner Schwester[2] zusammen zu sein. Ich schrieb Ihnen, glaube ich, daß ich die 6. Untersuchung mit habe. Ich komme aber höchstens dazu, mir die Blätter für eine künftige Durcharbeitung zu ordnen; sie befanden sich nämlich in einem Zustande, als ob der liebe Meister eines Tages genug davon gehabt und sie, wie sie gerade waren, in ein Schubfach gestopft hätte – wo sie nun bis zum Vorabend meiner Abreise geruht haben. Richtig arbeiten kann ich hier überhaupt nicht. Es sind so viele Leute da, mit denen ich und die mit mir sprechen möchten, daß ich allein damit schon meine Zeit ausfüllen könnte. Dann habe ich einiges Schöne gelesen, und schließlich versuche ich mich etwas mit der polnischen Grammatik anzufreunden. Hier haben übrigens viele Leute in Schnellkursen Polnisch gelernt, und ich habe versprochen, mir von Ihnen etwas leichte Prosalektüre für Anfänger empfehlen zu lassen. In dieser Hinsicht ist man überhaupt jetzt sehr „mitteleuropäisch“: diese Woche hatte man eine bulgarische Sängerin da, und am Sonnabend gibt es die Premiere einer polnischen Oper (Eros und Psyche[3]), die ich mir wahrscheinlich anhören werde. Freitag möchte ich Sie hier haben: da gehe ich zur 7. Symphonie unter Weingartners[4] Leitung, das wird anders als in Freiburg.

Noch eins: schreiben Sie mir nur, wenn Sie Lust dazu haben, nicht „aus Pflicht“. Ich werde mich aber natürlich freuen, wenn Sie recht bald Lust haben.

Herzlichst Ihre
Edith Stein.

1 Von Breslau nach Freiburg.
2 Erna Stein, die damals im Rudolf-Virchow-Krankenhaus in Berlin als Assistentin arbeitete. Edith Stein berichtet in ihren Erinnerungen von diesem Besuch bei Erna, den sie – aus langem zeitlichem Abstand – irrtümlich an den Anfang dieser Ferien verlegte (ESGA 1).
3 *Eros und Psyche*, Oper des polnischen Komponisten Ludomir Rozycki, geb. 6.11.1884 in Warschau, gest. 1.1.1953 in Kattowitz. Die deutsche Uraufführung dieses Werkes fand in Breslau am 10.3.1917 statt.
4 Felix v. Weingartner, österreichischer Dirigent und Komponist, geb. 2.6.1863 in Zara/Dalmatien, gest. 7.2.1942 in Winterthur; Kapellmeister in Berlin, München, Wien und Basel; er war es, der die Wiener Philharmoniker zu Weltruhm brachte.

11

Postkarte *Poststempel*: Breslau 17.3.17
Herrn Roman Ingarden
Krakau (Galicien)
Karmelicka 46/I

Breslau X, 17.III.17.
Michaelisstr. 38

Lieber Herr Ingarden,

indessen haben Sie wohl meinen Brief erhalten und gesehen, daß mir alle bösen Absichten fern liegen. Die Aussicht auf eine Wesensarbeit[1] finde ich sehr schön. An eine Arbeit *über* Plato u. Aristoteles denken Sie ja wohl nicht, denn da würden sich am Ende Konflikte mit der Philologie ergeben. Ist Ihre Bergsonarbeit schon wieder vorgerückt? Für mich ist es höchste Zeit, daß ich wieder an die Arbeit gehe. Ich habe hier nichts Ernsthaftes getan und komme mir ganz verdummt vor. Der Meister schreibt auch, ihm seien die Gedanken eingefroren, fügt aber die beruhigende Versicherung hinzu, daß er trotzdem sein Möglichstes tue. Wenn er doch jetzt für Zusammenarbeit zu haben wäre! Beten Sie für mich bzw. für die Ideen.

Viele Grüße E. S.

[1] Die Arbeit publizierte Ingarden später unter dem Titel *Essentiale Fragen. Ein Beitrag zum Wesensproblem* (JPPF 7, Halle 1925, S. 125–304).

12

Breslau, 20. III. 17.

Lieber Herr Ingarden,

es tut mir sehr leid, daß meine Nachrichten Sie nicht erreichen und daß Sie sich unnötige Sorgen um mich machen. Ich kann Ihnen nur versichern, daß ich 1.) nicht krank bin, 2.) nicht mit Ihnen schmolle und 3.) viel und in ganz unveränderter Gesinnung an Sie denke, wenn ich auch hier fast täglich 2 bis 3 Verabredungen habe und daher nicht so häufig wie in Freiburg das Verlangen habe, mit Ihnen zu plaudern. Sind Sie nun zufrieden?

Über die russische Revolution[1] etwas zu sagen, scheint mir bei den mangelhaften und widersprechenden Nachrichten sehr schwierig. Vorläufig sehe ich sie als einen gelungenen Streich der englischen Politik an, eingefädelt, um die Zügel noch fester in die Hand zu bekommen und außerdem, um die etwas abgekühlten europäischen Sympathien durch diese höchst „liberale" Tat neu zu beleben. (Hoffentlich sehen Sie sich hier nicht zu unwillkommenen Analogien veranlaßt.) Der Erfolg ist noch nicht abzusehen. Für Rußland kann das Heil wohl nur von einer wirklich russischen Revolution kommen und nicht von einer aus Westeuropa importierten, sei sie nun liberal oder socialistisch. Dieser letzte Gegensatz ist dagegen vielleicht wichtig für uns, denn wenn die Bewegung auf die Socialisten übergreift, dann dürfte sie sich wohl der bisherigen Leitung[2] entziehen und für uns günstig wirken. Aber das sind ja alles nur Hypothesen. – Getan habe ich hier fast nichts. Ich habe durchgesehen, was ich von der 6. Unt⟨ersuchung⟩ mit hatte und es mir so zurecht gelegt, daß ich es leicht habe, wenn ich sie einmal ernstlich vornehme. Es stehen recht schöne neue Sachen drin, aber vom Abschluß scheint sie mir noch weiter entfernt als die Ideen. Was nach meiner Rückkehr geschieht, weiß ich noch nicht. Ich wünsche mir brennend, mit dem Meister meine bisherige Ausarbeitung durchzusprechen, ehe ich etwas anderes vornehme. Denn ich habe gar keine Lust, neue Stöße von Papier aufzuhäufen, die er nicht anguckt. Außerdem wäre ich dann auch freier, wieder mal auf eigene Faust etwas anzufangen. In den letzten beiden Tagen habe ich, bloß um zu sehen, ob ich überhaupt noch was kann, begonnen mich mit einem der Differenzpunkte zwischen dem Meister und mir (Notwendigkeit eines Leibes für die Einfühlung) etwas näher zu beschäftigen. Ich bin dabei gleich wieder auf geschichtsphilosophische Fragen gestoßen. Es wäre so schön, wenn ich jetzt dafür Zeit hätte. Aber mal wird es ja sicher werden. – Am 24. fahre ich nach Berlin und am 27. weiter. Höchstwahrscheinlich treffe ich Frl. Gothe[3] in Frankfurt, um sie für 2 Wochen mitzunehmen. Lockt Sie das nicht auch nach Freiburg?

Tymczasem do widzenia panu![4]
Edith Stein.

[1] Die Februarrevolution, in deren Folgen Zar Nikolaus II. am 15.3.1917 abdankte; es entstand eine provisorische Regierung, die aber den militärischen und wirtschaftlichen Ruin nicht aufhalten konnte. Im Herbst kam es zu bewaffneten Aufständen in St. Petersburg und Moskau. Diese Oktoberrevolution brachte Lenin als führenden Kopf der Bolschewiki und späteren Begründer der UdSSR an die Macht.

[2] Durch den Ministerpräsidenten Fürst G. E. Lwów (unter Liberalen und Sozialisten als Regierungsmitgliedern). Er wurde im Juli 1917 durch den Sozialisten A. F. Kerensky abgelöst, der in der Oktoberrevolution gestürzt wurde.

[3] Erika Gothe, geb. 23.1.1887 in Darmstadt, gest. 31.8.1966 in Schwerin (vgl. ESGA 1).

[4] Polnisch: „Vorläufig auf Wiedersehen, mein Herr!"

13

Postkarte *Poststempel:* Freiburg (Breisgau) 28.3.17

Herrn Roman Ingarden
Krakau (Galicien)
Karmelicka 46/I.

Lieber Herr Ingarden, Freiburg 27.III.17.

seit heute mittag bin ich wieder hier, und ich finde es gar nicht nett, daß Sie mich nicht abgeholt haben und daß Sie mich obendrein heute mitten in der Nacht ganz allein Fräulein Gothe abholen lassen. Nächstens kommt wahrscheinlich auch Kaufmann her, er soll vom 23.III./4.IV. Urlaub haben. Haben Sie die Kritik von „Eros u. Psyche" bekommen? Ich konnte leider nicht selbst hingehen, es hat sehr gut gefallen. In Berlin sah ich „John Gabriel Borkmann"[1] im Deutschen Theater mit Wegener[2], Else Lehmann[3] usw.

Trotz der guten Besetzung kam mir das Stück, das ich ein paar Jahre nicht gelesen hatte, merkwürdig flach vor. Schreiben Sie bald mal.

Viele Grüße
Edith Stein.

[1] *John Gabriel Borkman* eines der Alterswerke (1896) von Henrik Ibsen.
[2] Paul Wegener, geb. 11. 12. 1874 in Arnoldsdorf/Westpreußen, gest. 13. 9. 1948 in Berlin.
[3] Else Lehmann, geb. 27. 6. 1866 in Berlin, gest. 6. 3. 1940 in Prag.

14

Freiburg, 9. IV. 17.
Goethestr. 63.

Lieber Herr Ingarden,

ich schulde Ihnen schon auf 2 Briefe Antwort, aber in den 14 Tagen, die Fräulein Gothe da war, brauchte ich meine freie Zeit ganz für sie. Wir haben miteinander meine Ausarbeitung der Ideen gelesen, und ich war glücklich, endlich mit einem Menschen darüber sprechen zu können. Mein eigener Eindruck hat sich bestätigt. Die beiden 1. Teile (Konstitution der materiellen und animalischen Natur) geben einen einheitlichen Zusammenhang und könnten mit unwesentlichen Änderungen gedruckt werden. Der 3. Teil[1] (über Geist), der als Ergänzung der andern unbedingt gefordert ist, muß allerdings völlig neu gearbeitet werden, denn das ist vorläufig nur eine geordnete Zusammenstellung des vorhandenen Materials. Ich möchte deshalb sehr gern die beiden 1. Teile ins nächste Jahrbuch bringen. Wenn nur der Meister sich endlich zur Durchsicht bewegen ließe! Aber denken Sie, womit er mich überrascht hat: in den Ferien sollte endlich die ominöse Antrittsvorlesung[2] entstehen, statt dessen entwickelte sich eine „Einleitung in die Phänomenologie", zerfallend in die Abschnitte „Phän⟨omenologie⟩ u. Psychologie" und „Phän. u. Erkenntnistheorie". Das soll nun unbedingt fertig gemacht und veröffentlicht werden. Frl. Gothe und ich hatten gestern die angenehme Mission, ihm begreiflich zu machen (noch dazu an seinem Geburtstag!), daß das nichts fürs Jahrbuch ist, daß man jetzt neue konkrete Ausführungen von ihm erwartet, wie sie die Ideen in Hülle und Fülle bieten, und nicht Altes unter einem andern Gesichtspunkt zusammengestellt. Ich bemühe mich, ihn dazu zu bringen, daß er dies Produkt etwas als Antwort auf Elsenhans frisiert und in die Kantstudien[3] gibt. Vorläufig ist er aber noch nicht überzeugt und gedenkt die Erwiderung, zu der er sich ja verpflichtet hat, noch besonders zu machen. Damit geht wieder viel kostbare Zeit verloren. Ich gedenke jetzt einen guten Einfall, den er hatte, zu realisieren: aus der 6. Untersuchung Teile, die einen geschlossenen Zusammenhang ergeben, als kleine Jahrbucharbeiten umzugestalten. An der ganzen ⟨Untersuchung⟩ ist noch so viel zu tun, daß ich an einen Abschluß in diesem Leben kaum zu denken wage. Daneben werde ich meine Bedenken gegen gewisse Punkte der Ideen säuberlich formuliert aufschreiben – als Vorbereitung für eine gemeinsame Besprechung. Mit dem Idealismus habe ich heute begonnen. Übrigens zeigte mir Frl. Gothe Aufzeichnungen von Frau Martius[4] zur Idealismusfrage[5]. Das war aber keine Widerlegung Husserls, die Hauptargumentation schien mir auf einem Mißverständnis seiner Ausführungen zu beruhen.

Fräulein Bender[6] kann ich leider nicht mehr fragen. Sie ist im Dezember schwer erkrankt, hat viele Wochen hier im Diakonissenhaus gelegen und ist dann gestorben. Ich schrieb es bisher nicht, weil ich nicht gern so betrübliche Nachrichten verbreiten mag.

Frau Pluicke ist vor 8 Tagen nach Heidelberg gegangen, sie will mit dem kleinen Meyer[7] zusammen eine Preisarbeit machen, die von der theolog⟨ischen⟩ Fakultät gestellt ist, aber phänomenologische Behandlung gestattet. Es ist überhaupt jetzt kein Mensch in Freiburg, den ich kenne, und das ist doppelt schlimm, weil ich jetzt durch mein Zusammenleben mit Frl. Gothe verwöhnt bin. Ein paar Tage war noch ihr Bruder ⟨Hans⟩ aus den Vogesen da und wohnte auch bei mir im Hause, so daß sich ein ganz idyllisches Familienleben ergab. Kaufmann hat sich wieder mal als unverbesserlicher Pechvogel erwiesen, indem er gleich zu Beginn seines Urlaubs telegrafisch abberufen wurde. Ich habe ihn also nicht gesehen. Dagegen besteht begründete Hoffnung, daß Hering nächstens einmal herkommt. Von Lipps soll ich Ihnen einen schönen Gruß bestellen; er hat etwas über Kategorien gearbeitet und glaubt, daß das durch Sie erledigt sein wird.

Ich hoffe, daß die Osterbotschaft unseres Kaisers[8] auch auf Sie einen tröstlichen Eindruck gemacht hat. Wenn auch speziell für Sie nichts darin stand, so kann man doch über die Position des Kanzlers[9] jetzt beruhigt sein. Und dann muß doch der ganze Kurs Hoffnungen erwecken. Daß große Schwierigkeiten bestehen, darüber bin ich mir natürlich auch klar. Ich glaube, wenn Sie hier wären, würde ich mit Ihrem „Pessimismus" schon fertig werden. Ich bin gewiß keine kritiklose Optimistin. Ich habe früher sogar sehr dazu geneigt, nur die Schattenseiten zu sehen, aber jetzt lerne ich immer mehr, dahinter das Positive zu entdecken. Man kann dabei alle Widerwärtigkeiten dieses Daseins recht deutlich erkennen und gehörig darunter leiden – aber sie verlieren doch an Gewicht und können einen nicht mehr überwältigen. – Aber daß es Ihnen körperlich noch immer nicht recht geht, das ist ganz dumm. Wenn Sie herkommen, müssen Sie unbedingt in Pension gehen, der holden Ceres[10] dürfen Sie sich nicht wieder ausliefern (ich bin seit Ihrer Abreise nicht mehr dort gewesen).

Schreiben Sie bald wieder und dehnen Sie Ihre Examensvorbereitung möglichst nicht bis Ende Mai aus. Es ist doch schade um die Zeit.

Herzlichste Grüße
Edith Stein.

Das Buch heißt Kohlrausch[11]: Lehrbuch der praktischen Physik.

[1] Drei Abschnitte, aus denen die *Ideen II* bestehen.
[2] Husserl hielt seine Antrittsvorlesung in Freiburg am 3.5.1917 unter dem Titel: *Die neue Phänomenologie, ihr Forschungsgebiet und ihre Methode*, veröffentlicht in: Edmund Husserl, Aufsätze und Vorträge 1911–1921, hg. von Th. Nenon und H. R. Sepp, Hua 25, Dordrecht 1987, S. 68–81.
[3] Eine von Hans Vaihinger (1852–1933) begründete und seit 1896 herausgegebene philosophische Fachzeitschrift. – Das Vorhaben kam nicht zur Ausführung. Die beiden Abhandlungen erschienen in Edith Steins Ausarbeitung aus Husserls Nachlaß in dem in Anm. 2 genannten Band S. 82–206.
[4] Hedwig Conrad-Martius, geb. 27.2.1888 in Berlin, Heirat mit dem Husserl-Schüler Theodor Conrad 1912, gest. 15.2.1966 in Starnberg; Philosophin, nach dem Zweiten Weltkrieg Honorarprofessorin an der Universität München. – Seit 1920 stand sie in naher Verbindung zu Edith Stein; vgl. ihren Aufsatz *Edith Stein* in: *Hochland* LI/Okt. 1958, S. 38–46.
[5] *Über Ontologie*, unveröffentlicht im Nachlaß Hedwig Conrad-Martius' in der Bayerischen Staatsbibliothek München unter der Signatur A I 3. Vgl. dazu E. Avé-Lallemant, *Die Antithese Freiburg-München in der Geschichte der Phänomenologie*, in: H. Kuhn (Hg.), *Die Münchener Phänomenologie*, Den Haag 1975, S. 34.
[6] Dr. Julie Bender, Schülerin Husserls.
[7] Rudolf Meyer hörte als Student der evangelischen Theologie Vorlesungen bei Husserl; später war er Geistlicher der auf Rudolf Steiner zurückgehenden Anthroposophischen Christengemeinschaft.
[8] Am 7.4.1917 veröffentlicht durch Wilhelm II. (geb. 27.1.1859 in Berlin, gest. 4.6.1941 in Haus Doorn bei Utrecht/NL). – In seiner Osterbotschaft hatte der Kaiser Sozialreformen, besonders bezüglich des Wahlrechts, versprochen. Der Reichskanzler v. Bethmann-Hollweg wurde beauftragt, Vorschläge für diese Änderungen vorzulegen, „damit bei der Rückkehr unserer Krieger diese für die innere Gestaltung Preußens grundlegende Arbeit schnell im Wege der Gesetzgebung durchgeführt werde".
[9] Reichskanzler und preußischer Ministerpräsident war seit Juli 1909 Theobald v. Bethmann-Hollweg, geb. 29.11.1856 in Hohenfinow-Eberswalde, dort gest. 2.1.1921. Er war Gegner des am 1.2.1917 erklärten uneingeschränkten U-Boot-Krieges und wurde unter dem Druck konservativer Kräfte im Juli 1917 verabschiedet.
[10] Nicht ermittelt. – Ceres ist in der römischen Mythologie Patronin der Feldfrüchte; hier sicherlich ein Scherzname für eine Hauswirtin.
[11] Friedrich Wilhelm Kohlrausch, geb. 14.10.1840 in Rintelen/Weser, gest. 17.1.1910 in Marburg, bedeutender Physiker.

15

Postkarte
Herrn Roman Ingarden
Krakau (Galicien)
Karmelicka 46/I.

Poststempel: Freiburg (Breisgau) 11.4.17

10.IV.17.

Lieber Herr Ingarden,

heute erhielt ich Ihre freundlichen Zeilen vom 6.IV. Ich bin ganz gerührt, daß jemand mein unglückseliges opus[1] so liebevoll aufnimmt. Ich selbst habe ja keinerlei mütterliche Gefühle für diesen „Embryo in Spiritus" (wie Lipps sagen würde). Immerhin sollte es mich freuen, wenn Sie etwas Brauchbares daran fänden. Dann schreiben Sie mir, bitte, auch, ob Sie es für sinnvoll halten, Rezensionsexemplare an Zeitschriften zu senden. Man tut das, glaube ich, im allgemeinen. – Von Ihrer Erkenntnistheorie[2] möchte ich gern viel hören. Kommen Sie nur möglichst bald.
Viele Grüße E. Stein.

[1] Edith Steins Dissertation *Zum Problem der Einfühlung* (Halle 1917) war im Druck erschienen.

[2] Ingardens erste Publikation trug den Titel *Über die Gefahr einer Petitio Principii in der Erkenntnistheorie*, sie erschien erst 1921 in JPPF 4. Diese Abhandlung war Teil einer größeren Arbeit, die Ingarden im Winter 1918/19 niederschrieb. Vermutlich weist Edith Stein hier auf Arbeitspläne hin, die Ingarden ihr mitgeteilt hatte (vgl. BRI, S. 142). – Petitio principii bezeichnet einen logischen Beweisfehler: das zu Beweisende wird als Beweisgrund vorausgesetzt.

16

Postkarte
Herrn Roman Ingarden
Krakau (Galicien)
Karmelicka 46/I.

Poststempel: Freiburg (Breisgau) 16.4.17

16.IV.17.

Lieber Herr Ingarden,

der gestrige Tagesbericht[1] hat Ihnen vielleicht Sorge um den Meister und die Phänomenologie erregt. Ich will Ihnen daher versichern, daß alles heil ist. Freilich ging es diesmal böse zu: Anatomie in Brand, vor dem Eingang d.

Universität ein Trichter in der Erde u. an sämtlichen Gebäuden ringsum die Scheiben eingedrückt, sogar unsere Gegend[2] ist nicht verschont geblieben.

Viele Grüße
Edith Stein.

[1] Französischer Bombenangriff auf Freiburg.
[2] Goethestraße in Freiburg-Wiehre.

17

Freiburg 27. IV. 17

Lieber Herr Ingarden,

die 1. Kritik meiner Arbeit – herzlichen Dank dafür. Nur dumm, daß mir kein Mensch *vor* dem Druck ein Wort dazu sagen konnte. Auch vom Meister habe ich ja niemals einen Ton darüber gehört. Was Sie einzuwenden haben, kann ich Ihnen fast alles zugeben. Daß das erste Kapitel nicht viel wert ist, wußte ich, und es war vielleicht leichtfertig, es so zu veröffentlichen. Übrigens finden sich gerade darüber noch sehr schöne Sachen bei Husserl, und ich weiß nicht, ob ich an diesem Punkte auch später noch viel arbeiten werde. Der Begriff des Psychischen ist noch nicht klar herausgestellt – das weiß ich auch. Das wird erst möglich sein, wenn der Begriff des Geistes ganz rein herausgearbeitet ist, auch da fehlt ja noch so ziemlich alles (obwohl der IV. Teil der einzige ist, den ich „con amore" ⟨mit Liebe⟩ gemacht habe); ich glaube aber, daß die Richtung, in der ich gegangen bin, stimmt und daß nur alles noch lange nicht weit genug ist. Übrigens, wenn das Psychische bei mir noch nicht klar gelegt ist – bei Scheler[1] ist es durchaus nicht klarer, und ich glaube schon, daß sich das halten läßt, was ich gegen ihn gesagt habe. Vielleicht wird er sich sehr bald dazu äußern. Ich hatte ihm meine Arbeit noch nicht geschickt, weil ich seine Adresse bisher nicht wußte, indessen hat er sie zufällig in Berlin gesehen (bei wem, weiß ich nicht), und hat Cohn[2] (!) darum gebeten. Natürlich habe ich ihm sofort ein Exemplar mit ein paar erklärenden Worten zugeschickt. Es sieht doch fest so aus, als ob er einen dolus ⟨böse Absicht⟩ bei uns vermutet. Angesichts dieser drohenden Fehde war es mir recht lieb, von Bell[3] zu hören, daß ihn die Auseinandersetzung mit Scheler besonders gefreut hat. Im übrigen konnte er mir nur schreiben, daß er sich Hunderte von Randbemerkungen gemacht hat, über die er mit mir sprechen möchte – was auf einer Postkarte natürlich nicht gut angeht: es ist nix mit der Phänomenologie im Kriege.

Daß ich es lernen muß, mehr in die Tiefe zu gehen, ist mir auch längst fühlbar geworden. Ich glaube allerdings, daß hier der wunde Punkt meiner Begabung liegt. Ich arbeite im Grunde mehr mit dem armseligen Verstande als mit intuitiver Veranlagung, vielleicht bin ich gerade darum zur Assistentin des Meisters geeignet. Aber natürlich hatte auch ich das Ganze nur als ein Schema angesehen, das ich im Laufe meines Lebens ausfüllen wollte. Nun habe ich ja manchmal, seit ich hier bin, das beängstigende Gefühl, daß ich mein Leben nicht mehr so fest in der Hand habe wie früher. Einmal bin ich ja mit den Problemen, die mir am Herzen liegen, von der Beendigung der Ideen[4] abhängig. Dann nimmt mich meine Assistententätigkeit doch so in Anspruch, daß an eine intensive und ungestörte Arbeit daneben schwer zu denken ist – andererseits kann ich unmöglich daran denken, sie in absehbarer Zeit aufzugeben, denn es scheint mir sicher, daß der Meister *allein* überhaupt nichts mehr veröffentlichen würde, und daß seine Sachen herauskommen, das halte ich doch für wichtiger als irgendwelche Produkte, die ich ev. in die Welt setzen könnte.

Wenn mich die neuen Abhandlungen[5] etwas erschreckt haben, so lag das natürlich auch nur daran, daß ich mir sagte, welchen Zeitverlust das bei der Ermüdbarkeit und Schwerfälligkeit (das ist wieder mal eine „Impertinenz“; übrigens kenne ich auch diese meine Untugend und verabscheue sie gebührend) des Meisters bedeutet. Den pädagogischen Nutzen schätze ich selbst recht hoch ein. Aber 4 Monate haben sie schon in Anspruch genommen, und ein weiterer wird auch noch draufgehen. Meine Betrübnis über diese Sachlage hat mir wenigstens das Versprechen eingetragen (und ich habe mir die Hand darauf geben lassen), daß unmittelbar nach Pfingsten mit den Ideen begonnen wird. Pfingsten fährt der Meister nach Wien zu seiner Mutter[6], ich habe ihm heute ans Herz gelegt, Ihre Arbeit[7] als Reiselektüre mitzunehmen. Darf sie über die Grenze? –Die 6. Untersuchung enthält einige Ausführungen, die in sich geschlossen sind und aus dem Zusammenhang herausgelöst werden können. Da das Problem noch *weit* von einer befriedigenden Erledigung entfernt ist, hielte ich es für ganz gut, das, was fertig ist, schon jetzt herauszubringen. An eine Festschrift[8] habe ich auch schon manchmal gedacht, aber es sind noch 2 Jahre Zeit, und ich hoffe noch immer, daß bis dahin der Krieg zu Ende ist. Sommer und Frieden waren in diesem endlosen Winter für mich zu *einem* Ziel meiner Sehnsucht verschmolzen. Der Sommer *muß* ja mal kommen, da die Naturgesetze sich ja wohl noch nicht geändert haben, und er will es jetzt auch. Ob nicht dann auch der Friede kommt?

Herzlichst
Ihre
Edith Stein.

[1] Max Scheler, Philosoph und Soziologe, damals nach Husserl bekanntester Repräsentant der Phänomenologischen Bewegung, Mitherausgeber von Husserls JPPF; geb. 22.8.1874 in München, gest. 19.5.1928 in Frankfurt a.M., sein Grab ist in Köln. Über ihre Begegnungen mit Scheler berichtet Edith Stein in ESGA 1.
[2] Jonas Cohn, geb. 2.12.1869 in Görlitz, gest. 12.1.1947 in Birmingham/England; 1901–1933 Philosoph in Freiburg, zeitweise Mitarbeiter Husserls.
[3] Winthrop Bell, geb. 12.5.1885 in Halifax/Kanada, gest. 4.4.1965 in Chester/Kanada. Bell gehörte als Schüler Husserls zum Göttinger Phänomenologenkreis. Er war im Ersten Weltkrieg als Kanadier in Döberitz interniert. Später hatte er eine Philosophieprofessur in Toronto inne.
[4] Husserls Fortsetzung der *Ideen*, an der sie arbeitete.
[5] Vgl. Br. 14, Anm. 3.
[6] Julie Husserl, geborene Selinger, geb. 1834 in Proßnitz/Mähren, gest. 1917 in Wien.
[7] Ingardens Doktorarbeit *Intuition und Intellekt bei Henri Bergson*, die als Manuskript bei Husserl lag.
[8] Zu Husserls 60. Geburtstag am 8.4.1919.

18

Freiburg 31.V.17.
Goethestr. 63.

Lieber Herr Ingarden,

die Zeitungsnotizen der letzten Woche ließen mich schon vermuten, welches Motiv hinter Ihrem Zaudern[1] steckte, und ich hätte gern meinen letzten Brief zurückgerufen, der so schlecht zu Ihrer Stimmung passen mochte. Ich habe einmal Ihnen gegenüber den Standpunkt vertreten, man dürfte von einem Staate, dem man *innerlich* feindlich gegenüberstände, nichts annehmen. Danach scheint es ziemlich eindeutig, wie ich mich jetzt an Ihrer Stelle entscheiden würde. Aber ist denn das wirklich Ihre Lage, und ist sie es mit Recht? Als die Proklamation vom 5. Nov.[2] herauskam, hat wohl niemand daran gedacht, daß die endgültige Regelung vor Friedensschluß erfolgen könnte. Soviel Verständnis sollte man eigentlich für die Lage eines kriegführenden Staates haben, wenn auch die eigenen Wünsche sich noch so sehr dagegen auflehnen. Die lange Dauer des Krieges mag für die wohlbegreifliche Ungeduld der Polen eine Folterqual sein – aber haben wir nicht alle darunter zu leiden? Bis vor kurzem scheint diese Einsicht noch herrschend gewesen zu sein. Nun hat sich das Blättchen gewendet[3]. Ich vermag keinen andern Grund dafür zu entdecken als daß die Umwälzung in Rußland neue Zukunftsmöglichkeiten eröffnet hat. Wenn man sich dadurch zu einem neuen Kurs bestimmen lassen wollte – es wäre gewiß hart für uns und vielleicht eine verhängnisvolle politische Unbesonnenheit – ich würde kein

Verdammungsurteil darum fällen. Nur kann ich durchaus nicht sehen, was darin Belastendes *für uns* stecken soll. Daß Härten und Fehler vorgekommen sein mögen, bezweifle ich nicht. Das besagt aber nichts über die Gesamtintention. So sehe ich die Lage. Meine Quellen sind, wie gesagt, nur flüchtige Zeitungsnotizen. Vielleicht könnten Sie mich über manches besser unterrichten. Jedenfalls bitte ich Sie herzlich: suchen Sie ganz kaltblütig und gerecht zu urteilen und sich nicht von Augenblicksstimmungen den Blick trüben zu lassen. Und wie es auch kommen mag – zwischen uns persönlich bleibt alles unverändert. Ich hoffe, die Mauer wird nie so hoch, daß wir nicht mehr mit den Händen hinüberlangen. Dem Meister habe ich nichts gesagt; den Grund dafür haben Sie selbst schon angegeben. Außerdem sprach ich ihn in den letzten Tagen nie allein, und vor Frau Malvine[4] ein solches Thema – das würde man doch nicht überleben. – Der Meister hat sich von der Wiener Reise noch nicht wieder erholt, alle Arbeiten stocken. Pfingsten wollte ich ihn durchaus in den Schwarzwald locken, er blieb aber hartnäckig dabei, arbeiten zu müssen. Ich war dann 2 Tage mit Frl. Busse[5] oben, und als ich wiederkam, stellte sich heraus, daß er doch nichts hatte tun können. Nun haben wir ihn für den Rest der Ferien in Bärental[6] untergebracht. Ich beschäftige mich jetzt (im Interesse der Naturphilosophie) etwas mit Physik und Mathematik. Ziemlich viel Zeit geht mir dadurch verloren, daß ich die Vorlesungen regelmäßig hören muß. Das ist aber durchaus notwendig, weil sonst die Kontinuität gefährdet wäre. Der Meister war schon mehr als einmal bei mir, um sich zu erkundigen, was nachmittag los sein sollte. Meinen Kindergarten[7] halte ich jetzt im Seminar; die Zusammensetzung ist sehr merkwürdig: 3 Studentinnen, 2 Studenten, 1 Benediktinerpater, 1 protestantischer Pfarrer. Von Philosophischer Gesellschaft natürlich keine Spur, sondern richtiger A-B-C-Unterricht. Es macht aber doch Spaß.

Schreiben Sie recht bald.

Viele Grüße
Edith Stein.

[1] Ingarden erwog, wegen der Haltung Polens gegenüber Deutschland nicht in Freiburg i. Br. zu promovieren.

[2] Am 5. 11. 1916 war durch die Mittelmächte (Deutsches Reich und seine Verbündeten) die Unabhängigkeit Polens proklamiert worden. Die endgültige Regelung kam jedoch nicht so schnell zustande, wie Polen es wünschte.

[3] Durch die russische Revolution und den Kriegseintritt der USA hatten sich neue Möglichkeiten für ein unabhängiges größeres und republikanisches Polen eröffnet, was eine feindliche Wendung gegen die Mittelmächte zur Folge hatte.

[4] Malvine Husserl geb. Steinschneider, geb. 7. 3. 1860 in Klausenburg/Siebenbürgen, gest. 21. 11. 1950 in Freiburg. Edmund und Malvine Husserl heirateten am 6. 8. 1887 in der evangelischen Stadtkirche in Wien; in dieser Kirche waren beide kurz zuvor getauft worden. Nach dem Tode ihres Mannes am 27. 4. 1938 und nach der Rettung des Nachlasses

nach Löwen in Belgien gelang ihr die Ausreise in die USA, wo ihre beiden Kinder schon weilten, nicht mehr. Sie konnte aber in der Pension Maison Bethléem, dank eines kultivierten deutschen Stadtkommandanten in Löwen, ganz zurückgezogen und unbehelligt leben, so daß sie die Verfolgungszeit überstand. Mit Edith Stein stand Malvine Husserl, die während des Krieges zur katholischen Kirche übertrat, noch lange in Verbindung. Sie ist in Freiburg-Günterstal im Grab ihres Mannes bestattet.

[5] Ilse Busse (verh. Proesler) besuchte Edith Steins Anfängerkurs. Sie besaß in Saig oberhalb des Titisees eine Berghütte.

[6] In der Nähe des Feldbergs im südlichen Schwarzwald.

[7] Die Namen der Teilnehmer an Edith Steins Anfängerkursen sind nicht mehr mit Sicherheit zeitlich einzuordnen. Es *könnte* sich um folgende gehandelt haben: Ilse Busse, Amélie Jaegerschmid, Gerda Walther, Ludwig Ferdinand Clauss, Otto Gründler, Nikolaus Thiel (= P. Matthias Thiel OSB/Maria Laach [1884–1962], später Professor für Philosophie an S. Anselmo in Rom), Rudolf Meyer. Auch Elfride Petri (verh. Heidegger) hat an den Kursen teilgenommen.

19

⟨Freiburg⟩, 22. VI. 17.

Lieber Herr Ingarden,

Sie ziehen hoffentlich keine falschen Schlüsse daraus, daß ich Ihren letzten Brief nicht so schnell wie sonst beantwortet habe. Es ist nur so schwer, etwas zu sagen, wenn man nicht recht weiß, wozu man eigentlich Stellung nehmen soll. Ich wünschte, ich hätte Sie nur einen Abend lang hier in meinem Erker und könnte ungestört mit Ihnen über alles reden, was jetzt unausgesprochen bleiben muß. Unter den gegenwärtigen Umständen ist es wohl am besten, von der hohen Politik ganz zu schweigen. Überhaupt scheint mir die „Lage" allgemein so undurchsichtig wie noch nie. Nur eins glaube ich zu erkennen: daß es jetzt wirklich Zeit zum Friedensschluß ist, weil die Probleme, die erst durch ihn oder nach ihm gelöst werden können, keinen Aufschub mehr dulden.

Was Ihr persönliches Geschick angeht, so glaube ich, daß Ihnen sachlich Ihr Entschluß keinen großen Schaden zu bringen braucht. Die Arbeit über Erkenntnistheorie hätten Sie ohnehin geschrieben, ob vor oder nach dem Doktor, das spielt ja keine Rolle. Nur müssen Sie ihn dann auch wirklich machen, wenn Sie die Arbeit so weit haben, und nicht nach dem Rezept von Rosenblum[1] verfahren. Ich dachte erst an Twardowski[2], aber der ist ja wohl in Wien, und es sieht mir doch so aus, als ob Ihnen der „Bruder Servus"[3] (wie unsere Leute sagen) eben nicht viel lieber wäre als wir. Warschau fände ich nicht übel, weil Sie sich ja doch mal da habilitieren sollen. Für Ihre Beziehungen zur Phänomenologie ist das ja alles gleichgültig; wir werden Sie doch stets (wie Sie sich selbst) als zu uns gehörig betrachten. Auch um ihr persönliches Verhältnis zum Meister braucht Ihnen nicht bange zu sein. Er war nur maßlos erstaunt, als er Ihren Brief erhielt, weil er offenbar noch sehr viel weniger Ahnung von der Lage der Dinge hatte als ich. Betrüblich bleibt es natürlich für beide Teile, daß sich die Dinge so gestaltet haben, und ich kann mir denken, daß Ihnen der Entschluß nicht leicht geworden ist. Übrigens habe ich die Hoffnung noch gar nicht aufgegeben, daß sich noch alles einrenken läßt und daß ich Sie dann auch wieder zu sehen bekomme. Immerhin habe ich jetzt erst ernstlich von Ihnen Abschied genommen, denn bisher betrachtete ich ja Ihre Abwesenheit immer nur als ein Provisorium. Wohin nun auch Ihre Wege gehen mögen, meine herzlichen Wünsche begleiten Sie überall.

Stets
Ihre
Edith Stein.

[1] Alexander Rosenblum – später nannte er sich nach seiner Mutter Augustowski – studierte vor dem Ersten Weltkrieg bei Husserl in Göttingen, später in München. Er war ein begabter Philosoph, dessen Niederschriften beim Aufstand in Warschau 1944 verbrannten. Zur Zeit des Briefes war er Gymnasiallehrer in Warschau; er starb dort in den 50er Jahren.
[2] Kasimir Twardowski, geb. 1866 in Wien, gest. 1938, wie Husserl Schüler von Franz Brentano, PD in Wien 1894, seit 1895 Professor für Philosophie in Lemberg. Ingarden trug sich tatsächlich mit dem Gedanken, bei ihm zu promovieren. Twardowski hielt sich in Wien auf, weil seine Heimatuniversität Lemberg besetzt war. 1924 habilitierte sich Ingarden bei ihm in Lemberg.
[3] „Servus!" = (Ihr) Diener! ist ein österreichischer Gruß. „Bruder Servus" bedeutet Österreich.

20

Freiburg 6. VII. 17.

Lieber Herr Ingarden,

es hat mich gefreut, in Ihrem letzten Briefe wieder mal einige Funken von Zukunftshoffnungen zu entdecken. Könnten Sie nicht zur Überwindung der physischen Mattigkeit für einige Wochen in die Tatra gehen? Die hiesige Phänomenologie wandert im August nach Bernau im Schwarzwald aus. Das ist der Stammplatz von Herrn Clauss[1] und nach seiner Versicherung der schönste im ganzen Musterländle; da es dies Jahr schwer ist, einen Sommeraufenthalt zu finden, hat er auch für Husserl und mich da gemietet. Ich fahre gar nicht nach Hause, sondern bekomme viel Ferienbesuch her: meine Schwester[2] und 2 Freundinnen aus Breslau. Wir pflegten in unsern ersten Semestern die Ferien gemeinsam in den schlesischen Bergen zu verbringen und werden nun seit langer Zeit wieder mal alle zusammen sein, gewiß mit etwas gemischten Gefühlen, denn viel ist ja nicht mehr von dem übrig, was man damals war, zum mindesten der Jugendübermut ist zum Teufel. Neulich sah ich in meinem Bücherschrank eine ganze Reihe Dissertationen von Breslauer Studienfreunden, die nun sämtlich tot sind. Dann kommt man sich vor, als ob man einer längst ausgestorbenen Generation angehörte, und fragt sich erstaunt, wieso man eigentlich noch lebt. Gelegentlich wacht wohl dann die unverbrauchte Lebenskraft in einem auf und erhebt Protest gegen diese ganze Atmosphäre der Müdigkeit und Schwere. Aber das sind nur vorübergehende Anwandlungen. Im allgemeinen sind es eigentlich nur 2 Sachen, die meine Spannkraft aufrecht erhalten: die Begier zu sehen, was aus Europa wird, und die Hoffnung, etwas für die Philosophie zu leisten. Augenblicklich liegt für mich zwar ein dicker Nebel vor allem, was zur politischen Lage gehört; aber ich denke, mal wird man doch wieder durchsehen. Sie meinen, die Probleme, die zu lösen sind, übersteigen Menschenkräfte. Das glaube ich freilich auch, aber ich bin nicht davon abzubringen, daß die Weltgeschichte einen Sinn hat und sich durchsetzt, auch wenn kein Mensch da ist, der ihr den Weg vorzuzeichnen vermag. Welcher Spielraum hier dem Eingreifen des einzelnen offengelassen ist, darüber zerbreche ich mir schon lange den Kopf. Denn davon bin ich wiederum überzeugt, daß wir den Frieden schon hätten, wenn ein Mann da wäre, der Autorität in Europa hätte, so wie sie Bismarck[3] z.B. unstreitig gehabt hat (man mag sonst zu ihm stehen wie man will); den gibt es aber weder bei uns noch irgendwo anders. Ich enthalte mich jetzt jeder Prognose und suche auch die Besorgnisse möglichst zu unterdrücken, die gewisse Vorgänge nahe legen. So könnte einem die letzte Kundgebung einer hohen Persönlichkeit, an deren Bildnis wir nach ihrem Erscheinen auf dem Welttheater gemeinsam unsere physiognomischen Fähigkeiten versuchten, die Deutung aufdrängen: quem Deus perdere vult, primum dementat[4]. Aber auch da mag es anders kommen als man denkt. Genug davon! Nun zu meinem andern Schmerzenskind: die „Ideen" liegen so unberührt wie je in meinem Schreibtisch. Die „gute Arbeitszeit" hat erst nach Pfingsten angefangen und wurde zu einer intensiven Beschäftigung mit Kant[5] benutzt. Ich wäre froh, wenn vor den Ferien wenigstens die Abhandlung[6] für die Kantstudien fertig würde und wir im September an die Ideen gehen könnten. Aber auch hier bin ich in puncto Erwartung schon fast auf dem Standpunkt der völligen ἐποχή[7] gelandet. Ich habe in der letzten Zeit immer neue Stöße von Manuskripten geordnet und bin eben jetzt auf das Konvolut „Zeitbewußtsein" gestoßen. Wie wichtig die Sachen sind, wissen Sie ja am besten: für die Lehre von der Konstitution und für die Auseinandersetzung mit Bergson und, wie mir scheint, auch mit andern, z.B. Natorp[8]. Der äußere Zustand ist ziemlich traurig: Notizenzettel von 1903 an. Ich habe aber große Lust zu versuchen, ob sich eine Ausarbeitung daraus machen läßt; es würde doch einen Schritt vorwärts zur Druckreife bedeuten, wenn man auch nicht weiß, ob und wann die Veröffentlichung[9] erfolgen wird. Bevor mir dieser Fund wieder etwas Geschmack an meiner Tätigkeit einflößte, war ich übrigens schon nahe an dem Entschluß, im Oktober mein Portefeuille niederzulegen. Nun scheint es mir doch wieder, als ob es nicht ohne allen Sinn wäre, was ich hier tue.

Herzliche Grüße
Edith Stein.

[1] Ludwig Ferdinand Clauss, geb. 8.2.1892 in Offenburg, gest. 13.1.1974 in Ruppertshain/ Taunus, Mitarbeiter Husserls in Freiburg. Später war Clauss Professor in Berlin und Frankfurt/M. und genoß als Völkerpsychologe internationalen Ruf.
[2] Erna Stein mit ihren Freundinnen Rose Guttmann und Lilli Platau. Erna Biberstein geb. Stein hat später die Erinnerungen an diesen Freiburger Aufenthalt geschildert (ESGA 1, 379).
[3] Otto v. Bismarck, geb. 1.4.1815 in Schönhausen, gest. 30.7.1898 in Friedrichsruh. 1862 wurde er preußischer Ministerpräsident, nach dem Krieg von 1870/71 deutscher Reichskanzler; er war innen- und außenpolitisch von starkem Einfluß.
[4] Wen Gott verderben will, dem nimmt er zuerst den Verstand.
[5] Immanuel Kant, geb. 22.4.1724 in Königsberg, dort gest. 22.2.1804.
[6] In der Kontroverse Elsenhans-Linke.
[7] Urteilsenthaltung, von Husserl als phänomenologischer Fachausdruck eingeführt.
[8] Paul Natorp, Philosoph, bedeutender Vertreter der Marburger Schule des Neukantianismus, geb. 24.1.1854 in Düsseldorf, gest. 17.8.1924 in Marburg.
[9] In JPPF 9, Halle 1928, S. 367–490, hat Martin Heidegger den von Edith Stein erstellten Text ediert unter dem Titel: Edmund Husserl, *Vorlesungen zur Phänomenologie des inneren Zeitbewußtseins*, wobei er lediglich in der „Vorbemerkung" erwähnte: „Die Kapitel- und Paragrapheneinteilung wurde von Frl. Dr. *Stein* gelegentlich der Übertragung des stenographischen Konzepts im teilweisen Anschluß an Randbemerkungen des Verfassers eingefügt." (S. 368 [2]) Jetzt vorliegend in Hua 10, Den Haag 1966.

21

Herzogenhorn[1] 7. VIII. 17.
(bis etwa 20. VIII.)

Lieber Herr Ingarden,

seit gestern bin ich hier oben, es ist wunderschön, 1400 m hoch, sehr still und einsam und herrliche Aussicht nach dem Belchen[2]. Heute nachmittag will ich zu Husserl hinunter, der schon seit 8 Tagen in Bernau[3] ist. Er wird sich sicher sehr freuen, wenn Sie im Herbst kommen. Wissen Sie schon, daß das Semester verschoben ist? Es beginnt bereits am 1. X. und schließt am 1. II. Wenn Sie es also mitmachen wollen, haben Sie gar nicht mehr lange

Zeit zu den Reisevorbereitungen. Ich bin von der Verkürzung der Ferien nicht sehr erbaut, weil die Ferienarbeit dadurch sehr in Frage gestellt ist. Die letzten Tage in Freiburg waren sehr schön für mich; 10 Tage war Frl. Gothe wieder bei mir, und während dieser Zeit hatten wir einen Tag Lipps und 3 Tage Hering zu Besuch da. Und ich hatte die Freude zu sehen, daß die Phänomenologen anfangen, sich in Freiburg zu Hause zu fühlen. Frl. Gothe ist auf dem Heimweg über Bergzabern[4] gereist, mit sehr herzlichen Grüßen aus der Lorettostr.[5] beladen, und ich hoffe, daß sie Frau Martius überreden wird, uns nach der Obsternte einmal zu besuchen. Frau M. hat ein „Gespräch über die Seele" geschrieben, das im nächsten Heft der „Summa"[6] (wissen Sie schon, was das für ein liebliches Gebilde ist?) erscheinen wird. Ich bin sehr gespannt darauf. Hering war recht entzückt davon. Reinach ist jetzt für 6 Wochen nach Deutschland gekommen zu einem Batterieführerkursus. Leider werde ich ihn wohl diesmal nicht zu sehen bekommen, da ich in diesen kurzen Ferien nicht auch noch nach Norddeutschland reisen kann. – Sie fragten, glaube ich, neulich nach den Ergebnissen meiner „pädagogischen" Bemühungen. Es sind einige ganz vielversprechende Leute da, vor allem Herr Clauss, von dem ich später etwas auf sprachphilosophischem Gebiet erwarte, und Frl. Walther[7], die aus München kam und im Anschluß an Pfänder[8] über Phänomenologie der Gesellschaft arbeiten will. Die Prognose für das Bärchen ist, glaube ich, weniger günstig; er hat so ziemlich alles Gedruckte geschluckt, und mit ganz gutem Verständnis, aber er zeigt nicht die leiseste Spur von innerem Antrieb zu eigener Weiterarbeit; der ganze Mensch kommt mir entsetzlich steril vor – die reine Neutralitätsmodifikation[9] eines Menschen, das ist auch – glaube ich – der Grund, aus dem ich mich von jeher unbehaglich in seiner Gesellschaft fühlte. Nun hat das gute Kind auch noch vor, zur Aufbesserung seiner Nerven in nächster Zeit zu heiraten. Ob und wie das auf ihn wirken wird, bleibt abzuwarten. – Ich habe im letzten Monat Husserls Zeitnotizen ausgearbeitet, schöne Sachen, aber noch nicht ganz ausgereift. Lassen Sie bald wieder von sich hören. Ihre Hand ist hoffentlich wieder ganz heil.

Viele Grüße Edith Stein.

[1] Berg im südlichen Schwarzwald (Feldberggebiet).
[2] Einer der höchsten Gipfel des Schwarzwalds (1414 m).
[3] Höhenluftkurort im Südschwarzwald, in der Nähe des Schluchsees.
[4] In Bergzabern in der Pfalz lebte das Philosophenehepaar Theodor Conrad und Hedwig Conrad-Martius und bewirtschaftete dort eine Obstplantage.
[5] In der Freiburger Lorettostraße Nr. 40 wohnte die Familie Husserl.
[6] Die Abhandlung erschien unter dem Titel *Von der Seele* in der Vierteljahresschrift *Summa*, Hellerau 1917, 2, S. 106–136. Die Studie wurde später aufgenommen in *Metaphysische Gespräche*, Halle 1921 (bei M. Niemeyer).
[7] Gerda Walther, geb. 18.3.1897 in Nordrach/Schwarzwald, gest. 6.1.1977 in Weilheim.

Sie arbeitete als Privatgelehrte hauptsächlich auf dem Gebiet der Mystik und Parapsychologie. In ihrem autobiographischen Buch *Zum anderen Ufer* (Remagen 1960) ist an vielen Stellen von Edith Stein die Rede.

[8] Alexander Pfänder, geb. 7.2.1870 in Iserlohn, gest. 18.3.1941 in München. Pfänder war der Mittelpunkt des Münchner Phänomenologenkreises; er war Mitherausgeber von Husserls JPPF.

[9] „Neutralitätsmodifikation" ist ein phänomenologischer terminus technicus (vgl. *Ideen I*, §§ 109–114).

22

⟨Freiburg,⟩ 26. 8. 17.

Lieber Herr Ingarden,

ein angebrochner Sonntag-Nachmittag, den ich ganz allein totschlagen mußte, weil seit der Abreise meiner Gäste buchstäblich kein bekannter Mensch in Freiburg ist. Pflichtschuldigst bin ich mit einem Büchlein in den Wald gegangen, und es ist mir tatsächlich gelungen, etwas Sonntagsstimmung aufzubringen. Ganz fidel wurde ich, als ich dann an einer Anschlagssäule las, daß nächsten Sonnabend in Baden-Baden der Figaro[1] ist. Nun wirbelt mir der Kopf von Melodien, und ich brauche nur noch ein Verführungsobjekt, das mit mir hinüberfährt. Warum sind Sie noch nicht da? Übrigens, sehen Sie zu, daß Sie wenigstens 8 Tage vor Semesterbeginn da sein können, damit man noch in Ruhe über 1000 wissenschaftliche und unwissenschaftliche Dinge reden kann. Ich werde mich indessen nach einer nahrhaften Pension für Sie umsehen. Leider muß ich für mich selbst auch Wohnung suchen, da ich zu meinem größten Schmerz am 1. X. meine geliebte Bude[2] räumen muß. Meine Wirtin[3] zieht selbst um und möchte mich gern mitnehmen, ich glaube aber nicht, daß mir die neue Behausung passen wird. Ich bin schon neugierig, wie Sie sich wieder hier einleben werden. Mir ist Freiburg eigentlich in diesem Sommer sehr lieb geworden, und die 6 Leute, die im letzten Monat hier bei mir waren, haben sich auch alle restlos wohl gefühlt. Aber da fehlen natürlich die Hemmungen, die bei Ihnen vorhanden sind.[4]

Der Meister ist noch in Bernau[5] und gedenkt bis Mitte September da zu bleiben. Aus der ersehnten gemeinsamen Arbeit wird also wieder nichts. Ich habe mir jetzt seine Notizen über Raum-Konstitution vorgenommen und sehe, was sich damit tun läßt. Daneben beschäftige ich mich etwas mit meiner Arbeit[6] und schreibe einiges Ergänzende nieder, was mir z. T. im Anschluß an die Ideen eingefallen ist.

Viele herzliche Grüße
Edith Stein.

[1] Die Oper *Die Hochzeit des Figaro* von Wolfgang Amadeus Mozart.
[2] In der Goethestraße 63. An diesem Haus befindet sich heute eine Gedenktafel für Edith Stein, die von Professor Dr. Hugo Ott, Freiburg, angeregt wurde. Der Text lautet: „Die Philosophin Edith Stein, ermordet in Auschwitz 1942, wohnte in diesem Haus von 1916–1917".
[3] Witwe Theresia Keller, geb. Hirzinger, die im 3. und 4. Stock des Hauses eine Pension unterhielt.
[4] Weil Ingarden Pole war.
[5] Husserl hatte sich für die ganzen Sommerferien in einem Gasthaus in Bernau bei St. Blasien im Schwarzwald eingemietet.
[6] Vermutlich hat es sich um Ergänzungen zu ihrer Dissertation gehandelt; jedenfalls gibt es Notizen von ihrer Hand in dem gebundenen Exemplar, das sich in ihrem Nachlaß befindet.

23

Postkarte
Herrn Roman Ingarden
Krakau (Galicien)
Krupnicza 12.

Poststempel: Bernau (Baden) 9.9.17

Bernau 8.9.17.

Lieber Herr Ingarden, ich bin auf 3 Tage hier beim Meister, es wird eifrig Zeit[1] gearbeitet. Wir möchten gern an Bell, der sich sehr nach philosophischer Anregung sehnt, etwas von Manuskripten schicken. Da man nichts nehmen kann, das nur in 1 Exemplar vorhanden ist – er darf es vermutlich nicht zurückschicken –, dachten wir an 1 Exemplar Ihrer Arbeit. Schreiben Sie, bitte, ob Sie so freundlich sein wollen, das zu opfern.

Einen schönen Gruß
Edith Stein.

[1] Es handelt sich um die sog. *Bernauer Manuskripte* (meist in der Sektion I des Husserl-Archivs Löwen) über Zeit und Individuation Hua 33.

24

Postkarte
Herrn Roman Ingarden
Krakau (Galicien)
Krupnicza 12.

Poststempel: Freiburg (Breisgau) 16. 9. 17

16. 9. 17.

Lieber Herr Ingarden, ich weiß eine Pension, wo Sie ein Zimmer mit voller Verpflegung, Licht und Heizung für 140 M. haben können. Sicherlich haben Sie voriges Jahr bei der miserablen Kost mehr gebraucht. Die Adresse ist: Fräulein Elise Meier, Sternwaldstr. 13. Das ist ein anscheinend sehr biederes altes Jüngferlein, das eine gute Küche führen soll. Ich habe schon für 2 Göttinger Studentinnen dort „Quartier gemacht". Ich bin neugierig, was Sie zu der neuen Entwicklungsphase des Königreichs Polen[1] sagen und überhaupt! Dumm, daß Sie doch erst so spät kommen, Sie werden mich gewiß mitten im Umzug finden. Ich gehe doch mit meiner Wirtin in die neue Wohnung (Zasiusstr.[2]).

Auf Wiedersehen!
Edith Stein

Heute zeigte mir das Bärchen[3] seine Vermählung an.

[1] Um die Mitte des Jahres 1917 hatte es in Polen einen deutlichen Umschwung gegen die deutsch-österreichische Politik gegeben. Der führende Kopf der sich offen widersetzenden Opposition, der Begründer der Sozialistischen Partei J. Pilsudski, wurde in Magdeburg interniert. Am 12. September wurde durch Beschluß des deutschen und des österreichischen Kaisers dem Königreich Polen ein Staatsoberhaupt in Gestalt eines Regentschaftsrates gegeben; Gesetzgebung, Rechtsprechung und Verwaltung sollten in gewissem Umfang in polnische Hände übergehen, „so daß von nun ab die Staatsgewalt in der Hauptsache in den Händen einer nationalen Regierung ruhen wird".
[2] Zasiusstr. 24.
[3] Otto Gründler, vgl. Br. 3, Anm. 12.

25

Zum 24. XII. 17.

Mein Liebling,
diesen Abend möchte ich noch einmal bei Dir sein und Dir manches sagen, was ich Dir schuldig geblieben bin. Zunächst um Verzeihung bitten, weil ich in der letzten Zeit unter dem Eindruck der schweren Tage, die hinter und vor mir liegen[1], zu keiner frohen Stunde mehr fähig war. Unter allem, was mich gegenwärtig bedrückt, steht an 1. Stelle, daß ich nicht die Kraft hatte, Dir mein Leid zu verbergen, und so einen Schatten mehr in Dein Leben gebracht habe statt ein wenig Sonnenschein.

Was ich jetzt suche, ist Ruhe und Wiederherstellung meines völlig gebrochenen Selbstbewußtseins. Sobald ich das Gefühl habe, wieder etwas zu sein und andern etwas geben zu können, will ich Dich wiedersehen. Dann wirst Du auch ein Stück weiter sein als heute. Du weißt, daß ich wissenschaftlich sehr viel von Dir erwarte. Und, was mehr bedeutet, ich glaube fest an Deine Fähigkeit, wieder zu vollem Leben zu erwachen. Und ich wünsche Dir ein Leben mit aller Fülle und allem Reichtum, den die Welt zu bieten hat. Ich möchte die Zauberkräfte besitzen, die der Meister gestern von mir verlangte, um es Dir selbst schaffen zu können.

Wenn Du mein Weihnachtsgeschenk ein klein wenig so ansehen könntest, als käme Dir etwas Verlorenes wieder, so wäre das meine größte Freude.

Damit endgültig Lebewohl[2]!
Deine
Edith.

[1] Adolf Reinach war am 16. 11. 1917 an der Westfront in Flandern (bei Diksmuide) gefallen. Ein Nachruf Husserls erschien in der Frankfurter Zeitung am 6. Dezember. Reinachs Leichnam wurde Ende Dezember nach Göttingen überführt und dort am 31. 12. 1917 auf dem Stadtfriedhof in aller Stille beigesetzt. Edith Steins erste Biographin, Teresia Renata Posselt OCD, sagt, daß Husserl Edith Stein beauftragte, ihn bei der Beisetzung zu vertreten. Ihre Anwesenheit dort bestätigt Dietrich von Hildebrand, der die Grabrede hielt (in: W. Herbstrith (Hg.), *Erinnere dich, vergiß es nicht*, Annweiler 1990, S. 274; zu Dietrich von Hildebrand siehe Br. 30 Anm. 4).

[2] Das „endgültige Lebewohl" war nicht als Abschied für immer gedacht, da der Briefwechsel ja weitergeht. Jedoch kehrte Ingarden Anfang Januar 1918 nach Krakau zurück (vgl. Ingardens *Erinnerungen*, BRI, S. 133), während Edith Stein zur Jahreswende in Göttingen weilte und dann wieder in Breslau war; am 3. 1. 1918 ist sie dort wieder polizeilich gemeldet.

26

Breslau X, 29. I. 18.
Michaelisstr. 38.

Lieber Herr Ingarden,

eigentlich hatte ich nach dem garstigen Brief, mit dem Sie sich von Freiburg verabschiedeten, überhaupt keine Lust mehr, Ihnen zu schreiben. Da Sie aber einiges „Sachliche" anfragen, will ich Ihre Wißbegierde befriedigen. Daß Husserl auf meinen Vorschlag, einen Jahrbuch-Band für Reinach betreffend, eingehen will, habe ich von Ihnen erfahren. Er selbst hat mir noch nicht geantwortet und wird es wohl auch so bald nicht tun, da ich erst kürzlich einen langen Herzenserguß (Leitmotiv: Arbeitsstörungen!) von ihm hatte. Die „polnische“ Arbeit ist die Axiomatik von Ajdukiewicz[1], deren Existenz ich erwähnt hatte. Ob sie noch vorhanden ist, werde ich erst auf der Rückreise in Göttingen[2] feststellen, auch Reinachs Notizen werde ich mir erst dann geben lassen. Wenn Rosenblum etwas beisteuern könnte, wäre es natürlich sehr schön. Auch von Ihnen erwarte ich einen Beitrag. Wie wäre es mit einer kleinen Arbeit über die Zahlen? Bell habe ich gleichfalls angefragt. An die Münchener[3] schreibe ich erst, wenn ich von Husserl Bescheid habe. Bei denen fürchte ich mich vor Mißverständnissen. Zu mir hat sich hier (ganz ohne mein Zutun) schon wieder ein Kindergarten[4] gefunden. Ein Kreis von Leuten, die zusammen fürs Staatsexamen Philosophie arbeiten und die bei Hönigswald[5] und Guttmann[6] im Seminar schon ziemlich viel von Phänomenologie gehört haben, ersuchten mich um ein Gastspiel, als sie von meiner Anwesenheit hörten. Nachdem sie mir nun einmal bewiesen haben, daß sich mit ihnen ganz gut reden läßt, möchten sie gern, daß ich etwas mit ihnen lese. Ich denke etwas aus den Log⟨ischen⟩ Unt⟨ersuchungen⟩ zu nehmen, die 1. und vielleicht noch etwas aus der 5.[7] Was wird aus Ihrem Kindergarten? Ich wünsche Ihnen, daß er bald zustande kommt und Ihnen Freude macht. Und überhaupt alles Gute für das neue Stadium Ihres Lebenswegs, der hoffentlich anders ausfallen wird als Sie ihn in grauester Katerstimmung („geistiger“ meine ich natürlich!) vor sich sahen.

Mit herzlichen Grüßen
Edith Stein.

Meine Bücher habe ich erhalten, aber das angekündigte Bild war in dem Münchener Brief nicht zu finden.
Lesen Sie doch bald mal Schelers „Ursachen des Deutschenhasses“[8].

[1] Kasimir Ajdukiewicz, geb. 12.12.1890 in Tarnopol, gest. 12.4.1963 in Warschau, studierte im WS 1913/14 in Göttingen, wo er u.a. an Reinachs Übungen zur Erkenntnistheorie teilnahm. Für diese Übungen schrieb er ein Manuskript *Beitrag zur Analyse des Begriffs der Bewegung*, das offenbar in Deutschland bei Reinach zurückblieb und mit der hier genannten *Axiomatik* identisch ist.

[2] Edith Stein verließ Breslau, wo sie seit dem 3.1. polizeilich gemeldet war, am 24.3.1918 und war dann „reichlich einen Monat in Göttingen“ (Brief vom 20.5.1918). Wie das evangelische Kirchenbuch der Gemeinde St. Albani ausweist, wurde am 29.3.1918 (am Karfreitag) die Schwester Adolf Reinachs, Pauline Reinach, in St. Albani getauft, wobei ihre Schwägerin Anne Reinach geb. Stettenheimer und die Freundin Erika Gothe Patinnen waren. Im Brief vom 10.4. bestätigt Edith Stein, daß auch Erika Gothe in Göttingen weilte.

[3] Gemeint ist der Münchner Phänomenologenkreis, dem Alexander Pfänder, Johannes Daubert, Moritz Geiger, Dietrich von Hildebrand u.a. angehörten.

[4] Philosophischer Anfängerkurs.

[5] Richard Hönigswald, geb. 1875 in Ungar.-Altenburg, gest. 1947 in New York, war in Breslau Privatdozent für Philosophie, ab 1930 Professor für Philosophie in München und emigrierte 1933 nach Washington.

[6] Julius Guttmann, Sohn des Rabbiners Jakob Guttmann, eines bedeutenden Gelehrten in Breslau.
[7] Die 1. – 5. der *Logischen Untersuchungen* finden sich in Husserls gleichnamigem Werk im 2. Bd. der 2. Aufl. (Halle 1913).
[8] Leipzig 1917.

27

Breslau 12. II. 18.
X. Michaelisstr. 38.

Lieber Herr Ingarden,

den angebrochenen Abend (ich komme eben aus einem sehr schönen Konzert: Wolf, Brahms, Reger[1]; Chor und Orchester) will ich noch für Sie verwenden. Es tut mir sehr leid, daß Sie nicht gesund sind; folgen Sie nur recht brav (n. b. was macht unser Anti-Nikotin-Vertrag?) und sehen Sie zu, daß Sie noch etwas Kräfte sammeln, bevor Sie eine „praktische" Tätigkeit übernehmen. Dieses will mir freilich noch viel weniger gefallen, und ich überlege schon immerfort, wie man es vermeiden könnte. Bis jetzt ist mir aber noch nichts Gescheites eingefallen. Leider verstehe ich mich ja auch nur auf brotlose Künste. Und die Güte meiner Mutter nehme ich schon für meine Person auf Kosten meiner Geschwister in Anspruch. Wenn ich früher daran gedacht hätte, wieviel an so dummen Sachen hängen kann, wäre ich vielleicht vorsichtiger in der Wahl meines Berufes gewesen. Sagen Sie, könnte man nicht von den ganz kleinen Kindern im Kindergarten Honorar nehmen?

Wenn Sie nicht nach Deutschland kommen, dann möchte ich das Exemplar Ihrer Arbeit haben, in das Husserl seine Wünsche eingetragen hat. Dann will ich es auf Sprachreinigung hin durchsehen und Ihnen Änderungsvorschläge zuschicken. Nach der Axiomatik von Ajdukiewicz will ich Frau Reinach[2] fragen. Heute schickte sie mir eine Abschrift von Reinachs Aufzeichnungen aus den letzten beiden Jahren. Etwa 2/3 Seiten zusammenhängender Text über Ahnungen (davon erzählte er mir schon Weihnachten 16) und 9 Seiten über Religionsphilosophie, sonst nur einzelne Notizen. Ich habe große Freude daran. Die zusammenhängenden Ausführungen sind so hübsch und so bezeichnend für seine Arbeitsweise, daß ich sie fast mit drucken möchte; aber natürlich sind es erste Anfänge, und ich weiß nicht, ob es in seinem Sinne wäre[3].

Vorige Woche hat sich Kaufmann auf der Durchreise nach Rumänien einen halben Tag bei mir aufgehalten. Er hatte noch einmal 4 Wochen Urlaub, um eine Arbeit über das Wesen des Konflikts (ich erzählte Ihnen, glaube ich, schon davon) abzuschließen. Er hat sie in Leipzig als Dissertation eingereicht[4], da er den Urlaub für die Promotion bewilligt bekommen hatte und nach Freiburg nicht fahren durfte. Die paar Stunden hier waren sehr nett. Wir hatten uns doch auch seit Kriegsbeginn nicht gesehen. Von Bell hatte ich auch neulich wieder einen langen Brief, im Telegrammstil, damit er nur halbwegs auf den Bogen bekäme, was er zu sagen hat. Ich möchte ihn sehr gern mal besuchen, weil er so großes Verlangen nach einer philosophischen Aussprache hat. Ich weiß aber nicht, ob es klug ist, jetzt so im Zickzack durch ganz Deutschland zu fahren.

Nun noch ein paar Worte zu dem Brief, der mir „nicht gefallen" hat (wie Sie sagen). Wenn er mir nur „blöd" erschienen wäre, hätte ich mich sicherlich nicht darüber aufgeregt. Aber die lebhafte Vorstellung Ihrer – mir nur zu gut verständlichen – trostlosen Stimmung zusammen mit dem Gefühl des Unvermögens, Ihnen etwas zu sein: das war ein bißchen zu viel für mein immer noch etwas labiles seelisches Gleichgewicht. Dieses Gefühl der absoluten Machtlosigkeit ist etwas, worein ich mich gar zu schwer finden kann. Vielleicht weil ich andern gegenüber mit sehr viel geringerem Einsatz etwas ausgerichtet habe. Aber man muß wohl mal die eigene Ohnmacht recht nachdrücklich zu Gemüte geführt bekommen, um von dem grenzenlosen naiven Vertrauen auf sein Wollen und Können, wie ich es früher besaß, geheilt zu werden.

Ich möchte bald mal was Gutes von Ihnen hören.

Herzlichst Ihre
Edith Stein.

[1] Hugo Wolf, geb. 13. 3. 1860 in Windischgrätz, gest. 22. 2. 1903 in Wien; Johannes Brahms, geb. 7. 5. 1833 in Hamburg, gest. 3. 4. 1897 in Wien; Max Reger, geb. 19. 3. 1873 in Brand/Fichtelgebirge, gest. 11. 5. 1916 in Leipzig.

[2] Anne Reinach geb. Stettenheimer, Witwe des gefallenen Adolf Reinach, geb. 21. 6. 1884 in Stuttgart, gest. 29. 11. 1953 in München, dort bestattet. Sie war mit ihrem Mann im Sommer oder Herbst 1917 zur evangelischen Kirche übergetreten. Während der Verfolgungszeit im Dritten Reich gelang ihr 1942 die Flucht nach Spanien. Sie konvertierte später zur katholischen Kirche und wurde Oblatin der Erzabtei Beuron.

[3] Die Herausgeber entschlossen sich zu der Lösung, einige der religionsphilosophischen Notizen in die von Hedwig Conrad-Martius geschriebene Einleitung mit hineinzunehmen (vgl. Adolf Reinach, *Gesammelte Schriften, herausgegeben von seinen Schülern*, Max Niemeyer, Halle a. d. S. 1921, S. XXVIII f.). In diesen Band wurde der von Edith Stein erwähnte Text über Ahnungen nicht aufgenommen. Er findet sich aber mit den vollständigen Notizen in: Adolf Reinach, *Sämtliche Werke*, 2 Bde., hg. von Karl Schuhmann und Barry Smith, München 1989, S. 589–591.

[4] Die Promotion kam nicht zustande. Kaufmann promovierte 1924 bei Husserl in Freiburg mit einer Arbeit *Das Bildwerk als ästhetisches Phänomen*.

28

Breslau X, 19. II. 18.
Michaelisstr. 38.

Lieber Herr Ingarden,

es ist mir höchst unbehaglich, seit die Reichsgrenze wieder zwischen Ihnen und mir liegt, und in der letzten Woche hat sie sich wieder recht bemerkbar gemacht. Ich fühle mich gewissermaßen mit verantwortlich für das, was geschieht (ich kann es nicht mißbilligen, weil ich annehme, daß zwingende Gründe vorliegen), und darum auch mitbetroffen von der Empörung, die Sie jetzt ohne Zweifel erfüllt. Einerseits verstehe ich die Stimmung, die bei Ihnen herrscht, sehr wohl, und ich ertappe mich mitunter dabei, daß ich die Ereignisse zuerst so sehe, wie sie sich wohl drüben ausnehmen. Ein Urteil vermag ich nicht zu fällen, denn ich finde, daß Gründe und Konsequenzen immer unübersehbarer werden. Rein gefühlsmäßig befinde ich mich in einem heillosen Zwiespalt. – Ich bemühe mich noch immer vergeblich zu verstehen, was für eine Rolle wir Menschen im Weltgeschehen spielen. Vor einiger Zeit fiel mir eine Stelle im Lucas-Evangelium auf: „Zwar der Menschensohn geht dahin, wie es beschlossen ist. Aber wehe dem Menschen, der ihn verraten wird!“[1] Ob das nicht ganz allgemein gilt? Wir führen die Ereignisse herbei und tragen die Verantwortung dafür. Und doch wissen wir im Grunde nicht, was wir tun, und können die Weltgeschichte nicht aufhalten, auch wenn wir uns ihr versagen. Zu begreifen ist das freilich nicht. Übrigens rücken Religion und Geschichte für mich immer näher zusammen, und es will mir scheinen, daß die mittelalterlichen Chronisten, die die Weltgeschichte zwischen Sündenfall und Weltgericht einspannten, kundiger waren als die modernen Specialisten, denen über wissenschaftlich einwandfrei festgestellten Tatsachen der Sinn für Geschichte abhanden gekommen ist. Auf Wissenschaftlichkeit erheben diese Aperçus natürlich keinen Anspruch. – Als „Arbeit“ habe ich noch immer die Analyse der Person[2] vor. Quantitativ habe ich nicht wenig daran gemacht, aber wieviel davon haltbar ist, darüber habe ich jetzt gar kein Urteil. Als der Meister mich neulich mit einer ganzen Reihe von Anweisungen für die Behandlung seiner Manuskripte beglückte (in aller Freundlichkeit, aber ich kann nun mal dergleichen nicht vertragen), habe ich ihm auseinandergesetzt (natürlich auch in aller Freundlichkeit), daß die Ordnung 1.) prinzipiell unmöglich ist, 2.) soweit überhaupt, nur von ihm für ihn hergestellt werden könnte und daß 3.) ich speziell dafür ungeeignet wäre und die Beschäftigung damit nur noch aushalten könnte, wenn ich daneben etwas selbständig arbeite. Ich bin neugierig, was er darauf sagen wird. Ich habe ihm angeboten, weiter in Freiburg zu bleiben und ihm bei der Redaktion des Jahrbuchs u. dgl. zu helfen, nur nicht als seine Assistentin für Arbeiten, deren Sinn mir nicht einleuchtet. Im Grunde ist es der Gedanke, jemandem zur Verfügung zu stehen, den ich nicht vertragen kann. Ich kann mich in den Dienst einer *Sache* stellen, und ich kann einem Menschen allerhand zu Liebe tun, aber im Dienst eines Menschen stehen, kurz gesagt: gehorchen, das kann ich nicht. Und wenn Husserl sich nicht wieder daran gewöhnt, mich als Mitarbeiterin an der Sache zu betrachten – wie ich unser Verhältnis immer angesehen habe und er in der *Theorie* auch –, so werden wir uns eben trennen müssen. Es täte mir leid, weil ich glaube, daß dann noch weniger Hoffnung auf ein Zusammenhalten zwischen ihm und der „Jugend" wäre.

Lipps hat mir dringend aufgetragen, Sie zu grüßen. Er ist jetzt (auf eigenen Wunsch) wieder im Westen.

Viele herzliche Grüße
Edith Stein.

Was ich täte, wenn Husserl auf meinen Brief hin einschnappte und ich wie Conrad[3] in Ungnade fiele, weiß ich noch nicht. Vielleicht ginge ich für einige Zeit nach Göttingen, wo ich mich – wenn überhaupt irgendwo – ein wenig zu Hause fühle. Aber ich glaube, meine unentwegte Gönnerin, Frau Malwine, wird dafür sorgen, daß es nicht dazu kommt.

20. II. 18.

Eben schreibt mir Bell, er möchte gern die weiteren Kapitel Ihrer Arbeit[4] sehen. Da ist wohl vorläufig weiter nichts zu tun? Außerdem teilt er mir mit, daß er versuchen will, mir für den Reinach-Band eine Arbeit über die Problemstellung in der Philosophie der Natur zu liefern. Es würde mich freuen, wenn er das fertig bekäme, vor allem für ihn. – Nun muß der Brief aber bald fort, damit nicht noch mehr P.S. hinzukommen. Leben Sie wohl!

[1] Lk 22,22.

[2] Hier und in einigen folgenden Briefen handelt es sich bei Wendungen wie „Analyse der Person", „eigene Arbeit" um Bezugnahmen auf Manuskripte, aus denen die Abhandlung *Psychische Kausalität* (ESGA 6) hervorging.

[3] Theodor Conrad, geb. 22. 12. 1881 in Beurig/Saarburg, gest. 25. 3. 1969 in Starnberg, Schüler von Theodor Lipps und Pfänder in München und von Husserl in Göttingen, wo er die Philosophische Gesellschaft gründete, der auch Edith Stein angehörte. Conrad heiratete 1912 Hedwig Martius.

[4] Ingardens Doktorarbeit, deren ersten Teil Edith Stein an Bell ins Internierungslager geschickt hatte.

29

28. II. 18.

Lieber Herr Ingarden,

eben erhielt ich die Axiomatik von Ajdukiewicz. Hoffentlich gelangt sie glücklich in Ihre Hände und auch weiter zu ihm.* Ich finde sie sehr hübsch und glaube auch nicht, daß Widersprüche zu Reinachs[1] Ergebnissen da sind. In dem Beweis für die Existenz eines 1. Moments der Bewegung sind wohl die Bezeichnungen M und N (S. 6) durcheinandergekommen. Vielleicht ist da überhaupt an der Formulierung noch manches zu bessern. Dann fiel mir ein, daß sich vielleicht ein analoger Beweis für die Unmöglichkeit eines letzten Moments geben ließe, bzw. der Beweis für die Unmöglichkeit eines letzten Moments d⟨er⟩ Ruhe auf die Bewegung ausdehnen[2]. Jedenfalls finde ich es sehr nett, dies im Anschluß an Reinachs Arbeit zu drucken. Einen schönen Gruß an Ajdukiewicz, und ich hoffe seinen Beitrag in der neuen Fassung sehr bald zu bekommen. Der Meister hat meinen Rücktritt in Gnaden genehmigt. Sehr freundlich – wenn auch nicht ohne einen etwas vorwurfsvollen Unterton – hat er geschrieben. Ich bin also jetzt frei, und ich denke, es ist gut so, wenn ich augenblicklich auch nicht gerade froh bin.

Übrigens: die Lust zu Publikationen kann einem wirklich vergehen. Heute erzählte mir eine Bekannte, die Scheler in München gesprochen hat, er hätte mir nicht für die Zusendung meiner Arbeit gedankt, weil er fände, ich hätte seine geschichtsphilosophischen Vorlesungen darin verwendet, ohne sie zu zitieren. Haben Sie davon was gemerkt? Die persönliche Kränkung ist mir übrigens Nebensache. Aber wie kann man auf eine Zusammenarbeit mit solchen Leuten hoffen?

Herzliche Grüße
Edith Stein.

Bitte um rasche Bestätigung!

* Zur Sicherheit habe ich eine Abschrift gemacht.

[1] Reinach hatte Aufzeichnungen hinterlassen über das Wesen der Bewegung – Thema seiner Übungen im Wintersemester 1913/14 und insbesondere im Sommersemester 1914.
[2] Die Worte ab „bzw." sind eine am Rand stehende Einfügung Edith Steins. Der hier geäußerte Gedanke findet sich im Reinach-Band auf S. 452.

30

Göttingen, 10. IV. 18.
Friedländerweg 8.

Lieber Herr Ingarden,

nein, Sie sind auf einer ganz falschen Fährte, ich habe Ihnen gar nichts übel genommen (diese Möglichkeit können Sie überhaupt ausschalten), Ihre Stellungnahme war mir ja auch schon vorher zu gut bekannt, als daß mich Ihre Worte noch hätten verletzen können. Ich fand es nur auf die Dauer unerträglich, Briefe zu schreiben, auf die ich keine rechte Antwort erhielt, und wollte darum erst die immer angekündigte „ausführliche" Nachricht abwarten. (Dafür kann ich den letzten Brief natürlich auch nicht ansehen).

Seit 14 Tagen bin ich nun schon hier. Ich kam fast entschlossen her, von hier nach Freiburg weiterzufahren, und eine Beratung mit Frl. Gothe (die 10 Tage mit mir zusammen war) und Reinachs[1] hat mich darin bestärkt. Reinachs hätten mich sehr gern den Sommer hier behalten, es leuchtete ihnen aber sehr ein, daß man den Meister um seinetwillen und im Interesse der Phänomenologie nicht ganz allein lassen darf. Nur das Assistentenverhältnis werde ich nicht wieder erneuern, sondern mir volle Freiheit wahren. Ich würde auch in der nächsten Zeit gar nicht dazu kommen, für ihn zu arbeiten. Ich habe mir jetzt Reinachs Bewegungs-Notizen geben lassen. Es wird viel Mühe kosten, sie in eine druckfähige Form zu bringen. Es ist nur sehr wenig zusammenhängende Darstellung vorhanden (aus dem Sommer 17), sonst bloß kurze Einzelausführungen und zum Glück ausführliche Dispositionen. Hoffentlich gelingt es mir, mit deren Hilfe und mit Heranziehung der Protokolle zusammenzustellen, was an Ergebnissen vorhanden ist. *Sachlich* will ich keinesfalls über das Vorliegende hinausgehen, weil die Arbeit ja unter Reinachs Namen erscheinen soll, und weil das Gebiet mir auch zu fern liegt. Ich will die Arbeit auf die Bewegung und das, was unbedingt dazu nötig ist, beschränken, alles, was wir im Zusammenhang damit berührten[2], was aber sachlich nicht zur Veröffentlichung reif ist, ausschalten. Ich hätte sehr gern von Rosenblum eine Bearbeitung der Zahlenprobleme[3], die er mit Reinach ganz genau besprochen hat. Leider wird es kaum möglich sein, ihm die Materialien zur Verfügung zu stellen. Ich hatte schon vor, ihm direkt zu schreiben, und werde es nun bald tun. Von Frau Conrad und Hildebrand[4] sind auch Beiträge zu erwarten. H. glaubt aber erst im Frühjahr fertig werden zu können[5], so lange muß man also bestimmt warten. Geiger[6] schrieb mir eben, daß er sich die größte Mühe geben wollte, etwas zustande zu bringen, und Pfänder hat sich auch nicht ablehnend geäußert. Von Scheler habe ich noch keinen Bescheid. Sehr gern hätte ich Frl. Gothes Kausalitäts-Arbeit[7] mit in dem Band; wenn sie im Oktober die Schule aufgeben könnte, ließe es sich ermöglichen; das ist aber noch sehr unsicher. Wenn ich selbst neben der „redaktionellen" Tätigkeit zu einem eigenen Beitrag[8] komme, werde ich wahrscheinlich aus meiner Analyse der Person ein Einzelproblem herausgreifen und ausführlicher behandeln. Vorläufig leidet sie an meinem alten Fehler, alles zu umspannen und nichts zu erledigen. Vor meiner Doktorarbeit hat sie – wie mir scheint – nur einen besseren Aufbau voraus und nur an einzelnen Punkten eine größere Vertiefung. Da müßte ich natürlich jetzt weiter gehen.

Ich sehe jetzt mit Frau Reinach die Vorlesungen durch. Wir möchten sie gern als Manuskript drucken lassen, um sie allen Beteiligten zugänglich zu machen. Die Einleitung in die Philosophie[9] müßte in günstigerer Zeit dann noch als Buch bearbeitet werden.

Sie fragten auf einer Ihrer Karten einmal an, wie es mit dem sprachlichen Gewand Ihrer Bergson-Arbeit[10] werden sollte. Ich habe Ihnen auch schon mehrmals versichert – obwohl ich es hasse, Selbstverständliches zu sagen –, daß ich Ihnen dabei sehr gern behilflich sein möchte. Ich habe Ihnen auch schon mal einen Modus dafür vorgeschlagen, Sie haben sich aber nicht dazu geäußert.

Große Verlegenheit bereitet mir Husserls 60. Geburtstag, der uns im nächsten April bevorsteht. Ich habe es Pfänder nahe gelegt, etwas zu unternehmen, er lehnt es aber ab, Herausgeber zu sein, und erklärt sich nur zu einem Beitrag bereit. Ich kann doch unmöglich von denselben Leuten, von denen ich schon für die eine Sache Beiträge verlange, noch andere Arbeiten zu erpressen versuchen. Das Resultat wäre sicher, daß nichts zustande käme.

Ich bleibe noch etwa 14 Tage hier. Meine Freiburger Adresse ist noch unsicher. Ich hoffe bald von Ihnen zu hören: Ich weiß ja eigentlich gar nichts von Ihrem Leben außer der dunklen Andeutung von Ihrer Übersiedlung nach Warschau.

Viele herzliche Grüße
Edith Stein.

Ist der Dialog, von dem Sie mir schrieben, in deutscher oder polnischer Sprache abgefaßt? Von Frau Conrad erscheint im nächsten Summa-Heft ein neuer Dialog über „Mensch und Tier"[11].

[1] Anne Reinach und ihre Schwägerin Pauline Reinach. Pauline Reinach, geb. 16.8.1879 in Mainz, wurde 1918 durch die Taufe in die evangelische Kirche aufgenommen. Etwa vier Jahre später trat sie in München zur katholischen Kirche über und wurde von Eugenio Pacelli, dem damaligen Apostolischen Nuntius (später Papst Pius XII.), in dessen Privatkapelle in München gefirmt. Im Sommer 1924 trat sie in eine belgische Benediktinerinnenabtei ein, wo sie den Namen Augustina erhielt und am 25.5.1926 die Ordensgelübde ab-

legte. Sie überlebte die Judenverfolgung im Untergrund und starb am 24.3.1974 in der Abtei Ermeton/Belgien.

[2] In den genannten Übungen, die sowohl Edith Stein wie Ingarden besuchten.

[3] Dies war das Hauptthema von Reinachs Übungen im WS 1913/14; vgl. Reinach, *Sämtliche Werke*, S. 515–529. Die „Materialien" waren wohl Reinachs Notizen und die (inzwischen verlorenen) Seminarprotokolle.

[4] Dietrich v. Hildebrand, Sohn des Bildhauers Adolf v. Hildebrand (der Reinachs Grabmal auf dem Göttinger Stadtfriedhof schuf), geb. 12.10.1889 in Florenz, gest. 25.1.1977 in New Rochelle, habilitierte sich als Ethiker und Soziologe. 1933 emigrierte er nach Österreich, wo er aktiv im Widerstand gegen Hitler tätig war, 1938 weiter in die Schweiz, nach Frankreich und 1940 in die USA, wo er an der Fordham-University in New York lehrte. Edith Stein erwähnt die Konversion Hildebrands vom Protestantismus zur katholischen Kirche in ihren Aufzeichnungen (ESGA, 330). *Gesammelte Werke* in 10 Bd. wurden von der Dietrich-von-Hildebrand-Gesellschaft 1971–1984 herausgegeben (bei Kohlhammer in Stuttgart und Habbel in Regensburg).

[5] Der hinausgezögerte Beitrag v. Hildebrands wuchs sich zu seiner Habilitationsschrift aus.

[6] Moritz Geiger, geb. 26.6.1880 in Frankfurt/M., gest. 9.9.1937 in Seaham Harbour/USA, gehörte dem Münchner Phänomenologenkreis an und war Mitherausgeber von Husserls JPPF, Professor in München und ab 1923 in Göttingen.

[7] Gemeint ist die Arbeit über *Ursache und Bedingung*, die verloren zu sein scheint, mit Ausnahme eines Husserlschen Exzerpts daraus (HChr, S. 198).

[8] Die verschiedenen „Beiträge", von denen die Rede ist, waren offenbar für den geplanten Reinach-Gedenkband des Jahrbuchs bestimmt; sie wurden z.T. später in die als Manuskript halb zustande gekommene Pfändersche Husserl-Festschrift übernommen (Conrad-Martius, Geiger, v. Hildebrand, Pfänder, Rosenblum und Stein). Vgl. Husserl, *Briefwechsel*, Bd. II, S. 159, Anm. 43.

[9] Reinachs gleichnamige Vorlesung des Sommersemesters 1914; jetzt nach Vorlesungs-Mitschriften ediert in *Sämtliche Werke*, S. 369–513.

[10] *Intuition und Intellekt bei Henri Bergson*, Ingardens Doktorarbeit.

[11] In *Summa* nicht erschienen. Enthalten in: *Metaphysische Gespräche*, Halle 1921 (siehe Br. 79).

31

Freiburg, 5.V.18.
Zasiusstr. 24.

Lieber Herr Ingarden,

ich weiß nicht, ob Sie meinen Brief aus Göttingen nicht bekommen haben und mich darum endgültig als verschollen betrachten oder ob Sie Gründe haben, nicht zu schreiben (z.B. den mir nun schon hinlänglich bekannten Zeitmangel!). Auf alle Fälle finde ich es unnatürlich, gar nicht mit Ihnen zu reden, wo Sie doch hier überall sind, und darum tue *ich* es wenigstens. Husserl erzählte mir, daß Sie als Gymnasiallehrer nach Warschau gehen wollen. Daß Sie nach Warschau wollen[1], gefällt mir gut. Denn es scheint mir, daß Sie dort eigentlich hingehören. Wie ich über das andere denke, wissen Sie ja. Hoffentlich braucht es nur sehr vorübergehend zu sein.

Von mir gibt es nicht sehr viel Neues zu berichten. Bei Husserls werde ich jetzt überaus behutsam angefaßt, wie etwas, das einem sehr leicht aus den Händen gleiten und verloren gehen kann. Der Meister hat mir auch schon mehr als angedeutet, wie gern er möchte, daß ich meinen Posten wieder übernehme. Aber davon kann gar keine Rede sein. Ich habe ihm, wie schon schriftlich, versichert, daß ich immer bereit bin, gelegentlich etwas für ihn zu tun. Aber Verpflichtungen übernehme ich nicht wieder. Ich teile meine Zeit jetzt zwischen Reinachs und eigener Arbeit. Mit dem Gedenkband gibt es allerhand Schwierigkeiten. Hering und Frau Conrad haben allerhand Bedenken dagegen. Mit Hering hoffe ich mich verständigen zu können, wenn er mich zu Pfingsten hier besucht. Und Frau Conrad will ich auch bestimmt in nicht allzu langer Zeit mal sehen. Wenn sie nicht nach Freiburg kommt, fahre ich vielleicht im Sommer nach Bergzabern. Nun findet man es in München durchaus nötig, daß zu Husserls Geburtstag etwas geschieht. Ich freue mich ja sehr, daß man da so für ihn ist. Aber ich mag die Leitung nicht übernehmen. Vorläufig versichere ich noch hartnäckig, daß Pfänder es unbedingt tun muß. Weigert er sich standhaft, so wird es ja doch an mir hängen bleiben. Wie stände es denn mit einem Beitrag von Ihnen? Da Sie gegenwärtig als der hoffnungsvollste Schüler gelten, dürften Sie ja eigentlich nicht fehlen! Denken Sie, Frau Conrad hat nach 4 Jahren plötzlich Nachricht von Koyré[2] bekommen, aus Odessa. Lipps war leicht verwundet und kurze Zeit zu Hause. Er machte den Rückweg über Göttingen, in der Hoffnung, mich dort zu treffen. Er kam auch in der Nacht vor meiner Abreise an, schlief aber bis zum nächsten Nachmittag und erschien bei Reinachs, als ich gerade einige Stunden fort war! Die letzte Woche war ich noch mit Reinachs Bruder[3] zusammen. Er ist auch leicht verwundet und jetzt in Göttingen im Lazarett. Er erinnert fabelhaft an Reinach, vor allem seine Sprache. Kürzlich sind die ⟨Foto-⟩Platten von Rosenblum angekommen. Antwort auf meine Anfrage habe ich noch nicht.

Die Leute hier habe ich nur gestern flüchtig im Seminar gesehen (Bestimmung des Menschen[4].) Bis auf das Bärchen ist alles wieder da. Auch Fräulein Busse.

Mehr will ich Ihnen heute nicht sagen. Sonst reißt die Geduld des Zensors, und der Brief wandert – wie vielleicht schon der letzte – in den Papierkorb.

Recht herzliche Grüße
Edith Stein.

[1] Ingarden ging zunächst am 1.9.1918 nach Lublin, erst am 1.9.1919 nach Warschau.

[2] Alexandre Koyré, geb. 29.8.1892 in Taganrog/Rußland, gest. 28.4.1964 in Paris, hatte bei Husserl in Göttingen studiert; von dort kam seine Verbindung mit Edith Stein. Später war er Professor an der Sorbonne in Paris, zwischenzeitlich in Montpellier und in Kairo.

[3] Heinrich Reinach, gen. Hein, jüngerer Bruder von Adolf Reinach.
[4] Husserl hielt im SS 1918 Seminarübungen zu „*J. G. Fichtes Bestimmung des Menschen*", samstags von 11–13 Uhr.

32

Freiburg, 12. V. 18.
Zasiusstr. 24.

Liebster Freund,

meine Karte[1] von heute morgen scheint mir bei näherer Überlegung doch nicht ausreichend. Ich möchte um alles nicht, daß Mißverständnisse zwischen uns bleiben – gerade weil wir uns voraussichtlich nicht so bald wieder sehen und sprechen werden –, und da mein Brief aus Göttingen offenbar verloren gegangen ist, will ich Ihnen noch einmal verständlich zu machen suchen, warum ich längere Zeit geschwiegen habe. Sehen Sie, alle Ihre Briefe seit unserer Trennung (mit Ausnahme des ersten, den Sie mir nach Göttingen schrieben) waren merkwürdig leer und ohne rechte innere Beteiligung, so wie es ist, wenn man nicht aus Bedürfnis, sondern aus „Pflicht" schreibt. Ich würde meinen, daß ich überempfindlich in der Richtung bin – ich bin sehr kritisch gegenüber solchen Eindrücken –, wenn ich nicht zum Vergleich Ihre Briefe vom vorigen Jahr hätte, die mir einen wirklichen Anteil an Ihrem Leben gaben, und wenn ich mich nicht auf Ihr eigenes Gefühl berufen könnte: Sie fügten nämlich jedesmal bei, daß Sie ausführlicher sein wollten, sobald Sie Zeit hätten. Denken Sie nicht, daß ich Ihnen irgendwelchen Vorwurf daraus gemacht hätte. Ich würde es sehr gut verstehen, wenn Sie Ihre Unbefangenheit mir gegenüber verloren hätten, und würde nur mir selbst die Schuld zuschreiben. Aber der Abstand war zu schmerzlich für mich – ich für meinen Teil mußte mich ja immer gewaltsam zurückhalten, um nicht mit dem Einsatz meiner vollen Persönlichkeit zu schreiben –, und so nahm ich mir vor, zunächst einmal zu warten, ob nicht doch schließlich ein „richtiger" Brief käme. Das zog sich etwas lange hin, z. T. wegen der äußeren Unruhe meines Lebens. Von Ihrer Seite erfolgten dann bald die völlig irrigen Mutmaßungen über den Grund meines Schweigens. Den Verkehr ganz abzubrechen, war nie meine Absicht. Ich habe nur manchmal gedacht, daß es vielleicht am besten wäre, wenn ich mich auf Mitteilungen über den Stand der Phänomenologie beschränkte. Denn Sie werden wohl verstehen, daß mir ein Briefwechsel, den Sie nur meinetwegen aufrecht erhielten, unerträglich wäre. Darf ich nun hoffen, daß alles klar ist und nichts mehr zwischen uns steht?

In Freiburg habe ich mich wieder ziemlich eingelebt. Ich hatte mich etwas gefürchtet, ehe ich herkam. Einmal vor dem Alleinsein, nachdem ich wieder einige Zeit an eine Umgebung von mir sehr lieben Menschen gewöhnt war, und dann überhaupt. Es geht aber vorläufig sehr viel besser, als ich dachte. Es ist so sehr schön jetzt hier, wo alles in Blüte steht, und dem kann ich mich ja nie entziehen. Ich arbeite ziemlich viel, nicht gerade so wie in meinen besten Zeiten (etwa wie im August und September vorigen Jahres), aber bei bescheidenen Ansprüchen ganz leidlich. Und dann habe ich einen Stützpunkt gefunden, der mich bis zu einem gewissen Grade von allen äußeren Bedingungen und Erschütterungen unabhängig macht.

Ich sollte Ihnen nun eigentlich noch einiges „Tatsächliches" mitteilen, was Ihnen mit meinem Brief verloren gegangen ist. Damit warte ich aber, bis ich weiß, was Sie erfahren haben und was nicht.

Von Herzen
Ihre
Edith Stein.

N. B. Daß Sie das Bedürfnis gefühlt haben, sich „geschäftlich" mit mir auseinanderzusetzen, ist ja eigentlich arg wüscht[2]! Ich muß aber offen gestehen, daß es mich mehr belustigt als empört hat.

[1] Nicht erhalten.
[2] Dialektausdruck: „arg wüst".

33

Freiburg 17. V. 18.
Zasiusstr. 24.

Lieber Herr Ingarden,

heute erhielt ich Ihren Brief vom 3. und die Karte vom 11. V. Äußerlich wäre die Verbindung also wiederhergestellt. Dagegen scheint es mir, als ob Sie einen ganz andern Brief beantworteten, als ich schrieb; als ob jeder Satz (soweit er nicht rein Tatsächliches betrifft) auf einem Mißverständnis beruhte. Was Sie als Ausdruck einer „zurückgehaltenen Wut" ansehen konnten, ist mir ganz rätselhaft, denn es war damals ganz gewiß nichts dergleichen in mir, weder gegen die Welt im allgemeinen, noch gegen Sie im besonderen; nicht einmal gegen meine eigene Person, was mir immer noch am nächsten liegt. Sodann habe ich niemals von Ihnen verlangt, daß Sie

„ruhig und frohen Sinnes“ sein sollen, ich bin sogar vielleicht über Gebühr weit gegangen im Mitfühlen der Stimmungen, die bei Ihnen herrschen. Andererseits ist es ein Irrtum, wenn Sie meinen, daß man bei uns gar so „ruhig und frohen Sinnes“ ist. Es gibt – trotz der großen äußeren Erfolge, für die man nicht dankbar genug sein kann – gar vieles, was einen quält und mit Besorgnis erfüllt[1]. Auf Ihre Angriffe gegen den „deutschen Idealismus“ kann ich schwer etwas sagen, weil ich nicht recht weiß, wogegen sie sich eigentlich wenden. Es scheint mir, daß ich das, was Sie im Auge haben, wohl auch verurteilen würde. Aber gegen die Bezeichnung „deutschen“ Idealismus müßte ich vermutlich protestieren. Haben Sie vergessen oder nie begriffen, daß Deutschtum und Alldeutschtum[2] nicht dasselbe sind? Und muß ich Sie darauf aufmerksam machen, daß es nicht gerade die tiefsten und echtesten Regungen eines Volkes sind, die in seinen – Zeitungen zum Ausdruck kommen? Alles in allem – ich sehe, daß doch sehr viel mehr zwischen uns steht als ich mir zugestehen wollte, mindestens ein weiter luftleerer Raum, der auch leer bleiben muß, weil das Medium für eine Verständigung offenbar nicht von *einer* Seite aus hergestellt werden kann. Es erscheint mir jetzt als kindliche Einfalt, daß ich glaubte, durch Worte etwas erreichen zu können. Abgesehen von andern Gründen, die es mir jetzt nahe legen, daß ich mich lieber nicht zu einem „Bekenntnis“ im Stil des letzten Briefes hätte hinreißen lassen sollen. Wie lächerlich, soviel Aufhebens von einer Sache zu machen, die ja doch für Sie nur von ganz untergeordneter Bedeutung sein kann! Und wie gedankenlos, Ihnen Tatsachen ins Gedächtnis zurückzurufen, die sehr viel besser vergessen blieben! Verzeihen Sie übrigens den garstigen Ton dieser Zeilen. Und glauben Sie mir, daß, was an negativen Gesinnungen daraus spricht, *nur* gegen mich, nicht gegen Sie gerichtet ist. Vor allem dagegen, daß ich dieses erbärmliche bißchen Ich noch immer gar so wichtig nehme. – Ich nehme mir (zum –zigsten Male!) vor, mich fortan einer reinen Sachlichkeit zu befleißigen.

Mit Herrn Clauss will ich über die Änderungsvorschläge für Ihre Arbeit Rücksprache nehmen. Er erzählte mir schon, daß Sie ihn darum gebeten haben. Vielleicht können wir zusammen die Korrekturen besprechen.* Es freut mich sehr, daß ich auf den Beitrag von Ajdukiewicz rechnen kann. Alles andere ist noch so ungewiß. Hildebrand ist jetzt eingezogen, und Frau Martius will einen Beitrag für die Festschrift liefern. Durch sie erfuhr ich auch, daß Pfänder sich auf mein Drängen hin herbeilassen will, die Herausgabe zu übernehmen, falls ihm genügend Beiträge zugesichert werden. Er selbst hat mir noch nicht wieder geschrieben, ich erwarte aber sehr bald einen Brief, denn er ist ja schrecklich „korrekt“. Ich habe ihm in Aussicht gestellt, daß ich die jüngeren Leute, die er nicht kennt, anfragen will, und teile Ihnen hierdurch mit, daß ich Sie auf die Liste setzen lassen werde. Von Kaufmann weiß ich gar nichts. Er hat mir nach seinem Besuch in Breslau nur einmal eine Karte geschrieben. Hering erwarte ich stündlich und mit Ungeduld. Husserl, der seit heute morgen wieder in Bernau ist, wünscht, daß ich mit oder ohne ihn zu Pfingsten dorthin komme, weil wir uns hier noch zu wenig gesprochen haben. Meinen Kindergarten habe ich wieder eröffnet, wenn auch mit geringer Beteiligung. Thema: mimischer und sprachlicher Ausdruck (mit Rücksicht auf Clauss[3]). Sie haben mir übrigens nie geschrieben, wie sich Ihre Kindergärten entwickelt haben.

Viele Grüße
Edith Stein.

* Übrigens gehört auch Ihre Arbeit zu den Punkten, über die Sie noch ausführlicher zu schreiben versprachen. Hätten Sie das getan, so wäre ich natürlich bis zur Erledigung der Sache in Breslau geblieben.

[1] Im März 1918 hatte die Oberste Heeresleitung beschlossen, durch einen großangelegten Angriff an der Westfront eine militärische Entscheidung herbeizuführen. Das Unternehmen hatte anfänglich die erwähnten großen Erfolge. Quälende Besorgnis fühlte Stein wahrscheinlich wegen der wachsenden innenpolitischen Spannungen, des unverkennbaren Zerfalls der Donaumonarchie und der dramatischen Verschlechterung der Versorgungslage.

[2] Imperialistische Bestrebungen konservativer Kreise, die sich in der Kolonialpolitik wie auch in rigoristischen Gebietsforderungen in Europa zugunsten des Kaiserreiches äußerten.

[3] Ludwig F. Clauss, der als Völkerpsychologe bekannt wurde, hatte die Absicht, sich bei Husserl mit einer Arbeit im Anschluß an Wilhelm von Humboldts Gedanken *Über die Verschiedenheit des menschlichen Sprachbaus und ihren Einfluß auf die geistige Entwicklung des Menschengeschlechts* (1836) zu habilitieren. In Entsprechung zum Vollzug der ‚phänomenologischen Reduktion' Husserls entwickelte er seine ‚mimetische Methode' des Mitlebens mit anderen, die in seinem Buch *Die Seele des Andern*, Baden-Baden 1958, dargelegt wird. Damals bereitete er eine Studie vor: *Die nordische Seele*, Halle 1923. Es folgte 1925 *Rasse und Seele*, was in der 2. Aufl. 1928 den Titel trug *Von Seele und Antlitz der Rassen und Völker* und in der 3. Aufl. wieder als *Rasse und Seele* erschien. Später geriet Clauss dieses Werkes wegen in Konflikt mit dem NS-Regime.

34

Postkarte: Vorderseite Jan van Eyck, Madonna mit Kind. Verlag des Städel'schen Kunst-Instituts, Frankfurt a. M. Nr. 36

Herrn Dr. Roman Ingarden
Krakau (Galicien)
Krupnicza 28/I.

Poststempel: Freiburg (Breisgau), 21.⟨5.18⟩

21. V. 18.

Morgen gehe ich wahrscheinlich auf 2 Tage nach Bernau[1]. Bald nach meiner Rückkehr werde ich Ihre Arbeit vornehmen und Ihnen meine Marginalien senden. *Ich bin sehr in bußfertiger Stimmung und freue mich, daß ich wenigstens dies für Sie tun kann. Nach Briefen haben Sie wohl vorderhand kein Verlangen! Viele Grüße

Edith Stein

*Genügt es, wenn ich die Notizen *ohne* die Arbeit schicke mit Angabe der Seitenzahlen?

[1] Husserl erwähnt in einem Brief an Adolf Grimme vom 8.6.1918 aus den Bernauer Ferien, daß er im Briefschreiben unterbrochen wurde „durch eine Flut befreundeter, herzlich willkommener Gäste, darunter Frl. Dr. Stein und aus Straßburg Herr Hering ... Wir lasen zusammen ein im Feld hingeworfenes religionsphilosophisches Ms. aus Dr. Reinachs Nachlaß." HChr, S. 226.

35

Freiburg, 2. VI. 18.
Zasiusstr. 24.

Lieber Herr Ingarden, Ihre Karte (vom 28. V.) kam leider etwas zu spät, als ich meine Notizen schon abgeschickt hatte. Ich denke aber, die Arbeit ist doch nicht ganz umsonst gewesen, denn die konkreten Beispiele werden Ihnen wohl mehr nützen als allgemeine Prinzipien, die doch eine freie Beherrschung des Materials, auf das sie angewendet werden sollen, voraussetzen. Gegen Ihre eigenen „Verbesserungen" bin ich ja sehr mißtrauisch. Denn Ihre Briefe erwecken nicht gerade den Eindruck, als ob Sie sich indessen mit der deutschen Sprache intimer angefreundet hätten. Ich habe Husserl noch nicht gefragt, ob er die Arbeit noch einmal zu lesen gedenkt; ich glaube aber, die Gefahr ist nicht groß! Wenn ich sie in der verbesserten Auflage noch einmal durchsehen soll, so habe ich nichts dagegen einzuwenden. Ich möchte dann nur die Bedingung stellen, daß sie von mir aus in die Druckerei wandert und Ihnen nicht mehr in die Hände fällt. Sonst geht es mir damit so ähnlich wie mit meinen Arbeiten für den Meister. Ich muß mich noch entschuldigen, daß ich die Änderungen ohne Begründung „verfügt" habe (n. b. in München hat man mich wegen „autokratischer" Bestechungen angeklagt!); aber das ist die Strafe dafür, daß Sie nicht zur Besprechung herkommen, Sie sehen ein, daß Begründungen zuviel Raum und Zeit kosten würden. – Pfänder hat mich nun um Angabe von Leuten gebeten, die als Mitarbeiter an der Festschrift[1] in Betracht kommen, und ich habe Sie mitgenannt (zu Ihrer Beruhigung: mit Angabe des gewichtigen (!) Hinderungsgrundes). Er will die Redaktion übernehmen, wenn ihm genügend Beiträge gesichert werden und wenn der Reinach-Band zurückgestellt wird. Da man mir nun ohnehin Schwierigkeiten gemacht hat – Conrads[2] und Hering sind gegen einen „Gedenk-Band" im offiziellen Sinne (wie ich ihn freilich nie beabsichtigt habe) –, so möchte ich jetzt noch möglichst viel von Reinach selbst, auch außer der Bewegungs-Arbeit hineinnehmen und dann die Arbeiten von Rosenblum und Frl. Gothe, die aus Reinachs Gedankenkreis stammen, und mich so von andern Beiträgen ganz unabhängig machen. Natürlich stellen diese beiden Bände das Erscheinen eines normalen Jahrbuchs in absehbarer Zeit sehr in Frage (da Husserl vorläufig nicht vor einem Abschluß steht). Ich beantrage daher, daß Ihre Arbeit als Sonderheft gedruckt wird. – Es ist sehr leicht möglich, daß Frl. Gothe von Oktober ab zu mir übersiedelt. Sie soll eigentlich von Oktober ab fest angestellt werden. Da sie aber neben der Schule nicht arbeiten kann und doch sehr gern ihre Arbeit machen möchte, wird sie wahrscheinlich auf die Anstellung verzichten, um, so lange ihr Geld reicht, ein freies Leben zu führen. – Ich brauche Ihnen nicht zu sagen, wie schön das für mich wäre.

Vor einigen Monaten las ich einen Roman von Reymont – Lódz[3] –, der einen sehr großen Eindruck auf mich gemacht hat. Vielleicht die wirkungsvollste Anklage gegen den Kapitalismus, die mir je zu Gesicht gekommen ist; gerade weil sie nirgends ausdrücklich und in tendenziöser Form ausgesprochen ist. Daneben bewunderte ich dasselbe, was mir schon an den polnischen Bauern[4] so imponiert hatte: die Kraft, mit der die ganze Stadt als ein einziges lebendiges Wesen gepackt und hingestellt ist.

Beifolgendes Projekt dürfte Sie vielleicht interessieren. Es erinnert mich etwas an meine alte Idee, daß man in den verschiedenen Ländern Institute für „Kulturaustausch" haben sollte zur Anbahnung eines wechselseitigen Verständnisses. Es sieht zwar so aus, als käme es einem hier in 1. Linie auf das Wirtschaftliche an. Aber es liegt doch an den Leuten, die mitarbeiten werden, wie sie die Sache gestalten. Das sollten nun freilich meiner Meinung nach nicht bloß ausgezeichnete deutsche Gelehrte sein – die ja schon früher immer da waren, ohne eine ausreichende Kenntnis des Auslandes vermitteln zu können, sondern auch Vertreter der betreffenden Länder. Für polnische Geschichte und Literatur z. B. möchte ich durchaus einen Polen haben. Für die etwa mangelnde „Objektivität" würden unsere Professoren schon sorgen! Und es kommt ja in diesem Fall nicht bloß darauf an, wie die Dinge gewesen sind, sondern fast noch mehr, wie sie von der andern Seite aussehen. Gucken Sie sich doch mal um, ob es geeignete Leute bei Ihnen gibt. Vielleicht könnte man etwas in der Richtung tun. – Eine deutsche Grammatik für Sie habe ich mir zur Ansicht bestellt, aber noch nicht bekommen. Ich denke, Sie brauchen sie für Unterrichtszwecke? Schrieb ich Ihnen schon, daß Frau Conrad einen Brief von Koyré aus Odessa hatte? Die 1. Nachricht seit fast 4 Jahren.

Entschuldigen Sie die Zettelwirtschaft. Ich habe heut den Rest meines Briefpapiers verschrieben, und es ist Sonntag. Und nun muß ich noch einen Spaziergang machen, meine Wirtin hat mir schon eine Strafpredigt gehalten, weil ich den ganzen Tag zu Hause war. Leben Sie wohl.

Ihre Edith Stein.

[1] Festschrift zu Husserls 60. Geburtstag 1919; sie kam in der geplanten Weise nicht zustande durch die schwierigen Zeitverhältnisse. Die Beiträge, soweit fertiggestellt, wurden Husserl als Manuskript überreicht. Gedruckt erschienen die Abhandlungen in den späteren Jahrbüchern (JPPF) 4 (1921), 5 (1922) und 6 (1923).
[2] Das Philosophenehepaar Theodor Conrad und Hedwig Conrad-Martius.
[3] *Lódz*, Roman von W. St. Reymont (1898); deutsch: *Das Gelobte Land* (1917).
[4] Vgl. Brief 1 Anm. 12.

36

Freiburg 8. VI. 18.
Zasiusstr. 24.

Lieber Herr Ingarden, heute hatten Sie kein Glück. Ich ging abends zu Husserl, um über Ihre Arbeit mit ihm zu reden, traf aber auf der Schwelle den kleinen Heidegger[1], und wir machten dann zu dritt einen – übrigens sehr hübschen – religionsphilosophischen Spaziergang, der sich bis eben (3/4 12) hinzog. Da er auf meine Frage mit Bedenken kam, er oder Pfänder müßten Ihre Arbeit in der veränderten Gestalt noch sehen, bevor sie ins Jahrbuch käme, habe ich zunächst nur festgenagelt, daß Sie jedenfalls bis September Zeit haben und das Ganze auf einmal schicken können. Bis dahin findet sich schon eine gelegenere Stunde, in der man vernünftig mit ihm reden kann. Vorläufig brauchen Sie keineswegs abschreiben zu lassen, sondern können in Ruhe an dem neuen Kapitel arbeiten (wenn Ihnen das aus andern Gründen möglich ist). – Es ist zu gräßlich, daß man von den Verhältnissen bei Ihnen so gar nichts weiß, die Zeitungen geben nicht einmal Andeutungen in den letzten Monaten. So fehlt es mir immer an einer konkreten Anschauung der Situation, in der Sie sich befinden. Für Ihre Tätigkeit bei der Gräfin Tarnowska wünsche ich Ihnen viel Glück. Das könnte doch ev. recht nett werden, jedenfalls doch neue Verhältnisse und vielleicht interessante Leute. Schreiben Sie auch mal, wie alt Ihre Zöglinge sind und was Sie mit ihnen zu tun haben. Um die Zeit nachher machen Sie sich ja keine Sorgen – auch nicht in den Grenzen, die Sie der Wichtigkeit des individuellen Daseins sehr in meinem Sinne setzen. Es wird sich sicher irgendwas für Sie finden. Und sollten Sie Schwierigkeiten haben, so denken Sie, bitte, daran, daß Sie nicht in Verlegenheit kommen können, so lange ich ausreichend Mittel zum Leben habe. (Nicht wahr, Sie sind unberührt genug vom kapitalistischen Geist, um diese selbstverständliche Versicherung ebenso natürlich aufzunehmen, wie ich sie gebe?)

Die 2. Sendung von Notizen wird mir hoffentlich nicht noch einen solchen Dankbrief eintragen wie die erste. Einmal war die Sache lange nicht so schlimm, wie Sie sich das denken. Mir ist die Arbeit doch durchaus nicht so langweilig wie Ihnen, dem sie – auf gut Deutsch – nachgerade zum Halse herauswächst. Und die ganze Geschichte hat 5 Tage in Anspruch genommen. Dann ist es etwas, was ich für jeden Phänomenologen tun würde, wenn auch ev. bloß aus Pflicht und nicht aus Neigung. Und schließlich kommt es mir ein wenig komisch vor, wenn Sie mir so brav versichern, daß Sie meine Zeit und Kräfte nicht zu sehr in Anspruch nehmen wollen!

Ich muß Schluß machen. Viel Vernünftiges kommt, wie Sie sehen, ohnehin nicht zustande. Hoffentlich trifft mein Brief Sie noch vor der Abreise. Dann schreiben Sie noch mal vorher – n. b. wenn Sie Zeit haben!

Recht herzliche Grüße
Ihre
Edith Stein.

[1] Martin Heidegger, Begründer der Existentialphilosophie, geb. 26.9.1889 in Meßkirch, gest. 25.5.1976 in Freiburg, promovierte in Freiburg und habilitierte sich dort bei dem Neukantianer Heinrich Rickert, ging aber nach 1916 zur Phänomenologie von Rickerts Lehrstuhlnachfolger Husserl über. Ab 1923 Extraordinarius in Marburg, wurde er 1928 auf Betreiben Husserls dessen Nachfolger in Freiburg.

37

Freiburg 24. VI. 18.

Lieber Herr Ingarden,

es ist gegenwärtig sehr aufregend hier in Freiburg. Der Idealismus steht wieder mal auf der Tagesordnung[1]. Husserl hat kürzlich die Abhandlung vom vorigen Jahr über Phänomenologie und Erkenntnistheorie vorgenommen und dabei an einer Stelle meine Forderung vermerkt gefunden, daß er seine Argumentationen noch einmal durchdenken und dort in puncto Idealismus unumwunden Farbe bekennen sollte. Das möchte er nun gern tun. Er sucht alles zusammen, was er über die Frage hat, und sprach in den letzten Tagen mit mir darüber. Ich habe alle andre Arbeit vertagt, lese die Ideen[2] und kreide mir an, was mir bedenklich scheint. N.b.: ich selbst habe mich zum Idealismus bekehrt und glaube, er läßt sich so verstehen, daß er auch metaphysisch befriedigt. Aber es scheint mir, daß vieles, was in den Ideen steht, anders gefaßt werden muß, und zwar in Husserls Sinn, wenn er nur alles zusammennimmt, was er hat, und nicht im entscheidenden Moment etwas außer Betracht läßt, was notwendig zur Sache gehört. (Ich denke z.B. an die – auch von Ihnen gewünschte – Umbestimmung des Bewußtseinsbegriffs, die sich bei Berücksichtigung des konstituierenden Bewußtseins ergibt.) Leider ist der Meister müde, und es macht unsägliche Schwierigkeiten, sich mit ihm zu verständigen. Ich spreche und denke ihm immer viel zu schnell. Und wenn ich alle Geduld zusammennehme und ihm Schritt für Schritt begreiflich zu machen suche, worauf es mir ankommt, dann knüpft er an jeden Satz eine endlose – an sich natürlich sehr schöne und wertvolle – Erörterung und kommt zu keiner Synthesis. Ich versuche es jetzt mit schriftlichen Formulierungen. Zu dumm, wenn man niemand hat, mit dem man richtig reden kann. Clauss und Frl. Walther, die an unsern Besprechungen teilnehmen, werden gewiß mal recht tüchtige Phänomenologen sein, aber jetzt sind sie nicht weit genug, um folgen zu können. Ich glaube, Sie sind der einzige Mensch, mit dem ich mich leicht und schnell verständigen könnte. Vielleicht beschäftigen Sie sich eben jetzt mit denselben Fragen. Denn Idealismus, Konstitution, Ideen und Wesen scheinen mir untrennbar zusammengehörige Probleme. Darum (von den 100 000 andern Sachen, über die ich mit Ihnen sprechen möchte, ganz zu schweigen) empöre ich mich täglich gegen das Schicksal, das Sie jetzt und für unabsehbare Zeit in einer mir unerreichbaren – augenblicklich sogar völlig unbekannten! – Ferne festhält. Um nur einen Gedanken anzudeuten, der mir auch für Ihre Bergson-Kritik wichtig scheint und der Ihnen vermutlich nicht neu ist: vom Standpunkt des Bewußtseins und der Konstitution hat keine noem⟨atische⟩ Schicht[3] vor der andern etwas an Objektivität voraus. Es bleibt aufzuklären, wie der Vorzug der einen Schicht – der Realität und der ihr korrelativen natürlichen Einstellung – zu verstehen ist. Wenn wir in dieser Einstellung leben, verschwinden alle andern Schichten; aber ihr Korrelat verschwindet nicht, wenn wir reflektierend eine niedere oder in theoretischer Bearbeitung eine höhere Schicht zum Thema haben. Es scheint mir, als käme hier das in Betracht, was Bergson mit seinen Handlungsschemata im Auge hat. Vielleicht könnte eine Analyse der Praxis zeigen, daß diese noematische Schicht notwendiger Angriffspunkt des Handelns ist (die „natürliche" Einstellung ist ja zugleich die des praktischen Menschen) und aus diesen Zusammenhängen die Herausbildung einer bevorzugten Apperzeption verständlich machen. Das ist nur ein Einfall, der mir so nebenbei kam. Meine eigentlichen Absichten gehen in anderer Richtung. Es ist übrigens gefährlich, wenn ich mich jetzt zu tief auf diese Dinge einlasse.

Denn ich komme aus meiner angefangenen Arbeit heraus, und sie soll doch möglichst in die Festschrift (à propos: hat Pfänder Ihnen geschrieben?). Aber natürlich wäre es Unsinn, sich zu etwas anderm zu zwingen, wenn diese Sachen einen Tag und Nacht verfolgen.

Viele Grüße
Edith Stein.

Vor mir steht ein fabelhaft lebendiges Bild von Reinach, das ich heute aus Göttingen bekam, eine Vergrößerung nach einer Platte von Rosenblum.

[1] Zur Erläuterung dieser Situation dienen Edith Steins Bemerkungen über ihre Göttinger Studienzeit (ESGA 1, 200 f): „Kurz vor Semesterbeginn ⟨Sommer 1913⟩ war Husserls neues großes Werk erschienen: ‚Ideen zu einer reinen Phänomenologie und phänomenologischen Philosophie' … Die ‚Logischen Untersuchungen' hatten vor allem dadurch Eindruck gemacht, daß sie als eine radikale Abkehr vom kritischen Idealismus kantianscher und neukantischer Prägung erschienen. Man sah darin eine ‚neue Scholastik', weil der Blick sich vom Subjekt ab- und den Sachen zuwendete: die *Erkenntnis* schien wieder ein *Empfangen,* das von den Dingen sein Gesetz erhielt, *nicht* – wie im Kritizismus – ein *Bestimmen,* das den Dingen sein Gesetz aufnötigte. Alle jungen Phänomenologen waren entschiedene Realisten. Die ‚Ideen' aber enthielten einige Wendungen, die ganz danach klangen, als wollte ihr Meister zum Idealismus zurücklenken … Es war der Anfang jener Entwicklung, die Husserl mehr und mehr dahin führte, in dem, was er ‚transzendentalen Idealismus' nannte (es deckt sich nicht mit dem transzendentalen Idealismus der kantischen Schulen), den eigentlichen Kern seiner Philosophie zu sehen und alle Energie auf seine Begründung zu verwenden: ein Weg, auf dem ihm seine alten Göttinger Schüler zu seinem und ihrem Schmerz nicht folgen konnten."

[2] Gemeint sind die *Ideen I.*

[3] Seinscharaktere (doxische Modalitäten). Vgl. *Ideen I,* § 104.

38

Freiburg 5. VII. 18.
Zasiusstr. 24.

Lieber Herr Ingarden,

Sie hatten mir von Lublin[1] noch gar nichts geschrieben. Entzückt bin ich von den Aussichten natürlich nicht. Wenn es aber durchaus sein muß, dann *bitte* die 18 Stunden Deutsch*. Das ist gerade genug für Sie, wenn Sie noch Zeit und vor allem Kraft für etwas anderes übrig behalten wollen. Ich kenne doch den Betrieb. Sie dürfen den Unterricht auch mit ganz ruhigem Gewissen übernehmen. Wenn Ihr Stil auch nicht ganz den Ansprüchen genügt, die man an ein deutsches Schriftwerk stellen kann, so reichen doch Ihre Kenntnisse bei weitem hin, um kleinen Jungens die Fertigkeit beizubringen, sich schriftlich und mündlich leidlich zu verständigen. Mehr wird ja nicht verlangt. Ich glaube nicht, daß ein polnischer Germanist die deutsche Sprache praktisch besser beherrscht als Sie. Wie wäre es, wenn Sie zur Auffrischung und Erweiterung Ihrer Sprachkenntnisse im September noch etwas herkämen? (Ein herrliches solides Mäntelchen für einen höchst unsoliden Einfall!) Aber das ist ein törichter Vorschlag, denn die Reise kostet ja jetzt ein kleines Vermögen, und dann bekommen Sie gewiß gar keinen Paß.

Ich lese jetzt als Nachtlektüre ein Buch von Feldman[2] (der Schreibweise nach offenbar ein Pole) über die politischen Ideen in Polen mit den Teilungen. Nicht gerade schwungvoll geschrieben und anscheinend etwas tendenziös gefärbt im Sinne des Anschlusses an die Mittelmächte, aber ganz lehrreich. Was ich suche, gibt es mir freilich nicht. Nämlich einen recht lebendigen Einblick in das Herz der polnischen Nation, d.h. in die Kreise, die Träger des politischen Lebens sind. Dazu müßte man natürlich an die Quellen gehen. Ich möchte Briefe von Kościuszko[3] lesen, von Dabrowski[4] und solchen Leuten. Aber das gibt es natürlich alles nur in polnischer Sprache. Die Memoiren von A. Czartoryski[5] gibt es in französischer und englischer Übersetzung. Die will ich mir mal zu verschaffen suchen. Dabei fällt mir ein: ob Sie nicht auf schmerzlosere Weise Geld verdienen könnten, wenn Sie etwas von solcher Literatur übersetzen würden? Ein Verleger wie Diederichs oder Kurt Wolff[6] nähme so was gewiß mit tausend Freuden und gegen gutes Honorar. Ich würde herzlich gern Ihre Übersetzung in literarische Form bringen, nicht bloß, um Ihnen zu helfen, sondern auch weil ich sachlich Freude dran hätte. Überlegen Sie sich dies Projekt mal ernstlich. – Mir ging es in der letzten Woche nicht sonderlich. Vor einigen Tagen erhielt ich aus Breslau die Nachricht, daß Moskiewicz[7] plötzlich gestorben ist. An Herzlähmung, heißt es. Es hat aber früher nie jemand etwas von einem Herzfehler gewußt. Dagegen litt er seit Jahren an einer stets zunehmenden Depression, und es erscheint mir kaum zweifelhaft – und ebenso meiner Freundin[8], die ihm sehr nahe stand –, daß er selbst seinem Leben ein Ende gemacht hat. Wieviel von der Schuld auf mein Konto kommt, kann ich nicht ermessen. Daß ich mit zu den Menschen gehöre, die ihn allmählich so weit gebracht haben, ist ganz gewiß. Natürlich hat man nie etwas Böses gewollt. Aber das ist gerade das Schreckliche, daß man aus bloßer Gedankenlosigkeit und ohne zu ahnen, welche Wirkungen von einem ausgehen, einen Menschen zu Tode quälen kann. Ich möchte Ihnen, lieber Freund, eine Bitte aussprechen, die Ihnen sehr kindlich erscheinen mag. Sie haben auch gelegentlich mit dem Gedanken gespielt, einmal selbst Schluß zu machen. Ich habe nie ernstlich daran geglaubt. Aber die bloße Möglichkeit ängstigt mich. Bitte, versprechen Sie mir, daß Sie es nie tun werden. Das Leben kann ja doch nicht völlig unerträglich sein, wenn man weiß, daß es einen Menschen gibt, dem es weit teurer ist als das eigene. Wenn einen schon sonst nichts zurückhält. Schütteln

Sie meinetwegen den Kopf über meine ganz aus der Luft gegriffene Besorgnis. Aber erfüllen Sie meine Bitte!

Ich denke manchmal, daß ich Ihnen als eine recht überspannte und launenhafte Person erscheinen muß. Und nicht mit Unrecht. Zur Milderung des Eindrucks kann ich nur anführen, daß Sie das einzige Opfer für alle Unvernunft sind, die in mir steckt, und daß ich mich sonst aller Welt gegenüber ganz schrecklich vernünftig betrage. So vernünftig, daß meine Briefe vermutlich als Fälschung angesehen würden, wenn Sie mal auf den Gedanken kämen, sie zu veröffentlichen. Also, hüten Sie sich, das je zu tun!

Herzlichst
Ihre
Edith Stein.

* *und nichts mehr!*

[1] Ingarden begann am 1.9.1918 seinen Dienst als Gymnasiallehrer in Lublin.
[2] Wilhelm Feldman (1868–1919), polnischer Literaturhistoriker, Studium in Heidelberg und Berlin; hier: *Geschichte der politischen Ideen in Polen seit dessen Teilung*, 1917.
[3] Tadeusz Kościuszko, polnischer General und Nationalheld, geb. 12.2.1746 in Mereczowszczyzna, gest. 15.10.1817 in Solothurn. 1794 trat er an die Spitze des Aufstandes gegen die Teilung Polens; anfänglich siegreich, wurde er dann geschlagen und geriet in Gefangenschaft. Nach seiner Freilassung emigrierte er ins Ausland.
[4] Jan Henryk Dabrowski (1755–1818), organisierte 1806 in Großpolen den Aufstand gegen Preußen, um im Zuge der europäischen Befreiungsbewegungen die Unabhängigkeit Polens zu erreichen.
[5] Adam Jerzy Czartoryski, geb. 14.1.1770 in Warschau, gest. 16.7.1861 in Paris. 1804–06 war er als Vertrauter Alexanders I. im Außenministerium tätig, entwarf die Verfassung Kongreßpolens und übernahm 1831 den Vorsitz in der Nationalregierung. Später emigrierte er nach Paris und wurde dort zum Zentrum der polnischen Emigration.
[6] Eugen Diederichs, Jena, und Kurt Wolff, damals Leipzig, später Berlin: bedeutende Verleger.
[7] Georg Moskiewicz, geb. Mai 1878, gest. Januar 1918 in Breslau, Dr. med. Dr. phil., Psychiater, Philosoph. Er hatte Edith Stein zum Studium in Göttingen angeregt, wo er selbst Husserlschüler war.
[8] Rose Guttmann (später Bluhm), geb. 15.7.1891 in Breslau, gest. 1977 in London.

39

Postkarte
Herrn Dr. R. Ingarden
bei Gräfin Tarnowska
Königreich Polen
Österreich. Okkupation
Keńskie ⟨statt: Końskie⟩

Poststempel: Freiburg (Breisgau) 10. 7. 18

10. VII. 18.

Lieber Herr Ingarden, Ihre Eilkarte fand ich gestern vor, als ich von einer mehrtägigen Schwarzwaldwanderung heimkam. Heute war ich gleich bei meinem Buchhändler, konnte aber in den Katalogen der letzten 30 Jahre von Maas und Renner nur eine ziemlich teure Einführung in die Biologie ermitteln, die wohl kaum als Schulbuch eingeführt ist. Ich lasse sie Ihnen aber mit dem Recht der Rücksendung zuschicken, damit keine Zeit durch die Rückfrage verloren geht. Eine große Grammatik ist bereits unterwegs. Auf Ihre Bemerkungen über den Idealismus[1] freue ich mich schon. Mit Husserl habe ich noch kaum wieder darüber sprechen können, da er zu richtiger Arbeit jetzt nicht aufgelegt ist.

Viele Grüße
Edith Stein.

[1] Gemeint ist Ingardens Brief an Husserl über den Idealismus und die *VI. Untersuchung* (vgl. Br. 41, der darauf reagiert) vom Ende Juli 1918 (abgedruckt in Husserl, *Briefwechsel*, Bd. III, S. 183–200).

40

Postkarte
Herrn Dr. R. Ingarden
bei Gräfin Tarnowska
Königreich Polen
Österreich. Okkupation
Keńskie (Etappenpost Końsk) ⟨statt: Końskie⟩

Poststempel: Freiburg (Breisgau) 22. 7. 18

22. VII. 18.

Lieber Herr Ingarden,

die Bücher, die mein Buchhändler an Sie schicken soll, kommen andauernd zurück, weil die Adresse nicht ausreicht. Wenn sie mal ankommen, werden Sie gewiß nicht mehr da sein! Haben Sie etwa von mir auch noch keine direkte Nachricht erhalten? Das ist wirklich ein Verkehr mit Hindernissen.

In Eile herzliche Grüße
Ihre
Edith Stein

41

25. VII. 18.

Lieber Herr Ingarden,

ich bin wieder mal dabei, mein Haus zu bestellen, da ich für etwa 3 Wochen nach Göttingen reise – Frl. Gothe hat mich sehr gebeten, mich dort mit ihr zu treffen, anstatt hier mit ihr zusammen zu sein; Hering kommt auch hin –, und möchte gern noch Ihren Brief beantworten, weil ich sonst nicht weiß, wann ich dazu komme. Die Grammatik – zusammen mit dem Biologie-Lehrbuch – ist schon vor einigen Tagen zum 3. x an Sie abgegangen. Husserl konnte ich leider nicht mehr sprechen, ich lasse ihn durch Clauss nach der Logik fragen und werde sie dann bestellen. Es ist ja nicht so sehr eilig, da Sie sie erst nach Krakau haben wollen. Ich möchte auch ganz gern warten, bis Sie die andern Bücher bestätigen. – Die VI. Untersuchung macht mir schon lange Kopfzerbrechen. Wenn man weiß, wie ganz anders Husserl heute die Probleme übersieht, so kann man nur wünschen, daß er ein neues Werk über das Thema schreibt, und das möchte er ja auch gern. Aber daß er in diesem Leben noch dazu kommt, ist mehr als unwahrscheinlich. Darum – und übrigens auch, wenn ein neues Werk erschiene – müßte die alte VI. U⟨ntersuchung⟩ neu herausgegeben werden. Aber Sie kennen den Meister schlecht, wenn Sie meinen, daß er das einem andern Menschen mit voller Verantwortung überließe; er würde jede Änderung und jeden Kommentar gründlichst nachprüfen wollen – und nie dazu Zeit finden. Eben diese Erwägung hat mich bis jetzt davon zurückgehalten, etwas in der Sache zu tun. Geschehen muß es natürlich mal, und ich habe es ihm ja auch versprochen. Aber es wäre töricht, sich damit zu beeilen und irgend etwas anderes, was einem gerade wichtig ist, deshalb zurückzustellen. Husserl hat mich übrigens in letzter Zeit mehrfach und dringend interpelliert, ob ich nicht wieder Assistentenarbeit tun wollte. Er möchte gern manches aus seinen Manuskripten zur Benutzung für seine Schüler ausgearbeitet haben. Ich bin aber fest dabei geblieben, daß ich niemals wieder eine Verpflichtung übernehmen werde. Ich habe mich bereit erklärt, gelegentlich etwas für ihn zu tun, wenn ich Zeit habe und wenn es mir gerade thematisch liegt. Und damit hat er sich dann wohl oder übel zufrieden gegeben. – Pfänders Verhalten ist mir unverständlich. Ich habe, seit ich ihm auf seine Bitte mehrere Adressen von ev. Mitarbeitern angab, nichts mehr von ihm gehört. Auch als ich ihm vor einiger Zeit in einer optimistischen Anwandlung meine Arbeit über psych⟨ische⟩ Kausalität als Beitrag in Aussicht stellte und nach dem Ablieferungstermin fragte, erhielt ich keine Antwort. Ich weiß also gar nicht, ob die Festschrift zustande kommt.

Nun noch ein ergötzliches Curiosum, das mir neulich begegnete; aus einem Aufsatz über Expressionismus von Josef Kreitmaier S.J.[1] (in einem katholischen Blättchen erschienen): „Was sich auf dem Gebiet der Künste zeigt, sind nur die seltsam geformten Früchte, die auf dem Baume des modernen Geisteslebens heranreifen, eines Geisteslebens, das nach der Epoche empirischer Erfahrungen und exakter Forschung den Bergen und Abgründen des Metaphysischen und Transcendenten zustrebt, dessen Abgott nicht mehr die Materie ist, sondern der Geist. (Mit dem Deutsch können Sie's auch noch aufnehmen!) Der frz. Philosoph *Henri Bergson* hat für dieses moderne Streben, das alle geistigen Errungenschaften der Vorzeit beiseitesetzt, den philosophischen Unterbau geschaffen. Dieser Unterbau heißt *Intuition* … Diese sei selbst eine Verschmelzung des an sich blinden Instinkts, wohl besser des geistigen Ahnungsvermögens, mit dem Verstande, die, heute noch selten, vielleicht die Erkenntniskraft der Zukunft sei. Nun haben ja die Dichter aller Zeiten den Beweis erbracht, daß das in jedem Menschen mehr oder weniger schlummernde geistige Ahnungsvermögen überraschende Ausblicke ins Räderwerk der Welt eröffnen kann, und Bergsons Werke selbst sind des Zeugen. Sie sind aber auch Zeugen, daß die sog. Intuition nichts anderes ist als eine sehr starke sinnliche Vorstellungskraft, verbunden mit sehr beweglichem Kombinationsvermögen." Bitte, für Ihre Kritik zu berücksichtigen!

Ich vermisse noch den versprochenen Bericht über das Leben in Keńskie. Ich möchte doch gern mal zugucken, wenn Sie sich als Schulmeister und Erzieher betätigen! Am liebsten unsichtbar.

Schreiben Sie mir, bitte, nach Göttingen Bergstr. 9.

Herzlichst
Ihre
Edith Stein.

[1] Josef Kreitmaier SJ, geb. 20.11.1874 in Siegenburg/Niederbayern, gest. 15.1.1946 in Holzhausen bei Buchloe, Kunsthistoriker, Schriftsteller und Komponist, seit 1918 Mitarbeiter, 1927–1936 Leiter der *Stimmen der Zeit. Katholische Monatsschrift für das Geistesleben der Gegenwart*, hg. von den deutschen Jesuiten. Kreitmaiers Aufsatz *Vom Expressionismus* befindet sich ebd. 95 (1918), S. 356–373. Der zitierte Passus steht auf S. 356.

42

Postkarte
Herrn Dr. Roman Ingarden
bei Gräfin I. Tarnowska
Keńskie (Etappenpost Końsk)
Königreich Polen
Österreich. Okkupation

Poststempel: Göttingen 29. 7. 18

Göttingen 29. VII. 18.
Bergstr. 9.

Lieber Herr Ingarden, heute erhielt ich eine (übrigens überraschend liebenswürdige) Karte von Pfänder, in der er meinen Beitrag[1] für Weihnachten (!) erbittet. Wie er es mit den andern Beiträgen hält, geht daraus nicht klar hervor. Es könnte sein, daß er auf meine Ankündigung hin Ihren Beitrag für sicher hält und daß es meinen Kopf kostet, wenn Sie dann nichts bereit haben! – Ich bespreche jetzt mir Frl. Gothe die Bewegungsarbeit. Es wird sich wohl nicht mehr viel daran tun lassen, nur manches ev. fortlassen, was uns bedenklich erscheint. Es wäre mir sehr lieb, wenn ich darüber auch mal mit Ihnen reden könnte, besonders über eine Auseinandersetzung mit Bergson.

Viele Grüße Edith Stein

[1] Es handelt sich um die für Husserls 60. Geburtstag geplante Festschrift. Edith Steins dafür zur Verfügung gestellte Abhandlung *Psychische Kausalität* wurde mit drei anderen Arbeiten (von Hedwig Conrad-Martius, Hans Lipps und Alexander Pfänder) Husserl als Manuskript überreicht.

43

Göttingen 30. VII. 18.
Bergstr. 9.

Lieber Herr Ingarden,

beifolgende Karte[1] schicke ich Ihnen zur Kenntnisnahme. Wollen Sie sich, bitte, überlegen, welches Buch Sie mögen und ob Sie sich's vielleicht doch in Krakau besorgen können oder ob ich es Ihnen in Freiburg bestellen soll.

Mit herzlichen Grüßen
Ihre
Edith Stein

[1] Nicht erhalten; vermutlich ein Verlagsangebot.

44

Postkarte
Herrn Dr. Roman Ingarden
bei Frau Gräfin Tarnowska
Keńskie (Post Końsk)
Königreich Polen, Österr. Okkupation

Poststempel: Hannover Bahnhof

Göttingen 6. VIII. 18.
Bergstr. 9.

Lieber Herr Ingarden, heute erhielt ich Ihre beiden Karten. Ich freue mich, daß die Bücher glücklich angekommen sind. Was sie kosten, weiß ich nicht. Ich schreibe es Ihnen, wenn ich die Rechnung bekomme. Sie gehen also so bald nach Lublin? Bisher glaubte ich, Sie wären im September noch frei. Nun ist es ja gar nicht abzusehen, wann man sich mal wieder sprechen kann. In der Bewegungsarbeit[1] gibt es noch einige recht schwierige Punkte, die uns jetzt zu schaffen machen. Meine Arbeit[2] hat zum Glück Gnade vor Erika Gothes Augen gefunden, und es erscheint einem gar nicht mehr so ungeheuerlich, daß sie bis Weihnachten fertig werden soll. Natürlich müssen viele andere hinterher kommen. Aber es ist doch endlich mal was, was nicht *bloß* Programm ist.

Viele Grüße
E. Stein.

[1] Für den Reinach-Gedenkband.
[2] Die Abhandlung *Psychische Kausalität* für die Husserl-Festschrift.

45

Göttingen 14. VIII. 18.

Lieber Herr Ingarden,

an Pfänder habe ich bald, nachdem ich seine Karte bekommen hatte, geschrieben und angefragt, was er sich eigentlich denkt. Es täte mir sehr leid, wenn nichts von Ihnen in die Festschrift käme. Noch ärgerlicher bin ich, daß er auch Hans Lipps nicht aufgefordert hat. Für den wäre es ein so heilsamer Zwang, mal eine richtige lesbare Ar-

16. VIII.

(im Speisewagen Göttingen-Freiburg)
beit zu schreiben, und er wollte es auch sehr gern. Übrigens erwarte ich ihn in den nächsten Tagen in Freiburg. Er bekommt drei Tage Urlaub und

will ihn für Freiburg benützen. Darum bin ich ziemlich plötzlich von Göttingen abgereist. Hering fährt mit mir (seinem Füllfederhalter verdanken Sie die schöne rote Tinte). Gestern habe ich Hering die Bewegungs-Arbeit in einem Zuge vorgelesen. Er war als Publikum noch geeigneter als Frl. Gothe, weil er die Übungen nicht mitgemacht hatte und alles neu für ihn war. Der Erfolg war über Erwarten gut. Es leuchtete ihm alles glatt ein! Außerdem fanden beide, daß die Arbeit vollständig geschlossen und einheitlich wirke. Das freut mich natürlich sehr. Jetzt haben wir auch mit Frau Reinach und in Übereinstimmung mit allen Beteiligten beschlossen, was geschehen soll: wir wollen *alle* Arbeiten von Reinach (die alten und die noch nicht veröffentlichten) in einem Band sammeln. Ich werde Husserl vorschlagen, daß er als Sonderdruck des Jahrbuchs erscheinen soll[1]. Das könnte sehr bald geschehen, wenn Niemeyer[2] drucken kann. Hildebrand wird die Einleitung schreiben[3].

Wahrscheinlich werde ich am Ende des W.-S.[4] meinen Wohnsitz dauernd nach Breslau verlegen, da meine Mutter es sehr wünscht, und nur noch jedes Jahr für einige Wochen nach Freiburg gehen.

Für Lublin wünsche ich Ihnen alles Gute. Schreiben Sie mir bald, wie Sie sich dort eingerichtet haben.

Viele herzliche Grüße
Edith Stein.

Hering sendet Ihnen einen schönen Gruß.

[1] In dem Band Adolf Reinach, *Gesammelte Schriften*, herausgegeben von seinen Schülern, Halle 1921, gibt es keinen Hinweis auf einen JPPF-Sonderdruck.
[2] Max Niemeyer, Halle a. d. S., der Verleger des JPPF und des Reinachbandes.
[3] Dietrich v. Hildebrand schrieb eine Einleitung, die jedoch nicht in den Reinachband kam; sie wurde erstmals publiziert in: *Aletheia. An International Journal of Philosophy* III, S. XV–XX, Irving/Texas (USA) 1983. Die Einleitung im Reinachband stammt von Hedwig Conrad-Martius.
[4] Der politischen Verhältnisse wegen wartete Edith Stein das Ende des Wintersemesters nicht ab, um nach Breslau überzusiedeln. Am 13. 11. 1918 ist sie dort wieder polizeilich gemeldet.

46

Freiburg 18. VIII. 18.
Zasiusstr. 24.

Lieber Herr Ingarden, da ich gerade beim Briefschreiben bin, will ich Sie gleich mit „erledigen", obwohl Sie ja indessen meinen Brief aus Bebra[1] haben. Wie schön, daß Pfänder sich auf seine Herausgeberpflichten besonnen hat. Ich denke, Sie werden sich für das Idealismusproblem entschieden haben, weil Sie doch davon schon etwas haben. An sich scheinen mir beide Themen gleich wichtig und wünschenswert[2]. Ich glaube, es gibt ziemlich viel Beiträge; aber wenn Sie mit 3 Bogen nicht auskommen, schadet es sicher nichts, dann wird der Band umso stattlicher. Sie werden wohl die Arbeit erst an mich schicken müssen, denn ich glaube nicht, daß man Pfänder zumuten kann, stilistische Korrekturen vorzunehmen. Oder werden Sie bis dahin schon so weit sein, daß es gar keiner Nachhilfe mehr bedarf? Ich hatte ursprünglich darauf bestanden, daß man mir Rosenblum für den Reinach-Band überläßt. Ich glaube aber, die Frage ist gegenstandslos geworden, denn er schrieb mir, er wollte zwar schrecklich gern etwas arbeiten, es sei aber nahezu ausgeschlossen. Einen Gedenk-Band wird es nun nicht geben (wie Sie wohl meinem letzten Brief schon entnommen haben): er ist durch die Verhandlungen, die darüber geführt wurden, für Frau Reinach und auch für mich gefühlsmäßig unmöglich geworden. An seine Stelle treten nun die „Gesammelten Schriften". In Göttingen gab es diesmal wirklich einen regen philosophischen Betrieb, fast wie in der guten alten Zeit. Außer Reinachs Arbeiten haben wir auch Frankfurthers[3] Arbeit zusammen durchgesprochen, die Hering veröffentlichen soll. Ich finde sie allerdings nicht druckreif und weiß noch nicht recht, in welcher Form es geschehen soll. Auch einen Ferienkursus in Phänomenologie haben wir veranstaltet, für Pauline Reinach, Erica Küppers[4] und die beiden Scheunemanns[5] (deren Zimmer Sie letzten Winter hier übernommen haben). Frau Reinach las ihnen das „Einleitungs"-Kolleg[6] vor, und wir besprachen in Diskussionsabenden mit ihnen, was ihnen unklar geblieben war. Zur „Erholung" gab es halbe Nächte lang musikalische Orgien bei Runges[7]. Nina hatte eine Freundin aus Berlin da, eine junge Künstlerin, die ganz unvergleichlich Bach spielt und Mozart durch Bach hindurch gesehen. Das war ganz herrlich. Übrigens: Klassische und moderne Musik als rational und irrational einander gegenüberzustellen, ist Unfug (sit venia verbo![8]). Die Begründung bleibe ich Ihnen schuldig, wie Sie ja auch mir schon allerhand schuldig sind. Sie glauben doch z. B. nicht, daß ich mich auf die Dauer mit der nackten Tatsache zufrieden geben werde, daß Sie mit so interessanten Leuten zusammen waren wie Fürst Lubomirski und Graf Tarnowski[9]? Und daß es mir genügt, wenn mir ein paar Namen registriert werden, ohne daß ich eine lebendige Anschauung von den Menschen gewinne, unter denen Sie sich aufhalten? Ich habe nur eingesehen, daß es wirklich zuviel Zeit kostet, richtige Briefe zu schreiben, und rechne nun darauf, daß man sich doch noch mal im Leben sehen wird und daß ich dann meine Rechnung präsentieren kann. *–

Frl. Busse[10] hat Ende Juli promoviert, wenn auch mit „rite". In diesen

Tagen muß ihre Hochzeit sein. Ich bin noch nicht dazu gekommen, mich nach ihr umzugucken. Wir warten jetzt auf Lipps und wagen nicht, Freiburg zu verlassen, um ihn nicht zu verfehlen. Offenbar hat er großes Heimweh bekommen, als er hörte, daß wir alle zusammen waren, gerade während er an der Marne[11] stand und schlimme Tage durchmachte. Nun will er die paar Tage Ruhe benützen, um herzukommen.

Viele Grüße
Edith St.

*Vorher möchte ich aber noch mal hören, was Sie zu Reinachs Aufzeichnungen[12] sagen. Sie haben mir nie darüber geschrieben.

[1] Bebra liegt an der Bahnstrecke Göttingen-Freiburg; offenbar wurde der im Speisewagen geschriebene Brief dort der Post übergeben.

[2] Wie Ingarden in seinen Erinnerungen (vgl. BRI, S. 142) angibt, arbeitete er damals an einer Abhandlung, die teils unveröffentlicht blieb, teils in JPPF 4 (1921) als sein Beitrag zur Festschrift einging, mit dem Titel: *Über die Gefahr einer Petitio Principii in der Erkenntnistheorie.*

[3] Fritz Frankfurther, Mathematiker aus Breslau, studierte bei Husserl in Göttingen und war schon im Herbst 1914 gefallen. Edith Stein erwähnt ihn in ihren Aufzeichnungen (ESGA 1, 204).

[4] Erica Küppers, aus Hannover stammend, studierte von 1911 an bei Husserl in Göttingen und hatte schon 1912/13 freundschaftliche Beziehungen zur Husserl-Tochter Elli (später Rosenberg). Sie hat anscheinend – zu erschließen aus gelegentlichen Bemerkungen Malvine Husserls in Briefen – mit Rosenbergs, damals in Berlin, weiterhin Kontakte unterhalten. Nach der „Machtergreifung“ Hitlers wurde Erica Küppers, weil sie den Amtseid auf den Führer verweigerte, ihres Dienstes als Oberlehrerin enthoben; sie war Mitglied der Bekennenden Kirche und lieferte 1952 einen Beitrag (*Kirche und Israel*) für die Festschrift zum 60. Geburtstag von Martin Niemöller. Für die Zeitschrift *Zwischen den Zeiten,* die Niemöller mitherausgab, schrieb sie schon 1931 einen Artikel *Zur Religionsphilosophie Tillichs* (9, S. 123–154). Erica Küppers religiöse Interessen und ihre Opposition zum Hitlerregime machen es sehr verständlich, daß Malvine Husserl sie „eine mutige Vertreterin des echten Christentums in Wort und Schrift“ nannte (in einer Nachricht von 1947).

[5] Zwei Schwestern Scheunemann hatten in Göttingen studiert; eine von ihnen heiratete später „Hein“ Reinach, den Bruder Adolfs.

[6] Aus dem Sommersemester 1913. Edith Stein sagt (*Aus dem Leben einer jüdischen Familie* [ESGA 1]), daß sich in Reinachs Nachlaß das Kolleg wörtlich ausgearbeitet fand. Das Originalmanuskript wurde mit den anderen nachgelassenen Manuskripten Reinachs von seiner Frau vor ihrer Flucht verbrannt.

[7] Familie des Göttinger Professors für Angewandte Mathematik Karl Runge, geb. 1856, gest. 1927 in Göttingen, Wilhelm-Weber-Str. 21. Nina Runge, Musikerin, heiratete am 22. 1. 1919 den Vetter Edith Steins, Richard Courant. Nina emigrierte mit ihm und ihren Kindern 1934 in die USA.

[8] Verzeihung für dieses Wort!

[9] Lubomirski und Tarnowski waren alte, weitverzweigte Adelsfamilien Polens; es konnte nicht ermittelt werden, mit welchen Mitgliedern dieser Familien Ingarden in Kontakt kam.

[10] Ilse Busse war in Freiburg mit Edith Stein durch ihren phänomenologischen Anfänger-

kurs bekannt geworden. „Rite“ ist die geringste Bewertungsnote für Doktorprüfungen, etwa: genügend. – Ilse Busse heiratete den Historiker Dr. Proesler, der später eine Professur in Nürnberg hatte. Sie starb in den 70er Jahren in München.

11 An der Marne (einem südwestlich von Paris in die Seine mündenden Fluß) begann im Sommer 1918 die Gegenoffensive der Alliierten zur Abwehr des deutschen Vorstoßes. Am 8.8. begann der Rückzug der deutschen Truppen.

12 Reinachs im Felde notierte religionsphilosophische Aufzeichnungen, die sich in seinem Nachlaß fanden. Sie wurden in Abschriften dem Phänomenologenkreis zugänglich gemacht.

47

Postkarte
Herrn Dr. R. Ingarden
bei Herrn Jan Turczynowicz
Lublin (Königreich Polen),
Österreich. Okkupation
Krakowskie Przedmiescie 49.

Poststempel: Freiburg (Breisgau) 15.9.18

Freiburg 14.IX.18.
Zasiusstr. 24.

Lieber Herr Ingarden, gestern kam eine Karte zurück, die ich noch nach Krakau schrieb und die Ihnen auch nachreiste, Sie aber nicht finden konnte. Ich wollte wissen, ob ich Ihnen den Pfänder[1] bestellen soll; Sie hatten gar nichts mehr davon geschrieben. Wenn Sie ihn schnell brauchen, so schicken Sie einen eingeschriebenen Brief. Den Jevons[2] habe ich bestellt und den Buchhändler angewiesen, Ihnen die Rechnung auch für die andern Bücher beizulegen. Einen ausführlichen Brief, den ich kürzlich abschickte, werden Sie wohl später erhalten als diese Karte. Also nochmal viele gute Wünsche für Lublin. Schreiben Sie bald und überhaupt öfter mal, in kurzen Worten, wie es Ihnen geht. Mehr will ich jetzt gar nicht. Denn Ihre freien Stunden brauchen Sie jetzt ungekürzt zur Erholung.

Herzlichst
Edith Stein.

Wie ich höre, gehen keine Drucksachen mehr ins Ausland.

1 Zur Zeit des Briefes waren drei Werke Pfänders erschienen: *Phänomenologie des Wollens* (Leipzig 1901), *Einführung in die Psychologie* (Leipzig 1904) und *Zur Psychologie der Gesinnungen* (Halle 1913 und 1916; JPPF 1 und 3).

[2] William Stanley Jevons, geb. 13.8.1835 in Liverpool, gest. 1.9.1882 in Hastings, war Professor in Manchester und London. Um die Zeit des Briefes war sein Buch *Elementary Lessons in Logic* in deutscher Übersetzung in 2. Aufl. gerade erschienen.

48

24. IX. 18.

Lieber Herr Ingarden,

gestern lief Ihre Karte vom 11. IX. ein. Angesichts dieser glänzenden Verbindung will ich nicht abwarten, bis ich Ihre Antwort auf meinen Brief habe. Mein Schwesterlein[1], das von einer Schwarzwaldwanderung müde ist, habe ich zu Bett geschickt und kann nun noch ein wenig mit Ihnen plaudern. Große wissenschaftliche Anregungen dürfen Sie freilich nicht erwarten. Ich bin in den letzten Wochen nicht viel zum Arbeiten gekommen. Zur neuen Wohnung viel Glück! Ihre Arbeit begleite ich natürlich mit den besten Wünschen. Ich denke, es wird Ihnen nicht schwer sein, das aufzuschreiben, was Sie doch schon lange im Kopf haben, und dann hoffe ich, daß Sie es noch neben der Schule tun können. Wie steht es mit der Vorbereitung zum Unterricht? Ist die sehr zeitraubend? Von dem Verleger, bei dem der Jevons bestellt wurde, ist noch kein Bescheid gekommen; man weiß also nicht, ob die Sendung abgehen konnte oder zurückgewiesen wurde. Es täte mit sehr leid, wenn Sie in Verlegenheit kämen. Ob die Propädeutikstunden wohl nett für Sie sind? Ich hatte ja immer sehr viel Glück bei meinen Primanerinnen, wenn ich etwas Philosophie anbringen konnte[2]. – Etwas wollte ich Sie noch fragen. Wenn ich im Februar meinen Haushalt hier auflöse, soll ich dann vielleicht außer den Briefen, die bei mir liegen, auch alles andere, was es noch von Ihnen in Freiburg gibt, mit meinen Sachen nach Breslau schicken? Es ist doch am Ende da leichter zu erreichen als hier, und Sie hätten dann wenigstens alles zusammen.

Husserl weiß noch immer nichts von meinen finstern Absichten[3]. Ich durfte ihn die ganze Zeit nicht oben besuchen, weil er so doll arbeitet. Nun wird er ja aber wohl bald wieder auf dem Plane erscheinen. Im nächsten Kindergarten, meinem letzten hier!, „falls er ist", möchte ich ganz gern Frau Conrads Arbeit[4] besprechen. In Breslau gibt es einige Leute, die schon ziemlich viel von Phänomenologie wissen und auf die ich einige Hoffnungen setze: außer denen, die ich schon früher etwas bearbeitet habe, neuerdings der Mathematiker Weyl[5], der früher in Göttingen war und sich in seinen jüngsten Publikationen (z. B. in einer Schrift über das Kontinuum) zu Husserl bekennt; dann ein protestantischer Theologe (Harnackschüler[6]), den ich zufällig vor einiger Zeit in Berlin kennen lernte und der jetzt das Ordinariat für Religionsphilosophie in Breslau hat[7]. Von zukünftigen Philosophen kommt wohl nur der Privatdozent Guttmann in Betracht. Hönigswald beschäftigt sich zwar seit Jahren eingehend mit der Phänomenologie, er ist aber blind geboren. – Lipps kündet mir weiter in jedem Brief seinen Urlaub an, ich bin aber nicht mehr so gutgläubig wie er selbst. Er ist ja jetzt immer da, wo es am tollsten zugeht. Dafür bekam ich gestern wieder mal ein schönes weiß–grünes Bändchen. Kaufmann „regiert" seit einigen Monaten in der Ukraine und scheint sich recht wohl dabei zu fühlen; das liegt ihm doch viel besser als das eigentlich Militärische. An Ajdukiewicz einen schönen Gruß, falls Sie ihm mal schreiben. Ich muß mir noch überlegen, was man mit seiner Arbeit machen könnte. Ich wollte Sie schon immer mal fragen, ob Ihr Vater nun sein Amt niedergelegt hat. Herzlichst

E. S.

Entschuldigen Sie diese ideenflüchtige Epistel – ich las viel Scheler in letzter Zeit!

[1] Erna Stein, Ediths ältere Schwester, geb. 11.2.1890 in Lublinitz/Oberschl., gest. 15.1.1978 in Davis CA/USA, heiratete am 5.12.1920 den Hautarzt Hans Biberstein. Erna eröffnete am 1.2.1919 ihre Praxis als Frauenärztin im Elternhaus in Breslau, Michaelisstr. 38. Sie verbrachte 1917 und 1918 ihre Ferien bei ihrer Schwester in Freiburg.

[2] Als sie in Breslau an der Viktoriaschule ihre Referendarzeit machte, von Anfang Februar bis 1. Okt. 1916.

[3] Freiburg bald zu verlassen.

[4] *Zur Ontologie und Erscheinungslehre der realen Außenwelt*, JPPF 3, Halle 1916. – Die im Göttinger Phänomenologenkreis geläufige Wendung „falls er ist" geht auf dort vielzitierte Verse des Göttinger Ordinarius für Philosophie, Julius Baumann, zurück.

[5] Hermann Weyl, geb. 9.11.1885 in Elmshorn, gest. 9.12.1955 in Zürich, hatte 1908 in Göttingen promoviert, war später Professor für Mathematik; nach 1933 emigrierte er in die USA.

[6] Adolf v. Harnack, geb. 7.5.1851 in Dorpat, gest. 10.6.1930 in Heidelberg, evangelischer Theologe, Professor für Kirchengeschichte in Berlin.

[7] Vermutlich Heinrich Scholz, geb. 17.12.1884 in Berlin, gest. 30.12.1956 in Münster. 1917 kam er nach Breslau, wo er das Ordinariat für Religionsphilosophie übernahm, 1919 nach Kiel und 1928 nach Münster, wo Edith Stein ihn wieder antraf. Sie erwähnt ihn in ihren Briefen an Fritz Kaufmann und an Martin Honecker (ESGA 2, Nr. 24).

49

Postkarte
Herrn Dr. Roman Ingarden
Lublin (Königreich Polen)
Österr. Okkupation
Wieniawska 12/III.

Poststempel: Freiburg(Breisgau) 28. 9. 18

28. IX. 18.

Lieber Herr Ingarden, das verschwundene Buch hatte ich Ihnen zugedacht, um Sie fürein paar Stunden aus einer ziemlich trostlosen Stimmung herauszureißen, die Ihre Briefe damals verrieten. Es war Kleists Penthesilea[1], die ich sehr liebe und an der auch Sie Freude hatten, als ich sie Ihnen vor 2 Jahren zu lesen gab. Es war die nette Tempel[2]-Ausgabe, und man darf sich nicht wundern, wenn sie unterwegs einen Liebhaber gefunden hat. Nun wird wohl den Buchhändler die Post entschädigen, und Sie werde ich entschädigen, wenn Sie nach Deutschland kommen. Wie dumm, daß wir jetzt nicht über die Arbeit von Fr. Martius reden können. Das stand auch mal auf unserm Programm! Nicht wahr, wenn ich in Breslau bin, wird das leichter gehen? Viele herzliche Grüße

E. S.

[1] Penthesilea: Gestalt aus der griechischen Mythologie, hier: Trauerspiel von Heinrich v. Kleist (1808).
[2] Der Tempel-Verlag, damals in Leipzig, war bekannt wegen seiner bibliophilen Klassikerausgaben.

50

⟨Freiburg⟩, 3. X. 18.

Lieber Herr Ingarden,

heute ist es gerade ein Jahr, seit Sie wieder nach Freiburg kamen, und 2 Jahre, seit ich herkam[1]. Jetzt scheinen aber statt der Ereignisse bloß noch die „souvenirs-images"[2] periodisch aufzutreten.

Ich lese jetzt viel Bergson (um zu sehen, ob ich für meine Arbeit was daraus profitieren kann) und bin sehr entzückt. Im übrigen spielt die Wissenschaft jetzt – trotzdem ich wieder allein bin und äußerlich nicht gestört werde – keine allzu große Rolle. Sie können sich wohl denken, daß man andere Sorgen hat[3]. Aber darüber kann man nicht schreiben. *Sprechen* möchte ich gern mit Ihnen über alles, einmal um zu sehen, wie sich die

Sachen von außen betrachtet ausnehmen, vor allem aber, um mich über vieles, was mich bedrückt, mit Ihnen zu verständigen. Denn, nicht wahr, ich muß Sie nicht wie irgendeinen „Ausländer" betrachten, den Deutschlands Schicksal nur gerade so weit interessiert, als es für ihn selbst von Bedeutung ist? Wundern Sie sich, daß ich eine solche Frage stelle? Nein, ich glaube, Sie müssen es verstehen – weil Sie es ja so gut aus eigener Erfahrung wissen –, daß man gerade in schweren Zeiten besonders fühlt, wie stark man national gebunden ist und daß man dann sehr empfindlich wird und jede Berührung von außen fürchtet. Glauben Sie übrigens nicht, daß ich in verzweifelter Stimmung bin (vor allem nicht der *äußeren* Situation wegen); ich bin mir nur klar darüber, daß die Lage so ernst ist wie noch nie; und über vieles, was ich um mich herum sehen muß, habe ich einen herzhaften Zorn. Ein wahrhaftes Grauen habe ich vor der politischen Debatte, die mir beim 1. Besuch in der Lorettostr[4]. unvermeidlich bevorsteht. Solche Debatten sind jetzt noch erschütternder als früher, weil Frau Malwine indessen ins Lager der „Unabhängigen"[5] gegangen ist und die Diskussion in der Regel mit einem ehelichen Zwist endigt. Nach der letzen derartigen Scene – kurz vor meiner Abreise nach Göttingen[6] – hatte ich 24 Stunden einen moralischen Kater. Aber sprechen wir lieber von etwas Erfreulicherem! Bitte, lesen Sie doch mal die Brüder Karamasow *ganz*. Ich habe sie mir im voraus zum Geburtstag schenken lassen (um meine Schwester während ihres Urlaubs damit zu bewirten) und erbaue mich jeden Abend vor dem Einschlafen daran. Es ist wirklich mein allerliebstes Buch – trotz unleugbarer künstlerischer Mängel. Ich brauche nur hineinzusehen, um mich von neuem zu überzeugen, daß Rußland nicht jetzt untergehen kann, sondern noch eine große Zukunft vor sich hat. Trotz des undurchdringlichen Chaos, das jetzt dort herrschen mag, oder vielleicht gerade deswegen. Denn in diesem Chaos stecken unermeßliche nicht nur physische, sondern vor allem *seelische* Kräfte, die nach Gestaltung ringen und sicherlich nicht vergehen werden, bevor sie ihre Form gefunden haben und für die Menschheit fruchtbar geworden sind. Wieder mal eine meiner apriorischen Geschichtskonstruktionen, über die Sie mißbilligend den Kopf schütteln dürfen!

Adieu, mon ami. – Hoffentlich läßt der junge Nachwuchs Polens Ihnen noch manchmal einen Augenblick Zeit, an mich zu denken.

Herzlichst
Ihre
Edith Stein.

[1] Edith Stein war am 5. 10. 1918 in Freiburg wieder polizeilich gemeldet. Zwei Jahre zuvor hatte sie ihre Assistententätigkeit bei Husserl begonnen.

[2] „Erinnerungs-Bilder": von Bergson häufig benutzter Terminus, hier vermutlich aus: *Matière et mémoire*, Paris 1896, 2. Kap.: „De la reconnaissance des images".

[3] Verursacht durch die innen- und außenpolitische Lage, die den völligen Zusammenbruch Deutschlands voraussehen ließ.
[4] Familie Husserl.
[5] Gemeint ist die Unabhängige Sozialdemokratische Partei Deutschlands (USPD), im Ersten Weltkrieg aus dem linken Flügel der SPD entstanden und ihr, soweit es sich nicht um Kommunisten handelte, später wieder eingegliedert.
[6] In den letzten Julitagen 1918.

51

6. X. 18.

Lieber Herr Ingarden,

heute erhielt ich Ihre Karte vom 30. IX. Sie kommt zwar in einem Augenblick, in dem mir nach allem andern eher zumute ist als nach irgendwelcher Beschäftigung mit der Zukunft[1]; aber ich will Ihnen doch Ihre Fragen beantworten. Husserl behauptet, er müßte im Laufe des Winters Ihre Bergson-Arbeit[2] haben, denn spätestens zu Ostern müßte ein Jahrbuch herauskommen; aber von *ihm* wird nichts hineinkommen – die Zeitarbeit[3] ist natürlich längst vom Programm abgesetzt – und von uns auch nichts, weil wir doch jetzt alle für die Festschrift[4] arbeiten. Ich bin immer in einiger Verlegenheit, was ich in solchen Debatten sagen soll, da ich doch das Geheimnis nicht verraten will. Jedenfalls könnten Sie ja Ihre Arbeit schicken. * Das Semester hat kümmerlich begonnen. Das 1. Seminar (Kant) war so schwach besucht, daß ich das einleitende Referat übernehmen mußte[5]. Husserl hat mich bei unserer ersten Unterredung schwer geärgert durch allerhand Bedenken gegen die Herausgabe von Reinachs Arbeiten[6]. Zu mir ist er aber sehr lieb; er versichert, dies letzte Semester sollte ganz mir gehören und ich müßte noch viel von ihm haben. Übrigens ist mir das alles jetzt natürlich furchtbar gleichgültig. Ich zwinge mich nur zu arbeiten, weil ich vorläufig nichts Besseres zu tun weiß. Das einfachste Mittel, sich mit dieser erbärmlichen Welt abzufinden, wäre ja, sich von ihr zu verabschieden. Ich habe nur die Überzeugung, daß man es sich nicht so leicht machen darf. Ich denke jetzt manchmal, wenn gewisse Zukunftsmöglichkeiten mir ganz unerträglich scheinen wollen, an das Leben der polnischen Patrioten[7] in den letzten 150 Jahren. Den Glauben an sein Volk hindurchretten durch alle Wechselfälle, das ist wohl mehr als der römische Tugendstolz, der die Erniedrigung nicht überleben kann. Das Umlernenmüssen kommt nur zu plötzlich und ist hart.

Herzliche Grüße
Ihre Edith Stein.

* *Mir* wäre es allerdings lieber, wenn Sie sich in der schulfreien Zeit jetzt bloß erholen und nichts arbeiten würden.

[1] Die Oberste Heeresleitung, besonders General Ludendorff, hatte die Regierung (unter dem Kanzler Prinz Max von Baden) gedrängt, bei den Westmächten um Waffenstillstand und Einleitung von Friedensverhandlungen einzukommen; dies war am 5. 10. 1918 – am Tag vor dem Brief – geschehen.
[2] *Intuition und Intellekt bei Henri Bergson* erschien erst in JPPF 5, Halle 1922, S. 285–461.
[3] Husserl hatte sich in den Osterferien 1918 in Bernau intensiv mit dem Problemkomplex „Zeitbewußtsein" befaßt und trug sich damals, wie er am 5. 4. an Ingarden schrieb (BRI, S. 10) mit Publikationsabsichten. Aber erst 1928 erschien in JPPF 9, S. 367–496 wieder eine Arbeit Husserls: *Vorlesungen zur Phänomenologie des inneren Zeitbewußtseins*. Das war nicht die Verwirklichung dessen, was Husserl gegenüber Ingarden äußerte, vielmehr war diese Abhandlung (hg. von Martin Heidegger) tatsächlich die von Edith Stein aus Husserls stenographischen Notizen erstellte Ausarbeitung. Vgl. Br. 20. Das Separatum der gedruckten Arbeit, das Husserl nach Speyer sandte, trägt seine eigenhändige Widmung: „Fräulein Dr. Edith Stein, der hilfreichen Mitarbeiterin 1916–17 mit herzlichsten Grüßen. E. Husserl".
[4] Zu Husserls 60. Geburtstag am 8. 4. 1919.
[5] Husserl hielt im Wintersemester 1918/19 „Übungen über Kants Transcendentalphilosophie", Mi 11–13 Uhr (HChr, S. 230).
[6] Gedenkband Adolf Reinach, *Gesammelte Schriften*, herausgegeben von seinen Schülern, Halle 1921.
[7] Vgl. Br. 38, wo Edith Stein Schriften polnischer Patrioten zu lesen wünscht.

52

Postkarte
Herrn Dr. Roman Ingarden
Lublin, Königreich Polen
Österreich. Okkupation
Wieniawska 12.

Poststempel: Freiburg (Breisgau) 9. 10. 18

9. X. 18.

Lieber Herr Ingarden, es war eine Dummheit, daß ich Ihnen neulich schrieb, Ihre Bergson-Arbeit käme jetzt allein für ein Jahrbuch in Frage. Ich vergaß, daß ja Gogos[1] Habilitationsschrift vorliegt (schrieb ich Ihnen überhaupt, daß er nun endlich habilitiert ist? Bei Bäumker[2]). Sie behandelt Werte und Werterkenntnis und scheint sehr schön zu sein; ich sah vorläufig nur einen Probebogen. Der Meister grüßt Sie tausendmal (wörtlich!) und läßt Ihnen sagen, daß Sie ihm mit der Arbeit eine große Freude machen würden. Ob Sie wohl indessen einen der -zig Briefe erhalten haben, die ich Ihnen schon nach Lublin[3] schrieb?

Herzlichste Grüße
Edith Stein.

[1] Gogo war der Scherzname für Dietrich v. Hildebrand im Kreis seiner Freunde. Seine Habilitationsschrift *Sittlichkeit und ethische Werterkenntnis* erschien in JPPF 5 mit einer Widmung zu Husserls 60. Geburtstag (Halle 1922, S. 463–602).
[2] Clemens Baeumker, geb. 16.9.1853 in Paderborn, gest. 7.10.1924 in München. Sein Forschungsgebiet war die Geschichte der Philosophie; bedeutender Fachgelehrter der Neuscholastik; Professor in Breslau, Bonn, Straßburg und München.
[3] Ingarden war seit dem 1.9.1918 in Lublin.

53

10. X. 18.

Lieber Herr Ingarden,

herzlichen Dank für Ihren lieben Geburtstagsbrief, der schon 2 Tage zu früh ankam. Ich freue mich doch sehr, daß Sie daran gedacht haben. – Und nun ein paar ernste Worte auf Ihre ernsten Wünsche. Zunächst die durchaus ehrliche und glaubwürdige Versicherung, daß es mir schon seit Monaten seelisch recht gut geht und daß ich – trotz mancher Erschütterung, vor der man sich gegenwärtig nicht schützen kann und will – eine ernstliche Gefährdung nicht mehr befürchte. Wenn ich mehrfach den Wunsch ausgesprochen habe, Sie wiederzusehen, so war es in erster Linie, um Sie davon zu überzeugen und von aller Sorge um mich zu befreien. Freilich konnte ich mich nicht nach Ihren Wünschen richten, um so weit zu gelangen. Glück wünschen in *Ihrem* Sinne werden Sie mir niemals. Aber in einem andern Sinne dürfen Sie es schon heute. Ich weiß nicht, ob Sie es aus früheren Äußerungen schon entnommen haben, daß ich mich mehr und mehr zu einem durchaus positiven Christentum durchgerungen habe. Das hat mich von dem Leben befreit, das mich niedergeworfen hatte, und hat mir zugleich die Kraft gegeben, das Leben aufs neue und dankbar wieder aufzunehmen. Von einer „Wiedergeburt" kann ich also in tiefstem Sinne sprechen. Aber das neue Leben ist doch für mich so innig verknüpft mit den Erlebnissen des letzten Jahres, daß ich mich nie in irgendeiner Form von ihnen lossagen werde; sie werden immer lebendigste Gegenwart für mich sein. Nur kann ich darin kein Unglück mehr sehen, im Gegenteil, sie gehören mit zu meinem wertvollsten Besitz. Damit müssen aber auch Sie sich zufrieden geben; Sie dürfen nicht zu einer Episode stempeln, was für mich so viel mehr bedeutet, und Sie sollen nicht mir und sich selbst ein Phantom von „Glück" vorspiegeln, das keinerlei Realität für mich hat und mich eher schrecken als locken kann. Und wenn ich zu dieser Forderung noch eine Bitte aussprechen darf – bewahren Sie mir Ihre Freundschaft, sehen Sie es nicht als einen Eingriff in Ihre Freiheit an, wenn ich Ihre Angelegenheiten ganz als meine eigenen betrachte, und lassen Sie mich glauben, daß auch nichts, was für mich Bedeutung hat, Ihnen gleichgültig ist. Vielleicht klingen meine Worte alle etwas schroff, aber nicht wahr, Sie wissen, wie sie gemeint sind? Ich fühle ja auch, daß bei Ihnen alles aus der herzlichsten Gesinnung kommt, und bin Ihnen sehr dankbar dafür.

Es scheint, daß mein 1. Brief (vom 12. IX.) verloren gegangen ist[1]. Was alles drin stand, weiß ich nicht mehr, denn ich habe 3 Wochen lang daran geschrieben. Sicherlich enthielt er die bescheidene Anfrage, ob Sie nicht in den Osterferien nach Breslau kommen wollen, wenn eine Weihnachtsreise hierher oder ev. nach München sich nicht ermöglichen läßt. Im allgemeinen ist es ja phänomenologische Lebensregel, daß man seine Ferien zusammen verleben muß. Auf Ihre Arbeit für die Festschrift freue ich mich sehr, nur bitte ich Sie, forcieren Sie die Sache nicht. Es wird mir angst und bange, wenn ich Ihre Tageseinteilung[2] höre; ich habe es doch selbst ein halbes Jahr so getrieben und weiß, wie es mir bekommen ist! Daß Sie Aussicht haben, nach Warschau zu kommen, freut mich herzlich. Es wird ja manches jetzt leichter durchzusetzen sein. Es hat halt jedes Ding seine 2 Seiten oder vielmehr unendlich viele! – Für den Pan Tadeusz[3] wäre ich sehr dankbar. Ich wünsche mir schon lange, ihn kennen zu lernen. Und wenn er nicht gar zu große sprachliche Schwierigkeiten bietet, soll er mir Gelegenheit geben, meine Kenntnisse aufzufrischen und zu erweitern.

12. X[4].

Vor mir liegt ein Stoß Briefe und eine ganze Bibliothek: 4 Bände Schleiermacher-Predigten (Original-Ausgabe)[5], die Brüder Karamasow[6], die Christuslegenden von S. Lagerlöf[7] und eine Sammlung deutscher religiöser Dichtungen in den Büchern der Rose[8]. Dabei ist noch nicht alles da, was ich zu erwarten habe. Doch trotz aller Liebesbeweise, für die ich herzlich dankbar bin, liegt es mir heute gänzlich fern, in der üblichen Weise „Geburtstag zu feiern“. Man ist doch jetzt innerlich ganz in Anspruch genommen durch die große Entscheidung, die in der nächsten Zeit fallen soll. Erst schien es mir so klar und unzweideutig, was man wünschen müßte. Aber nun fühle ich wieder, daß wir es ja nicht wissen können, was das wahrhaft Heilsame ist, und daß darum all unser Hoffen und Wünschen Torheit ist. Man muß hinnehmen, was auch kommen mag, und dann sehen, das Beste daraus zu gestalten. Ob wohl der Mann, in dessen Hände jetzt das Geschick der Welt gelegt ist, die ganze Last der Verantwortung fühlt, die auf ihm ruht[9]? – Zu der allgemeinen Sorge kommt noch eine besondere: Gerhart H[10]. ist wieder verwundet, und wieder am Kopf. Man weiß noch nichts Näheres. Ich sprach gestern nur Elli[11], die Eltern waren – von den Aufregungen abgespannt – schon zu Bett gegangen, als ich kam. Es kam vor einigen Tagen eine kurze Karte aus dem Kriegslazarett Sedan, nicht eigenhändig geschrieben, aber unverkennbar von ihm selbst diktiert, seitdem nichts mehr. Gestern gelang es mir noch, Elli durch Interpretation des Wortlauts zu beruhigen, aber heute fürchte ich mich fast davor, wieder hinzugehen. Es wäre zu schrecklich für die ganze Familie, wenn es schlimm ausginge.

Viele Grüße und nochmals von Herzen Dank!
Ihre
Edith Stein.

[1] Dieser Brief wurde tatsächlich bisher nicht aufgefunden.
[2] Ingarden gab am Gymnasium 30 Wochenstunden.
[3] *Pan Tadeusz* (*Herr Thaddäus*): Nationalepos des polnischen Dichters Adam Mickiewicz, geb. 24. 12. 1789 in Nowogródek/Litauen, gest. 26. 11. 1855 in Konstantinopel. Mickiewicz wurde 1840 Professor für slawische Literatur am Collège de France in Paris. Er gilt als Begründer der polnischen romantischen Schule.
[4] Edith Steins 27. Geburtstag.
[5] Friedrich Schleiermacher, geb. 21. 11. 1768 in Breslau, gest. 12. 2. 1834 in Berlin, bedeutender evangelischer Philosoph und Theologe, Pädagoge und Prediger. Vier Bände *Predigten* erschienen in Berlin 1806–1820. Die *Gesammelten Werke* Schleiermachers, die seit 1835 in Berlin erschienen, enthalten zehn Bände Predigten.
[6] *Die Brüder Karamasow* gehören zu Dostojewskis großen Romanen. Zur Zeit dieses Briefes gab es in deutscher Übersetzung eine einbändige Ausgabe, 1914 bei Piper in München erschienen.
[7] Selma Lagerlöf, geb. 20. 11. 1858 auf Gut Marbacka in Värnland, gest. 16. 3. 1940 ebd. Selma Lagerlöf erhielt 1907 den Nobelpreis für Literatur, 1914 wurde sie (als erste Frau) Mitglied der Schwedischen Akademie in Stockholm; die *Christuslegenden* erschienen 1904, deutsch in München 1912.
[8] Bücher der Rose: eine damals verbreitete Buchreihe schöngeistiger Thematik. Vermutlich meint Edith Stein Bd. 20: *Ein Jahrtausend geistlicher Dichtung,* hg. von Will Vesper, Ebenhausen 1914.
[9] Vermutlich der amerikanische Präsident Wilson, mit dem die deutsche Regierung seit dem 5. Oktober in Waffenstillstandsverhandlungen stand. Deutschland bezog sich dabei auf das von Wilson am 8. 1. 1918 vorgelegte sog. Vierzehn-Punkte-Programm, das unter Nr. 13 auch ein unabhängiges Polen, unter Nr. 14 die Bildung eines Völkerbundes vorsah. Seine Friedenspläne wurden später von der Entente nur zu einem geringen Teil übernommen.
[10] Gerhart Husserl, ältester Sohn von Edmund und Malvine Husserl, geb. 22. 12. 1893 in Halle, gest. 9. 9. 1973 in Freiburg, beigesetzt im Grab seiner Eltern in Freiburg-Günterstal. Sein jüngerer Bruder Wolfgang war am 8. 3. 1916 20jährig vor Verdun gefallen.
[11] Elisabeth Husserl, Schwester von Gerhart und Wolfgang.

54

18. X. 18.

Lieber Herr Ingarden,

einen herzlichen Gruß möchte ich Ihnen heute nur schicken. Morgen siedle ich zu Husserls über, wo es gegenwärtig ziemlich übel aussieht. Der Meister liegt seit über 8 Tagen an einer nicht ganz leichten Grippe darnieder und braucht viel Pflege (Besorgniserregend sieht die Sache aber nicht aus). Gerhart liegt schwer verwundet in Jena und telegraphiert täglich um Besuch. Und Frau Husserl ist ohne Dienstmädchen. Elli[1] wird also morgen nach Jena reisen, und ich werde sie im Hause vertreten. Hier bei mir ist übrigens auch die ganze Familie[2] krank. Wenn ich mich nur jetzt noch 8–14 Tage halten könnte! Wenn der Meister wieder gesund ist, will ich ja gern mich in das Unvermeidliche fügen. – Vor einigen Tagen war Hans Lipps endlich da. Nachdem die Zeit, für die er sich in seinem letzten Brief angekündigt hatte, schon wieder längst verstrichen war, kam er eines Morgens ganz unverhofft hereinspaziert und blieb bis zum Abend da. Das war doch mal ein Lichtpunkt in dieser schrecklichen Zeit. Trotz allem, was er durchgemacht hat in den letzten Monaten, sieht er ganz prächtig aus, und es geht ihm auch gut – wenn er auch nicht mehr *ganz* so unberührt von allem Weltgeschehen ist wie sonst. Die Bewegungsarbeit und einiges andere, wofür ihm hier die Zeit zu schade war, habe ich ihm nach Dresden[3] mitgegeben. Damit schließt er sich jetzt ein und läßt sonst nichts an sich herankommen. Ich will den Brief heut nicht mit Politik belasten, denn ich möchte doch gern, daß Sie ihn kriegen. Aber ich warte sehr auf ein paar Worte von Ihnen. Auf ein Zeichen, daß Sie nicht so endlos weit weg sind, wie es mir manchmal scheinen will.

Herzlichst
Ihre
Edith Stein.

Ob wohl mein Brief vom 12. X. ankam? Es ist mir, als hätte ich ihn mit unvollständiger Adresse abgeschickt.

[1] Elisabeth Husserl.
[2] Familie ihrer Hauswirtin Theresia Keller, Zasiusstr. 24.
[3] Dort war Lipps zu Hause.

55

Postkarte
Herrn Dr. Roman Ingarden
Lublin (Königreich Polen)
Wieniawska 12/III.

Poststempel: Freiburg (Breisgau) 26.10.18

25.X.18. Lorettostr. 40.

Lieber Herr Ingarden, Sie werden doch wissen wollen, daß es dem Meister wieder gut geht. 12 Tage hat er hoch gefiebert, jetzt ist er seit 2 Tagen fieberfrei, natürlich noch etwas matt und angegriffen, aber sichtlich auf dem Wege zur völligen Besserung. Es waren doch ein paar schlimme Tage. Ich bin vorläufig mit meinem üblichen Katarrh davon gekommen, den Sie mehrmals kennen gelernt haben und durch den ich mich bekanntlich in nichts stören lasse. Übermorgen wird wohl Elli wiederkommen, dann kann ich mich wieder zurückziehen. Warum schreiben Sie gar nicht? Gibt es wieder mal innere Hemmungen?

Viele herzliche Grüße
Ihre Edith Stein

56

29.X.18.

Lieber Herr Ingarden,

Ihre beiden Karten vom 19. und 21.X. habe ich erhalten und danke Ihnen dafür. Ich fühle Sie wieder in greifbarer Nähe, und das tut gut. Lieber wäre mir's freilich noch, wenn ich auch den Brief hätte, den Sie nicht abschickten! Ich bin verhältnismäßig ruhig jetzt. Aber man steht wie vor einem gewaltigen Trümmerhaufen[1] und ist noch etwas ratlos, was man anfangen soll. Man weiß schon, daß man sich nicht darauf niederlegen und einschlafen darf, daß man ein neues Haus daraus bauen muß – aber wie, das ist einem noch ganz schleierhaft. Da guckt man sich um, wer wohl noch da ist, der einem helfen könnte nachzudenken und mit Hand anlegen möchte. Und es ist mir eben jetzt sehr schwer, daß niemand von denen bei mir ist, mit denen ich mich innerlich zusammengehörig fühle. Der einzige Mensch, der mir hier wirklich nahe steht – der Meister –, fällt über Personen und Einrichtungen[2], die er früher über Gebühr gepriesen hat, erbarmungslose Urteile, daß ich es kaum anhören kann. Denn ich fühle mich doch verwachsen mit dem, was jetzt zusammengebrochen ist, trotzdem ich in Opposition gegen das „System" groß geworden bin und ihm niemals so kritiklos gegenüber gestanden habe wie er. Und sicherlich ist es nicht das Wahre, wenn man plötzlich seiner ganzen Geschichte den Rücken kehrt. Wenn man nur schon etwas klarer sehen könnte! Man ist ja noch wie betäubt[3]. – Es scheint mir, daß es für mich persönlich ganz gut sein wird, wenn ich von Freiburg fortgehe, obgleich ich mich ursprünglich nur unter einem gewissen äußeren Zwang dazu entschlossen habe. Eine Zeit lang war das Einsiedlerleben sehr heilsam für mich, und mit manchen Dingen hätte ich auf andere Weise wohl nicht fertig werden können. Auf die Dauer ist es aber nichts damit. Zu Hause trifft man jetzt schon große Vorbereitungen für meine Heimkehr. Bis Semesterschluß werde ich aber doch noch hier aushalten, wenn keine unvorhergesehenen Ereignisse eintreten. In den nächsten Wochen muß ich vor allem meine Arbeit abschließen[4]. Die 10 Tage Hauswirtschaft und Krankenpflege haben mich natürlich gänzlich aus allem herausgerissen, und es kostet jetzt einige Mühe, wieder die nötige Konzentration aufzubringen. Haushalt und Philosophie taugen doch nicht zusammen. Frau Husserl hat allerdings konstatiert, daß ich ein recht brauchbares Dienstmädchen bin und die Philosophie an den Nagel hängen sollte. Aber von Natur aus gehöre ich doch entschieden zum Geschlecht der Grillen und lasse viel lieber eine paar brave Ameisen für mich sorgen, als daß ich mich selbst mit der leidigen Praxis befasse. Der Meister ist nun schon außer Bett, aber es wird noch ein Weilchen dauern, bis er wieder an Arbeit denken kann. Frau Husserl hat ihn wirklich aufopfernd gepflegt, und das hat mich mit manchem ausgesöhnt, was einem sonst auf die Nerven fiel. Aber was weht in dem Hause für eine kleinbürgerliche Luft! „Weht" ist übrigens ein schlechtes Bild, denn es fehlt ja gerade alle Bewegung. Und was ist der Meister für ein ganz wunderbares Wesen. Ich kenne ihn doch nun so gut, daß mich nichts mehr überraschen sollte – und doch bin ich immer aufs neue betroffen. –

Was machen Ihre Zukunftsaussichten? Ist Warschau schon etwas näher gerückt?

Von Herzen Ihre
Edith Stein.

Ich freue mich auf die Novembernacht![5]

[1] Inzwischen war aufgrund der dritten Note Wilsons von der Abdankung Kaiser Wilhelms II. die Rede; am 27. Oktober hatte Österreich-Ungarn ein Sonderfriedensgesuch an Wilson gerichtet; am 18. Oktober kam es zu ersten Meutereien auf der deutschen Flotte.

[2] Gemeint ist das Deutsche Kaiserreich, vielleicht auch die Donaumonarchie. Der Meister stammte aus Proßnitz in Mähren.

[3] Edith Stein sagt in ihren Erinnerungen (ESGA 1, 240): „Wer im Kriege oder nach dem

Krieg ⟨von 1914/18⟩ herangewachsen ist, der kann sich von der Sicherheit, in der wir bis 1914 zu leben glaubten, keine Vorstellung machen. Der Frieden, die Festigkeit des Besitzes, die Beständigkeit der gewohnten Verhältnisse waren uns wie eine unerschütterliche Lebensgrundlage:" Als sie den vorliegenden Brief schrieb, mußte es ihr klar geworden sein, daß der Zusammenbruch alles Bisherigen unmittelbar bevorstand.

[4] Hier ist vermutlich die Abhandlung *Psychische Kausalität* gemeint, die für Husserls Festschrift bis Weihnachten fertig sein sollte.

[5] Drama *Die Novembernacht* (1904) des polnischen Schriftstellers Stanisław Wyspiański, geb. 15.1.1869 in Krakau, gest. 28.11.1902 ebd., das Ingarden ihr schicken wollte.

57

5. XI. 18.

Lieber Herr Ingarden,

wenigstens versuchen möchte ich es, Ihnen noch einmal ein paar Worte zu sagen, bevor die Verbindung zwischen uns ganz aufhört[1]. Viel Hoffnung habe ich allerdings nicht, daß sie noch bis zu Ihnen gelangen. Sie können sich denken, daß mir nicht sehr wohl ist bei der Aussicht, auf unbegrenzte Zeit ganz von Ihnen abgeschnitten zu werden. Aber wenn es auch oft quälend für mich war und weiter sein wird, daß vieles unausgesprochen und ungeklärt bleiben mußte, so habe ich doch im Grunde die feste Zuversicht, daß uns innerlich nichts trennen kann und daß wir uns immer verstehen werden, wenn wir wieder zusammenkommen. Das muß mir über diese Zeit hinweghelfen. Wenn noch eine Möglichkeit besteht, Nachricht zu geben, dann tun Sie es bald, nicht wahr? Ich möchte doch natürlich wissen, ob und wie Sie persönlich von den Ereignissen betroffen werden. Ich werde, wenn wir nicht bald zum Abschluß eines Waffenstillstands[2] kommen, nach Hause reisen. Denn nach der Auslieferung der böhmischen und polnischen Eisenbahnen ist ja Schlesien unmittelbar bedroht, und ich will dann natürlich dort sein.

Denken Sie an mich, auch wenn ich Ihnen nicht mehr schreiben kann. Meine herzlichsten Wünsche begleiten Sie stets,

Ihre
Edith Stein.

[1] Vermutlich eine Befürchtung infolge des zwischen der Donaumonarchie und den Alliierten am 3. 11. in Kraft getretenen Waffenstillstandes.

[2] Am 11. 11. im Wald von Compiègne erzwang der französische Feldmarschall Ferdinand Foch, der seit März den Oberbefehl über sämtliche alliierten Truppen innehatte und auch Leiter der Waffenstillstandskommission war, die Annahme aller Bedingungen, die der Deutschen Regierung gestellt wurden.

58

Postkarte
Herrn Dr. Roman Ingarden
Lublin (Königreich Polen)
Wieniawska 12.

Poststempel: Sagan[1] 12.11.18

12.XI.18.

Ich bin unterwegs nach Breslau. Ganz plötzlich habe ich mich zur Abreise entschlossen, teils zur Beruhigung meiner Mutter, teils weil ich die Revolution[2] nicht gerade in Freiburg miterleben wollte, obgleich sie sich auch dort ordnungsgemäß vollzogen hat. Gestern erhielt ich Ihre Karte vom 30.X. Aber ob jetzt die Verbindung noch besteht? Dann schreiben Sie, bitte, bald. Lipps ist in Göttingen und will Ostern Examen machen[3]. Viele herzliche Grüße

Edith Stein.

Breslau X
Michaelisstr. 38.

[1] Stadt in Niederschlesien, Umsteigestation auf der Strecke Freiburg-Breslau.
[2] Novemberrevolution: Am 9.11. hatte der Reichskanzler Prinz Max von Baden die Abdankung des Kaisers und des Kronprinzen verkündet. Am selben Tag rief der Sozialdemokrat Scheidemann die Republik aus. Am 10.11. übernahm ein Rat von Volksbeauftragten (je drei Mitglieder der SPD und der USPD) die Staatsgewalt; Prinz Max übertrug das Amt des Reichskanzlers an Friedrich Ebert.
[3] Tatsächlich legte Hans Lipps Ostern 1919 das medizinische Staatsexamen ab.

59

Postkarte
Herrn Dr. Roman Ingarden
Lublin i. Polen
Wieniawska 12/III.

Poststempel: Breslau 18.11.18

Michaelisstr. 38. 18.XI.18[1].

Lieber Herr Ingarden, Ihre Karten vom 30.X. und 1.XI. habe ich noch bekommen. Es ist sehr merkwürdig, von so friedlichen Dingen wie Ihrer Arbeit zu hören. Ich möchte meine ja auch sehr gern zum Abschluß bringen, ich komme aber vorläufig sehr wenig dazu, weil ich mich hier gleich kopfüber in die Politik gestürzt habe[2]. Wenn ich wüßte, daß meine Nachrichten in Ihre Hände gelangen, würde ich wieder mal ausführlich schreiben. Aber für Briefe, die Sie nicht erreichen, ist die Zeit jetzt wirklich zu kostbar. Recht herzliche Grüße

Ihre Edith Stein

[1] Am 13.11.1918 ist Edith Stein in Breslau wieder polizeilich gemeldet.
[2] Nach dem Sturz des Kaisertums und aller deutschen Fürsten stand der Rat der Volksbeauftragten, mit Friedrich Ebert als Reichskanzler, vor der Aufgabe, eine demokratische Republik aufzubauen. Edith Stein wollte nicht untätig zuschauen, wie der folgende Brief zeigt.

60

Breslau 30. XI. 18.

Lieber Herr Ingarden, heute habe ich Ihre Karte vom 25. bekommen. Ich bin sehr froh darüber, denn ich hatte schon damit gerechnet, daß ich nie mehr etwas hören würde. Wie ich Ihnen schon schrieb, bin ich sehr durch politische Dinge in Anspruch genommen. Ich habe mich der neugebildeten Deutschen demokratischen Partei[1] angeschlossen, es ist sogar möglich, daß ich demnächst hier in den Parteivorstand gewählt werde. An den „Errungenschaften der Revolution“ kann ich freilich vorläufig noch keine Freude haben, ich gehöre nicht zu denen, die leichten Herzens einen Strich durch ihre ganze Vergangenheit machen. Aber der Zusammenbruch des alten Systems hat mich davon überzeugt, daß es überlebt war, und wer sein Volk lieb hat, der will natürlich mithelfen, ihm eine neue Lebensform zu schaffen, und wird sich nicht einer notwendigen Entwicklung entgegenstemmen. Außer der Parteigründung beschäftigt mich die Aufklärungsarbeit, die notwendig ist, um die Frauen Wahlen heranzukriegen.[2] Beides dient zunächst zur Vorbereitung der Nationalversammlung[3], die ja für uns jetzt die Lebensfrage ist. Die Vielgeschäftigkeit schützt vor trüben Gedanken. Denn wenn ich mal zur Ruhe komme, dann wollen mir immer Zweifel aufsteigen, ob es denn für uns – so ausgeblutet, wie wir jetzt sind – überhaupt noch eine Zukunft geben kann. Übrigens versuche ich, mir täglich wenigstens einige Stunden für philosophische Arbeit zu retten, weil ich so ein Leben der absoluten Dekonzentration auf die Dauer einfach nicht aushalten würde.

Von Pfänder habe ich noch keine Nachricht, wie es jetzt mit der Festschrift wird. Aber ich denke, der Druck wird sich doch ermöglichen lassen, da die Druckereien jetzt um Arbeit bitten. Schicken Sie mir nur recht bald Ihre Arbeit zur Durchsicht. – Nun bitte ich Sie noch *dringend*, mir bald mal ausführlich über die Verhältnisse in Polen zu schreiben. Zensur besteht offenbar nicht mehr, außerdem kann es auf beiden Seiten nur begrüßt werden, wenn eine glaubwürdige Nachricht hergelangt. Ich kann mir durchaus kein Bild davon machen, was eigentlich bei Ihnen vorgeht. Hier hört man nichts als geradezu furchtbare Gerüchte über die Behandlung der zurückkehrenden Deutschen. Die neue Regierung[4] streut natürlich solche Gerüchte *nicht* aus, sondern ist daran interessiert und bemüht sich auch, sie zu unterdrücken. Es sind Erzählungen von Leuten, die selbst aus Polen kommen und auf der Heimreise völlig ausgeplündert, beschimpft und mißhandelt worden sind. Sie können sich auch wohl denken, wie in meiner nächsten Umgebung die polnische Agitation in Oberschlesien[5] beurteilt wird. Das Elternhaus meiner Mutter steht dort, in dem auch noch meine Generation ihre Heimat sah, und meine Verwandten erklären es als selbstverständlich, daß sie auswandern würden, wenn Oberschlesien tatsächlich von Deutschland losgerissen würde[6]. Ich habe bisher noch niemals einen Vorwurf ausgesprochen und mich immer bemüht, so gut es ging, alles verständlich zu machen. Aber wüßten Sie selbst eine Verteidigung für den Lemberger Judenmord?[7] Es sieht doch unleugbar so aus, als ob jetzt, wo unsere Macht zusammengebrochen ist, alles erbarmungslos über uns herfiele, um ja auch noch das letzte bißchen Leben zu ersticken. Daß wir selbst gesündigt haben, weiß ich, und ich betone immer, daß wir kein Recht haben, uns zu beklagen. Aber gerade, wenn man sich in die Lage der andern versetzt, muß man doch sagen, daß man es in ihrem eigenen Interesse nur aufs tiefste beklagen muß, wenn sie den erlittenen Schaden mit Zinseszins vergelten und sich durch solche Abscheulichkeiten besudeln. Sie können sich denken, wie ich persönlich – ganz abgesehen von allgemeinen Gesichtspunkten – unter all dem leide. Ich schreibe Ihnen das nicht, um mir durch Anklagen und Vorwürfe Erleichterung zu verschaffen, sondern weil ich sehnlichst wünsche, eines Besseren belehrt zu werden. Also, schreiben Sie mir bald. Bis jetzt habe ich Ihren Zeitmangel durchaus respektiert, aber in diesem Falle lasse ich ihn nicht als Entschuldigung gelten. Zeit fehlt einem immer nur für das, was einem nicht wichtig genug ist.

Mit herzlichen Grüßen
Ihre
Edith Stein.

[1] Mitbegründer dieser im November 1918 entstandenen Partei war der Sozialpolitiker Friedrich Naumann (geb. 25.3.1860 in Leipzig, gest. 24.8.1919 in Travemünde). Er gilt als der maßgebende Verfasser des Parteiprogramms, das eine parlamentarische Demokratie und Sozialreformen forderte. Die DDP erhielt auf der Nationalversammlung 18% der Sitze und bildete mit der SPD und dem Zentrum die Regierungskoalition.

[2] Bei den allgemeinen und freien Wahlen zur Nationalversammlung hatten erstmalig auch

die Frauen aktives und passives Stimmrecht. Vgl. *Die Verfassung des Deutschen Reichs vom 11. August 1919,* Art. 22 u. 109.

[3] Die Weimarer Nationalversammlung verabschiedete im August 1919 die neue Verfassung und konstituierte das Deutsche Reich als demokratisch-parlamentarische und föderative Republik.

[4] Gemeint ist die – provisorische – Regierung des Rats der Volksbeauftragten, an dessen Spitze Friedrich Ebert stand.

[5] Der Versailler Vertrag hatte vorgesehen, in Oberschlesien, wo eine national-gemischte Bevölkerung aus Deutschen und Polen lebte, Abstimmungen vorzunehmen. Dadurch fielen 1921 Teile Oberschlesiens an Polen, auch das Gebiet, in dem Lublinitz, die Heimat der Familie Courant, liegt. Vgl. dazu ESGA 1.

[6] So geschah es: Die Verwandten Edith Steins zogen in deutsch gebliebenes Gebiet. Alfred Courant, der Inhaber des elterlichen Hauses und Geschäftes, verkaufte das Anwesen und zog mit seiner Familie nach Oppeln; einige andere Familienangehörige nach Breslau und Berlin. Das Familienhaus der Courants in Lublinitz steht heute noch. Die Hausinschrift „S⟨alomon⟩ Courant" wurde zwar übermalt, war aber später, als die mangelhafte Übermalung abgebröckelt war, noch deutlich zu lesen; sie ist heute – weithin sichtbar – wiederhergestellt. Die Edith-Stein-Gesellschaft Lublinitz ist jetzt Eigentümerin des Anwesens und hat das Haus als Gedenkstätte für Edith Stein und ihre Vorfahren eingerichtet, mit Dauerausstellung, Bibliothek und dem noch teilweise vorhandenen damaligen Mobiliar.

[7] Zum Lemberger Judenmord vgl. *Jüdisches Lexikon. Enzyklopädisches Handbuch des jüdischen Wissens in vier Bänden,* Berlin 1927, hg. von G. Gerlitz und B. Kirschner, Artikel „Lemberg": „Der Weltkrieg zerstörte für lange Zeit das jüdische Leben in L⟨emberg⟩: die meisten Bürger flohen vor den Russen, ließen Hab und Gut zurück und nahmen in Wien oder Mähren ihren Wohnsitz; viele von ihnen kehrten nicht mehr zurück. An ihre Stelle traten die Flüchtlinge aus den von den Russen verbrannten Provinzstädten, so daß die jüdische Bevölkerung zu einem großen Teil umgeschichtet wurde. Nach dem Untergang der österreichischen Monarchie begann der Kampf zwischen Polen und Ukrainern um den Besitz der Stadt, bei dem die Juden, die sich neutral erklärten, furchtbar gelitten haben. Noch stehen manche verbrannten Häuser rings um die vorstädtische Synagoge, und eine lange Reihe von Leichensteinen auf dem neuen Friedhof zeugt von den schrecklichen Novembertagen 1918."

61

7. XII. 18.

Lieber Herr Ingarden,

heute erhielt ich Ihre Karte vom 30. XI. Das ist gar nicht schön von Ihnen, daß Sie immerfort krank sind. Ich bin sehr unzufrieden mit Ihnen. – Was die VI. Untersuchung[1] anlangt, so wollte ich Ihnen schon immer vorschlagen, ob wir sie nicht zusammen machen wollen. Unter einigermaßen normalen Verhältnissen hätte ich Sie gebeten, Weihnachten herzukommen. So wie die Dinge jetzt liegen, möchte ich aber doch – selbst wenn die Reise sich ermöglichen ließe – in Ihrem Interesse darauf verzichten, Sie so bald zu sehen. Wenn Sie auch in meinem Hause vor jeder Kränkung sicher wären, so wird es im allgemeinen doch sehr viel schöner für Sie hier sein, wenn die Verhältnisse sich etwas geklärt haben. Übrigens werde ich voraussichtlich aus dem Nachlaß von Moskiewicz die 1. Aufl. der Log⟨ischen⟩ Unt⟨ersuchungen⟩ bekommen können. Sie dürfen also mein Exemplar ganz behalten, und ich bitte Sie, es als Weihnachtsgeschenk zu betrachten, da ich Ihnen ja jetzt schlecht etwas anderes schicken kann. Den 1. Band bekommen Sie nachgeliefert, wenn Sie und meine Bücher hier sind. – Schrieb ich Ihnen schon, daß Lipps nach seinem Urlaub nach Göttingen gehen durfte, um sich aufs Staatsexamen vorzubereiten? Einige Sorge habe ich um Hering. Man liest von vielen Ausweisungen aus dem Elsaß. Er stammt zwar aus einer französisch gesinnten Familie, ist doch aber selbst als Kriegsfreiwilliger draußen gewesen. Und Kaufmann steckt wohl auch noch in der Ukraine. – Gute Besserung!

Herzlichst Ihre
Edith Stein.

[1] Die 1. Auflage der *Logischen Untersuchungen* erschien in Halle (1. Band 1900, 2. Band 1901). – Die 2. Auflage kam 1913 ohne die VI. Untersuchung heraus, weil Husserl mit seiner eigenen Umarbeitung nicht zufrieden war. Sie erschien 1921 als eigener Bd. II/2 der *Logischen Untersuchungen.* Die 3. Auflage des gesamten Werkes erschien 1922. – Im Gegensatz zu Edith Steins Eindruck als Anfängerin in Göttingen, der 2. Band habe den ersten nicht nur an Umfang, sondern auch an Bedeutung „bei weitem" übertroffen (vgl. ESGA 1, 198, Anm.), ist heute festzustellen, daß sich gerade der 1. Band zunächst als der bedeutendere und einflußreichere erwies, während der 2. Band – außerhalb des Kreises der Fachgelehrten – nur schwach rezipiert wurde.

62

10. XII. 18.

Lieber Herr Ingarden, herzlichen Dank für Ihren Brief vom 6. XII. Ich antworte Ihnen gleich (trotzdem ich Sie ja in letzter Zeit schon wieder ungebührlich mit Briefen überschüttet habe), weil doch die Sache mit Ihrer Arbeit drängt. Bitte, lassen Sie *sofort* das 1. Kapitel – oder noch besser, die *beiden* 1. – mit Durchschlag tippen und schicken Sie ein Exemplar, vielleicht als eingeschriebene Drucksache, an mich, ich werde es auf dem schnellsten Wege nach München[1] weiterleiten. Den Termin zu verschieben, würde ich nicht für ratsam halten, die Fortsetzung kann ja im nächsten Jahrbuch kommen. Schade, daß Sie den Nelson[2] nicht bekommen haben. Der dumme Ragoszy[3] sagte mir am Tage meiner Abreise, er hätte schon Ihre Bestätigung! Die beiden Wyspiańskis habe ich am 4. XI. etwa bekommen und Ihnen umgehend dafür gedankt. Wahrscheinlich ist die Karte verloren gegangen. Leider sind diese Bücher mit all meinen andern zusammen in Freiburg in der großen Kiste anstatt bei mir. – Nun zur 6. Untersuchung. Der Vorschlag, den ich Ihnen neulich machte, war wohl sehr dumm. Es wird ja doch so bald nicht dazu kommen, daß wir beide zusammen eine Arbeit in Angriff nehmen können. Ich kann mir auch vorläufig schlecht etwas vornehmen. Also, machen Sie sie nur allein. Wenn Sie mich mal etwas fragen wollen, wissen Sie ja, wo ich zu finden bin. – Was Sie über den Meister schreiben, ist sehr richtig. Ich weiß es auch schon lange, daß es so ist, und mag ihn gerade so, wie er ist, und mache ihm gar keinen Vorwurf daraus, daß er sich in der realten Welt nicht zurecht findet. Darin haben Sie mich vielleicht etwas mißverstanden. Nur in einer Zeit, wo mich die Ereignisse aufs heftigste erregten und wo ich das lebhafte Verlangen hatte, mit einzugreifen, konnte ich es in seiner Gesellschaft und überhaupt in Freiburg nicht mehr aushalten.

Auch was Sie von mir sagen, ist im ganzen zutreffend. Gewiß, ich liebe die Realität, aber nicht schlechtweg, sondern eine ganz bestimmte: die menschliche Seele, die der einzelnen und die der Völker. Was Sie „idealisieren" nennen, das hängt vielleicht mehr damit zusammen, daß mir alles Materielle so sehr gleichgültig ist und daß ich daher immer in Gefahr bin, es zu unterschätzen. Die Ideale liebe ich freilich auch, um ihrer selbst willen – denn stark theoretisch bin ich ja doch auch veranlagt – und außerdem als die einzig zuverlässigen Leitsterne unseres Lebens, ohne die wir unrettbar in die Irre gehen, wie es ja in den letzten Jahrzehnten sichtlich geschehen ist. In diesem Sinn bin ich eine unverbesserliche „Idealistin", und meine ganze politische Tätigkeit wird darauf gerichtet sein, den idealen Gesichtspunkten in der Praxis Geltung zu verschaffen. – Was schließlich Ihre eigene Person anlangt, so glaube ich Ihnen kein Wort von dem, was Sie sagen. Und ich möchte Sie – im Gegensatz zu dem, was ich im letzten Briefe schrieb – am liebsten so schnell wie möglich hercitieren, um Ihnen das Gegenteil zu beweisen. Vorläufig aber sehen Sie mal zu, daß Sie wieder ganz gesund werden. Und schreiben Sie mir umgehend, wie es Ihnen geht, wer Sie pflegt und ob Sie einen vernünftigen Arzt haben. Da können Sie mir gleich eine Inkonsequenz nachweisen – als Annex[4] einer menschlichen Seele, auf die man ganz besonderen Wert legt, ist einem halt doch auch das Materielle nicht ganz gleichgültig! – Ich beschäftige mich weiter mit der Abfassung von Flugblättern und ähnlichen Scherzen. Heute abend gibt es eine Versammlung der demokratischen Jugend, die wir innerhalb unserer Partei etwas zusammenfassen wollen. Mein Hauptverbündeter ist ein junger Professor, der in „Kultusmission" in Konstantinopel war und vor einigen Wochen zurückgekommen ist. Wir haben uns bei der Verfolgung der gleichen Ziele zusammengefunden, und er besitzt Energie und Temperament genug, um die Menge mit sich fortzureißen. Vorläufig haben wir durchgesetzt, daß er zum Parteisekretär gewählt wurde, d.h. die ganze Leitung des Parteibüros in die

Hände bekam.[5] Nun haben wir ein Schutz- und Trutzbündnis geschlossen, um auf die Gestaltung der Partei, die ja noch im Werden ist, Einfluß zu gewinnen. Die alten Herren mit den bekannten Namen, die natürlich noch überall an der Spitze stehen, möchten begreiflicherweise in ihrem gewohnten Fahrwasser bleiben, und es kostet immer eine gewaltige Anstrengung, ihnen eine neue Richtung zu geben.

Herzlichste Grüße
Ihre
Edith Stein.

[1] Wo Pfänder Husserls JPPF redigierte. Es bestand damals noch der Plan, zu Husserls 60. Geburtstag als Festschrift einen *Jahrbuch*-Band mit Ingardens Arbeit herauszubringen. Dieser Plan zerschlug sich durch die Ungunst der Zeitverhältnisse.
[2] Buch von Leonhard Nelson, geb. 11.7.1882 in Berlin, gest. 29.10.1927 in Göttingen. Edith Stein schildert in ihren Aufzeichnungen ihre Erfahrungen mit den Vorlesungen dieses Philosophen (ESGA 1, 213 f.).
[3] Nicht ermittelt.
[4] Lat. annexum = Anhängsel, Zubehör; hier wohl in Anspielung auf Husserls Verwendung als Terminus in *Ideen II*, §§ 53–54.
[5] Trotz vieler Bemühungen nicht näher ermittelt.

63

Breslau 27. XII. 18.
Michaelisstr. 38.

Lieber Herr Ingarden, warum habe ich denn nicht einmal einen Gruß zu Weihnachten bekommen? Ich bin in großer Sorge, daß etwas nicht in Ordnung ist. Bitte, schreiben Sie doch wenigstens ein paar Worte! Auch sonst geht es mir nicht gerade gut. Die Politik habe ich satt bis zum Ekel. Es fehlt mir das übliche Handwerkszeug dazu völlig: ein robustes Gewissen und ein dickes Fell. Immerhin werde ich bis zu den Wahlen[1] aushalten müssen, weil es zu viel notwendige Arbeit gibt. Aber ich fühle mich gänzlich entwurzelt und heimatlos unter den Menschen, mit denen ich zu tun habe. Wenn ich mich von all dem Wust freimachen kann, dann will ich versuchen, eine Habilitationsschrift zu machen. In dem „neuen Deutschland" – „falls es ist" – wird ja die Habilitation keine prinzipielle Schwierigkeit mehr machen. Ich würde es zuerst in Breslau probieren, voraussichtlich allerdings mit wenig Glück. Meine Arbeit[2] ist jetzt nach München abgegangen, und ich warte sehnsüchtig auf die Ihre. Pfänder schreibt zwar, daß man ev. die Festschrift im April nur als Manuskript überreichen könnte[3], da es mit dem Druck doch vielleicht nicht klappen wird. Trotzdem wird es nun bald Zeit, daß ich Ihren Beitrag bekomme, wenn ich ihn noch gründlich durchsehen soll. – Bell ist nach seiner Heimat abgereist: Husserl übermittelte mir neulich seine Abschiedsgrüße. Er hofft, im nächsten Sommer zu Besuch nach Deutschland kommen zu können. – Ein Lichtblick in dem allgemeinen Trübsinn ist die Verlobung meiner Schwester mit einem Studienfreunde[4], der eben aus dem Feld heimgekehrt ist. Sie müssen allerdings noch ziemlich lange mit dem Heiraten warten, weil er 4 ½ Jahre verloren hat und jetzt erst mit seiner spezialärztlichen Ausbildung beginnen kann. Aber die Zukunft liegt doch nun einigermaßen klar und gesichert vor ihnen, besonders da meine Schwester sich schon im Januar als Frauenärztin niederlassen wird und begründete Hoffnung auf eine gute Praxis hat. Am Sylvesterabend soll die Sache offiziell gefeiert werden. Wenn mich die guten Leute nur mit dem üblichen Wunsch der „baldigen Nachfolge" verschonen wollten! Vorher habe ich übrigens noch ein paar große Versammlungen hier und eine Vortragsreise in die Provinz zu überstehen.[5] – Ich habe jetzt ein stark phänomenologisch angehauchtes Buch zur Beurteilung da: Naturerlebnis und Wirklichkeitsbewußtsein von Gertrud Kuznitzky[6], einer anscheinend recht begabten und jedenfalls sehr reizvollen jungen Frau, die ich kürzlich kennenlernte. Wenn ich Zeit hätte, könnte ich überhaupt bald einen Kreis von ganz brauchbaren Leuten um mich haben. Hoffentlich wird es in einigen Wochen. – Herzlichste Wünsche zum neuen Jahr und viele Grüße

Edith Stein.

1 Gemeint sind die Wahlen zur Nationalversammlung, die am 19. 1. 1919 stattfanden. Die Nationalversammlung trat im Nationaltheater Weimar zusammen als das verfassunggebende Organ der deutschen Republik. Die in Weimar erarbeitete Verfassung trat am 11. 8. 1919 in Kraft. Für Weimar hatte man sich entschieden aus Sicherheitsgründen; es war, wie auch andernorts, so vor allem in Berlin vor den Wahlen zu Straßenkämpfen gekommen. Edith Stein, die 1919 mehrmals in Berlin war, schreibt, wie sie die Reichshauptstadt damals erlebte (ESGA 1, 180 f): „Berlin […] mit seinen bolschewistischen Unruhen, den Streiks, den Drahtverhauen und Barrikaden in den Straßen …" Was im einzelnen Edith Stein zum Rückzug aus der aktiven Politik bewog, wissen wir nicht. Sie hatte jedoch lebenslang ein besonderes Interesse für politische Entwicklungen und brachte für deren Mißachtung wenig Verständnis auf. Später hat sie in Speyer am Lehrerinnenseminar für die jungen Frauen private Fortbildung erteilt zum Verständnis der tagespolitischen Ereignisse.

2 Der Festschriftbeitrag *Psychische Kausalität.*

3 Pfänders Vorschlag, die geplante Festschrift zunächst nur als Manuskript zu überreichen, wurde verwirklicht. Es waren vier Beiträge, die das Titelblatt folgendermaßen ausweist: 1. Hedwig Conrad-Martius: *Realität*, 2. Hans Lipps: *Identität und Verschiedenheit*, 3. Alexander Pfänder: *Fragmente zur Logik*, 4. Edith Stein: *Psychische Kausalität.* Es folgen sechs weitere Namen mit der Bemerkung: „an der rechtzeitigen Fertigstellung resp. an der Absendung verhindert", nämlich Theodor Conrad, Moritz Geiger, Jean Hering, Dietrich von Hildebrand, Roman Ingarden, Alexander Rosenblum. Ihre Beiträge erschienen zum Teil später in JPPF 4, 5 und 6.

[4] Die Verlobung Erna Steins mit Hans Biberstein wurde am 31. 12. 1918 im Hause Stein in Breslau gefeiert. Hans Biberstein, geb. 4. 12. 1889 in Laurahütte/Oberschlesien, gest. 21. 11. 1965 in New York, machte seine fachärztliche Ausbildung als Hautarzt in Berlin. Das Paar heiratete am 5. 12. 1920. Vgl. ESGA 1, 185–188.

[5] Über die „großen Versammlungen" und die „Vortragsreise in die Provinz" konnte bisher nichts Näheres ermittelt werden.

[6] Gertrud Kuznitzky, *Naturerlebnis und Wirklichkeitsbewußtsein*, Breslau 1919. Eine ausführliche Besprechung dieses Buches aus der Feder Edith Steins erschien in den *Kant-Studien* (XXIV/4, S. 492 ff.). Gertrud Kuznitzky (später Koebner) geb. Elkas (1889–1976 London) lernte Edith Stein im Herbst 1918 durch Vermittlung des Breslauer Philosophen Julius Guttmann kennen. Erinnerungen von Gertrud Koebner, niedergeschrieben am 22. 6. 1962, befinden sich im Edith-Stein-Archiv des Kölner Karmel (G I Ko/62 9). Edith Stein erwähnt diese Freundin als ihr sehr nahestehend im Brief an Petra Brüning OSU vom 3. 10. 1936 (ESGA 3, Nr. 481). Gertrud Koebner erhielt in Breslau private Einführungskurse in Phänomenologie.

64

Postkarte
Herrn Dr. Roman Ingarden
Lublin i. Polen
Wieniawska 12.

Poststempel: Breslau 2. 1. 19[1].

2. XII. 19

Abs.
Dr. E. Stein
Breslau X
Michaelisstr. 38.

Lieber Herr Ingarden, seit fast 4 Wochen habe ich keine Nachricht von Ihnen, und die letzte sagte, daß Sie krank sind. Ich *bitte dringend* um ein Lebenszeichen. Wenn Sie wüßten, wieviel böse Geister gegenwärtig an meinen Nerven zupfen, würden Sie mir gewiß keine solche Geduldsprobe zumuten.

Herzlichst Ihre
Edith Stein.

[1] Das Datum des Poststempels ist deutlich zu lesen. Die Monatsangabe Edith Steins muß ein Versehen sein, denn gemäß Br. 62 war Ingardens letzte Nachricht vom 6. 12. 1918; bis zum 2. 1. 1919 waren also „fast 4 Wochen" vergangen.

65

Breslau, 16.9.19.
Michaelisstr. 38.

Lieber Herr Ingarden,

heute erhielt ich Ihren Brief vom 1. d.M., das erste Lebenszeichen seit vielen Monaten. Vor allem meine herzlichsten Wünsche für das neue Leben, das Sie begonnen haben. Die Tatsache kam mir insofern völlig überraschend, als Sie mir – entgegen Ihrer Annahme – niemals ein Wort über Ihre Frau gesagt haben.[1] Daß es aber noch einmal ein solches neues Leben für Sie geben würde, das habe ich eigentlich immer erwartet, und wenn es Ihnen das bringt, was ich für Sie erhoffe, so wird niemand froher darüber sein als ich. Meine Freundschaft für Sie bleibt natürlich unverändert. Was das andere angeht, das noch daneben bestanden hat, so wäre es mir lieb, wenn Sie es ganz in sich begraben könnten und auch die Briefe verbrennen wollten[2], die Sie etwa noch von mir besitzen. Ich spreche das nur als *Wunsch* aus. Wenn Sie glauben, daß eine solche Verschwiegenheit mit den Forderungen einer idealen Ehe nicht vereinbar ist, so kann und soll er Sie nicht binden. –

Nun eine gedrängte Übersicht über den Stand der Phänomenologie und das Ergehen der Phänomenologen. Die Festschrift ist zu Husserls Geburtstag nur im Manuskript überreicht worden, und es wird wohl noch einige Monate dauern, bis sie gedruckt wird. Es wäre sehr schön, wenn Ihr Beitrag doch noch hineinkäme. Könnten Sie sich nicht entschließen, doch noch einmal ein Exemplar abzuschicken? Mit dem Druck von Reinachs Schriften, den ich kürzlich mit Niemeyer mündlich beraten habe, sollen wir auch noch bis Anfang 1920 warten, da Arbeits- und Papierverhältnisse jetzt noch sehr schwierig sind. – Dem Meister geht es sehr gut, er hat jetzt eine glänzende Lehrtätigkeit, mehrere 100 Hörer im Kolleg und große Seminare. Nur mit wissenschaftlicher Arbeit ist wohl nicht viel los, da er dies Jahr Dekan ist (stellen Sie sich das vor!) und durch die Zwischensemester[3] noch doppelt viel zu tun hat. Lipps hat im Sommer sein medizinisches Staatsexamen gemacht und möchte sich jetzt gern als Philosoph in Freiburg habilitieren[4]. Husserl hat nichts dagegen, plagt ihn aber vorläufig noch mit allerhand Aufgaben, die er vorher lösen soll, z.B. eine Kritik von Linke[5]. Hering[6] ist jetzt Franzose und hält sich meist zu Studienzwecken in Paris auf. Kaufmann mußte seine Studien so ziemlich wieder da aufnehmen, wo er sie 1914 abgebrochen hatte, und befindet sich nicht allzu wohl. Bell hat sich nach seiner Entlassung aus Ruhleben[7] in ganz aufopfernder Weise darum bemüht, uns etwas bessere Bedingungen zu erwirken[8], und hat auch jetzt noch nicht die Hoffnung aufgegeben, in England etwas ausrichten zu können. Ich sprach ihn in den letzten Monaten mehrfach in Berlin[9], Breslau und Göttingen, und diese Stunden zählen zu den wenigen erfreulichen Eindrücken, die ich in der letzten Zeit zu verzeichnen habe. Damit wäre ich bei meiner Wenigkeit angelangt und will Ihnen zwecks Wiederherstellung der abgerissenen Fäden noch einen detaillierten Bericht über mein Befinden geben: körperlich wie immer ausgezeichnet; geistig bei genügendem Energieaufwand ganz leidlich; seelisch äußerst schwankend, aber nie ganz schlecht; psychisch (was Sie sich aus meiner Terminologie in die gewöhnliche Redeweise mit „Nerven" übersetzen können) dauernd miserabel. Mein Beitrag zur Festschrift hat sich indessen um eine 2. Abhandlung über „Individuum und Gemeinschaft" vermehrt (Niederschlag der politischen Betätigung, die mich mehrere Monate ganz verschlungen hatte); beide zusammen sollen mir jetzt unter dem Titel „Beiträge zur philosophischen Begründung der Psychologie und Geisteswissenschaften"[10] als Habilitationsschrift dienen. Ob aus der Habilitation etwas wird, ist allerdings noch sehr die Frage. Husserl hat es a limine[11] abgelehnt, es in Freiburg durchzusetzen bzw. durchsetzen zu können. Auf Frau Reinachs Drängen habe ich im letzten Semester in Göttingen[12] unterhandelt und habe auch die Absicht, nächsten Monat dort einzureichen. Der Erfolg ist aber noch sehr zweifelhaft, da die Stimmung in der Fakultät sehr gespalten und vor allem kein zuverlässiger Fachmann da ist. Außerdem habe ich noch Kiel in Erwägung gezogen, weil kürzlich ein Bekannter von mir, der bisher der Breslauer protestantisch-theologischen Fakultät angehörte, als Nachfolger Deussens dahin berufen wurde[13]. Morgen werde ich ihn das erstemal seit meiner Rückkehr aus Göttingen[14] sprechen und dabei hören, ob er glaubt, daß dort eher etwas zu erreichen wäre als in Göttingen. Nun sind Sie wohl genügend orientiert. Ich würde mich freuen, bald und viel Gutes von Ihnen zu hören. Bestellen Sie Ihrer Frau die besten Grüße von Ihrem getreuen Kameraden (Sie haben mir übrigens nicht einmal erzählt, ob sie Philosophin[15] ist) und nehmen Sie selbst herzliche Grüße.

Ihre
Edith Stein.

[1] Ingarden heiratete Dr. Maria Adela Pol (geb. 4.8.1889 in Warschau, gest. 2.1.1979 in Krakau).

[2] Ob Ingarden diesem Wunsch teilweise nachgekommen ist, wissen wir nicht; jedenfalls blieben 162 Karten und Briefe Edith Steins erhalten.

[3] Das eingeschobene Kriegsnotsemester, das vom 4. Februar bis 16. April 1919 dauerte.

[4] Dieser Plan zerschlug sich; Lipps habilitierte sich 1921 in Göttingen mit *Untersuchungen zur Philosophie der Mathematik.*

[5] Zu dieser Linke-Kritik vgl. Rodi-Schuhmann in *Dilthey-Jahrbuch* 6 (1989) S. 55f.

[6] Hering war gebürtiger Elsässer und hatte zunächst die deutsche Staatsangehörigkeit, weswegen er im Ersten Weltkrieg auf deutscher Seite als Freiwilliger kämpfte.

[7] Ingarden nennt das Internierungslager, in dem Bell sich befand, Döberitz (vgl. *Philosophy and Phenomenological Research* XXIII, 2, S. 170, Anm.)

[8] „uns" bedeutet hier Deutschland. Bell versuchte, die anglo-amerikanische Politik in mehr deutschlandfreundlichem Sinn zu beeinflussen.
[9] Mit diesen Treffen in Berlin hängt wohl Edith Steins Bemerkung in ihren Aufzeichnungen (ESGA 1, 181) zusammen: „Während dieses Jahres (1919) hatte ich zweimal einige Tage in Berlin zu tun." Sie besuchte bei diesen Gelegenheiten ihren in Berlin seine fachärztliche Ausbildung absolvierenden Schwager, jedoch gewinnt man den Eindruck, daß dies nicht der Hauptanlaß ihrer Reise war. Es *könnte* ein Zusammenhang bestehen mit dem Umstand, daß in Berlin (Berlin W. 30, Barbarossa-Straße 65) der „Ausschuß der Frauenverbände Deutschlands zur Vorbereitung für die Nationalversammlung" tagte (nach einem von Friedrich Naumann verfaßten Handzettel, in: Anne Mohr/Elisabeth Prégardier, *Politik als Aufgabe*, Annweiler/Essen 1990, S. 84; vgl. S. 88).
[10] Publiziert in JPPF 5, Halle 1922, S. 1–283.
[11] Von vornherein. – Dies im Gegensatz zu dem, was er im Zeugnis für Edith Stein am 6. 2. 1919 geschrieben hatte: „Sollte die akademische Laufbahn für Damen eröffnet werden, so könnte ich sie an allererster Stelle u. aufs wärmste für die Zulassung zur Habilitation empfehlen" (ESGA 2, Nr. 16).
[12] Zu diesem Göttinger Habilitationsversuch vgl. ESGA 2, Nr. 32; auch: Elisabeth Boedeker und Maria Meyer-Plath, *50 Jahre Habilitation von Frauen in Deutschland. Eine Dokumentation über den Zeitraum von 1920–1970,* Göttingen 1974, S. XI u. S. 5 f.
[13] Nachfolger Paul Deussens (geb. 7. 1. 1845 in Oberdreis/Westerwald, gest. 6. 7. 1919 in Kiel) wurde Heinrich Scholz.
[14] Edith Stein kam aus Göttingen nach Breslau zurück am 4. 8. 1919.
[15] Sie war Fachärztin für Augenheilkunde und arbeitete als Schulärztin.

66

Göttingen 11. XI. 19.
Reinhäuser Landstr. 53.

Lieber Herr Ingarden,

heute erhielt ich Ihren Brief aus Breslau nachgeschickt[1]. Sie sehen, ich vergelte nicht Gleiches mit Gleichem – erstens überhaupt nicht und zweitens, weil ich einsehe, daß Ihre Zeit sehr knapp sein muß. Indessen ist meine Arbeit in Göttingen vorschriftsmäßig eingereicht und sehr unvorschriftsmäßig ohne Prüfung abgewiesen worden. Die ganze Komödie kann ich Ihnen nicht schildern, ich will sie Ihnen erzählen, wenn wir uns mal wieder sprechen. Die Aussichten in Kiel sind noch nicht ganz geschwunden. Heinrich Scholz möchte mich sehr gern dorthin haben, aber er fand 3 eingereichte Arbeiten vor, als er nach Kiel kam, und muß sie erst prüfen, ehe er entscheiden kann, ob für mich ein Platz frei bleibt. Und das soll noch bis zum Frühjahr dauern. Ich fahre von hier aus nach Hamburg zu meiner ältesten Schwester[2] und werde bei der Gelegenheit sehen, ob dort eine Möglichkeit ist. Viel Hoffnung habe ich nicht, denn die Philosophie ist dort durch 2 jüdische Ordinarien vertreten (Stern[3] und Cassirer[4]) und bei dem ungeheurlichen Antisemitismus, der jetzt allgemein herrscht, möchte ich Stern nicht darum bitten, nun auch noch mich vorzuschlagen. Wenn er es mir von selbst anbieten wollte, würde ich natürlich nicht nein sagen. Ich kenne ihn ja persönlich sehr gut und werde ihn jedenfalls aufsuchen. Damit ist aber auch alles erschöpft, was ich an „Beziehungen“ aufbringen kann. Und das ist ja das einzig Maßgebende, sachliche Gesichtspunkte sind völlig Nebensache. Daß ich lieber auf die Habilitation verzichte, als Husserl noch einmal darum angehe, können Sie sich wohl denken. Mein Berichterstatter über Freiburger Verhältnisse ist jetzt Kaufmann. Den habe ich sehr zu seinem Vorteil dahin dirigiert. Er leitet die von Lipps begründete philosophische Gesellschaft[5], und das bekommt seinem sehr erholungsbedürftigen Selbstbewußtsein ausgezeichnet. Lipps dagegen hat – wie ich ebenso sicher voraussah – längst das Weite gesucht. Seine Sensibilität ist den Attacken in der Lorettostr. nicht gewachsen. Nun holt er als Schiffsarzt Gefangene von England herüber und beabsichtigt, sobald es geht, in die japanische Armee einzutreten[6].

Nun müssen wir noch über Ihre Reise nach Deutschland beraten. Ich würde mich gewiß herzlich freuen, Sie wiederzusehen (zu Weihnachten bin ich wohl sicher wieder zu Hause), aber ich weiß nicht, ob ich Ihnen mit gutem Gewissen dazu raten kann. Augenblicklich ist der Personenverkehr für 10 Tage ganz gesperrt, und das wird sich in diesem Winter vermutlich noch manchmal wiederholen. Die Fahrpreise betragen mehr als das Dreifache wie vor dem Kriege, und auch die Hotelkosten und dgl. sind enorm. Allerdings in deutschem Geld! Wie die polnische Valuta ist, weiß ich nicht. Für wenige Francs oder Dollars kann man sich jetzt in Berlin tagelang vergnügen, und wenn Sie über dergleichen verfügen, dürften Sie in Deutschland billiger leben als daheim. Also, beraten Sie sich mit einem kundigen Börsianer! (Verzeihen Sie, bitte, diese Verzierung![7])

Literarische Neuerscheinungen von Wichtigkeit sind nicht zu vermelden. Ein Buch von Scheler „Das Ewige im Menschen“ befindet sich im Druck[8]. Wissen Sie übrigens, daß Scheler jetzt Ordinarius an der neuen Universität Köln[9] ist, bei deren Gründung er stark mitgewirkt hat? Ein gutbürgerlicher Professor, beinah ein Bonze – sagt Frau Reinach, die ihn in München gesprochen hat. Politisch steht er natürlich jetzt sehr weit links, Devise „christlicher Socialismus“. – Frau Reinach darf ich wohl einen Gruß von Ihnen sagen. Sie ist jetzt der Mensch, der mir am nächsten steht. Schreiben Sie möglichst bald wieder.

Viele herzliche Grüße
Edith Stein.

[1] Seit dem 17.10.1919 weilte Edith Stein laut polizeilicher Anmeldung wieder in Göttingen.

[2] Else Gordon geb. Stein, geb. 29.6.1876 in Gleiwitz/Oberschlesien, gest. 23.11.1956 in Bogota/Kolumbien, war verheiratet mit dem Hautarzt Max Gordon und hatte drei Kinder:

Ilse, Werner und Anni. Alle konnten sich durch Emigration nach Kolumbien, wo sich Sohn Werner bereits seit längerem eine Existenz aufgebaut hatte, vor den Verfolgungen retten. Zu Ediths Beziehungen zu dieser Schwester vgl. ESGA 1.

3 William Stern, geb. 29.4.1871 in Berlin, gest. 27.3.1954 in Durham/England, Philosoph und Psychologe, Forscher auf dem Gebiet der Kinder- und Jugendspsychologie. – Edith Stein hörte in Breslau Vorlesungen bei Stern und erwähnt ihn öfter in ihren Aufzeichnungen (ESGA 1).

4 Ernst Cassirer, geb. 28.7.1874 in Breslau, gest. 13.4.1945 in New York, erhielt 1919 den Lehrstuhl in Hamburg und emigrierte 1933.

5 Irrtum: Die Freiburger Philosophische Gesellschaft war schon gegründet, als Lipps nach Freiburg kam. Übrigens erlangte sie nie die Bedeutung der Göttinger Gesellschaft.

6 Diese Absicht wurde nicht ausgeführt.

7 An dieser Stelle befindet sich im Original ein großer Tintenklecks.

8 Das Buch erschien in Leipzig 1921.

9 Für das Sommersemester 1918 hatte Scheler einen Ruf als Direktor des Instituts für Sozialwissenschaften in Köln angenommen; anschließend erhielt er ein Ordinariat an der dort neu- (eigentlich wieder-) gegründeten Universität, beides auf Anregung des damaligen Kölner Oberbürgermeisters Konrad Adenauer.

67

Breslau, 15. III. 20.
Michaelisstr. 38.

Lieber Herr Ingarden,

es ist schon wieder eine kleine Ewigkeit, daß ich nichts von Ihnen gehört habe, und ich hoffe nur, es liegen keine andern Gründe vor, als daß Sie Ihre freie Zeit zu Besserem als zum Briefschreiben brauchen. Heute habe ich eine Bitte, die zwar eben jetzt, wo es bei uns wieder ernsthaft kriselt[1], sehr unzeitgemäß ist, die ich aber trotzdem aussprechen will. Setzen Sie eine Reise nach Deutschland auf Ihr Programm! Auszuführen, sobald die Verhältnisse es irgend gestatten. Am liebsten wäre es mir, wenn Sie erst herkämen und dann nach Freiburg fahren könnten. Ich wäre aber auch schon zufrieden, wenn ich Sie nur einmal sprechen könnte, denn ich möchte vieles mit Ihnen beraten. Schriftlich geht es nicht. Nur das eine könnten Sie sich einstweilen überlegen: wie ich baldmöglichst in den Besitz Ihrer Arbeit (für die Festschrift) gelangen könnte. Ich habe neulich seit langer Zeit wieder mal an Pfänder geschrieben, um den Druck der Festschrift in Gang zu bringen, und mich erboten, ihm alle unangenehmen Arbeiten abzunehmen, da ich von Niemeyer[2] weiß, daß er selbst (d. h. Pfänder) sich gar nicht mehr um die Sache kümmert. Antwort habe ich noch nicht. Aber wenn mir Prokura erteilt würde, möchte ich sehr ungern ohne Ihren Beitrag drucken lassen. – Vorläufig steht der Druck von Reinachs Schriften bevor. Endlich! Es muß ein ziemlich hoher Zuschuß bezahlt werden, aber wir sind froh, daß es überhaupt wird. – Aus meiner Habilitation in Kiel wird ebenso wenig etwas wie in Göttingen. Ich richte mich darauf ein, dauernd in Breslau zu bleiben. Wenn die politischen Verhältnisse so geklärt sein werden, daß es einem nicht mehr lächerlich vorkommt, sich für den nächsten Tag etwas vorzunehmen, werde ich vielleicht Anstalten machen, eine private Akademie um mich zu sammeln. Sie sehen, daß ich durch Mißerfolge nicht bescheidener werde.

Mit vielen Grüßen, auch an Ihre Frau,
Ihre
Edith Stein.

[1] Zeitgleich war in Berlin der „Kapp-Putsch" im Gange. Wolfgang Kapp, ein rechtsradikaler Politiker (geb. 24.7.1858 in New York, gest. 16.6.1922 in der Untersuchungshaft in Leipzig) suchte die Reichsregierung zu stürzen, was aber mißlang. Die neugegründete Weimarer Republik litt von Anfang an unter erheblicher Instabilität, da sie unter starkem innen- und außenpolitischen Druck stand. Die Unterzeichnung des Versailler Vertrages, der auf der Pariser Friedenskonferenz unter Ausschaltung Deutschlands zustandekam, und sein Inkrafttreten am 10.1.1920 hatten im Kabinett, unter den Parteien und allgemein in der Bevölkerung Erregung und Unruhen hervorgerufen. Die Abtrennung größerer Teile des Reichsgebietes, die Besetzung des linken Rheinufers für viele Jahre, die untragbaren Reparationslasten bewirkten eine schwere wirtschaftliche und psychische Depression. In Schlesien herrschte außerdem Unruhe wegen der bevorstehenden Abstimmungen über die Abtrennung der wichtigsten Teile Oberschlesiens.

[2] Max Niemeyer, Verleger des JPPF in Halle.

68

Breslau X, 30. IV. 20.
Michaelisstr. 38.

Lieber Herr Ingarden,

herzlichen Dank für Ihren Brief. Ich hatte schon gar nicht mehr damit gerechnet, daß der meine angekommen wäre und ich eine Antwort erwarten könnte. Daß eine Reise nach Deutschland unmöglich ist, bedaure ich, sehe es aber natürlich ein. – Von Pfänder habe ich indessen erfahren, daß die Festschrift-Beiträge auf 2 Jahrbuch-Bände verteilt werden sollen, mit deren Herausgabe er von Husserl beauftragt ist. Der erste mit den Beiträgen von Pfänder, Geiger und Hering (die Wesens-Arbeit)[1], der 2. mit meinem, Ihrem und dem von Frau Conrad[2]. Ich habe Pfänder gebeten, auch die Fortsetzung meiner Arbeit mit aufzunehmen, d. h. alles zusammen, was ich als Habilitationsschrift bestimmt hatte und für diesen Zweck nun nicht weiter zu verwenden gedenke. Darauf ist noch keine Antwort gekommen. Clauss hat Ihnen vermutlich nicht geschrieben, weil er durch sehr unangenehme persönliche Angelegenheiten ganz absorbiert ist[3]. Näheres darüber mag ich nicht schreiben, und Sie werden auch keinen Gebrauch davon machen, daß ich überhaupt etwas erwähnt habe. Im übrigen bin ich seit etwa 4 Monaten ohne Nachrichten von Freiburg. Unser Herr und Meister betrachtet mich offenbar ebenso für erledigt wie früher Frau Conrad[4]. – Wo das Exemplar Ihrer Bergsonarbeit ist, das ich einmal an Bell geschickt hatte, weiß ich auch nicht, aber vielleicht (mit einem großen Fragezeichen) kann ich es ermitteln. Von ihm selbst habe ich lange nichts gehört und weiß nicht, ob er noch in England oder endlich in Kanada ist. Voriges Jahr hatte er seine Sachen in Berlin, Göttingen und London verstreut. Wenn Ihre Arbeit in Göttingen wäre, könnte ich sie von Runges[5] herausbekommen. Und das werde ich natürlich versuchen. Sagen Sie, wie steht es mit dem deutschen Stil Ihrer Jahrbuch-Arbeit? Das hat mir schon manchmal Kopfschmerzen verursacht.

Was Sie von Ihrer akademischen Tätigkeit schrieben, hat mich sehr interessiert. Spaßiger Weise habe ich nämlich auch gerade angefangen, Vorlesungen zur Einführung in die Philosophie auf phänomenologischer Grundlage zu halten. Aber nicht an der Universität, sondern mit eigener venia legendi[6] in meiner Wohnung. Trotzdem ich nichts öffentlich bekannt gemacht habe, sind über 30 Teilnehmer dabei, und ich hoffe, daß ich mir im Laufe der Zeit einen festen Kreis schaffen werde, mit dem man richtig arbeiten kann. Die Habilitationsversuche habe ich nun gründlich satt. Es gehen dabei so viel Zeit und Kräfte drauf, die man besser anwenden kann. – Wäre es nicht ganz praktisch für Sie, die Kantstudien[7] zu halten, um sich über philosophische Neuerscheinungen zu unterrichten? – Wenn Sie mir wieder schreiben – es wird hoffentlich kein halbes Jahr dauern –, so erwähnen Sie, bitte, etwas davon, wie es Ihnen abgesehen von der Wissenschaft geht. Ihr Brief klingt, als gäbe es gar nichts anderes auf der Welt. Und das sieht Ihnen doch so wenig ähnlich.

Viele herzliche Grüße
Ihre Edith Stein.

Eben fällt mir ein, daß man das Freiburger Exemplar Ihrer Bergson-Arbeit vielleicht durch Kaufmann erlangen kann. Ich werde gleich an ihn schreiben.[8]

[1] JPPF 4: Alexander Pfänder: *Logik*, mit einer Widmung zu Husserls 60. Geburtstag; Moritz Geiger: *Fragment über den Begriff des Unbewußten und die psychische Realität*; Jean Hering: *Bemerkungen über das Wesen, die Wesenheit und die Idee*; Roman Ingarden: *Über die Gefahr einer Petitio Principii in der Erkenntnistheorie.*

[2] JPPF 5: Edith Stein: *Beiträge zur philosophischen Begründung der Psychologie und der Geisteswissenschaften* (*Psychische Kausalität* und *Individuum und Gemeinschaft*), mit einer

Widmung zu Husserls 60. Geburtstag; Roman Ingarden: *Intuition und Intellekt bei Henri Bergson*; Dietrich v. Hildebrand: *Sittlichkeit und ethische Werterkenntnis*, mit Widmung an Husserl; Alexandre Koyré: *Bemerkungen zu den Zenonischen Paradoxien*, dem Andenken Adolf Reinachs gewidmet.– Der erwähnte Beitrag von Hedwig Conrad-Martius erschien erst im folgenden JPPF 6, 1923: *Realontologie I. Buch* (§§ 1–250). Die Weiterführung des Festschriftbeitrags *Realität* hatte sich durch Erkrankung verzögert. Eine Fortsetzung (§§ 251–289) erschien in der Festschrift für Husserl 1929 (siehe unten Br. 123), der Abschluß des I. Buches blieb im Manuskript liegen (Nachlaß Conrad-Martius A I 4 und 5).

3 Husserl schrieb am 30. 12. 1920 an Ingarden: „Clauss, … durch viele Miseren gestört, … war in diesem Semester wenig bei uns zu sehen." Clauss' Frau hatte Lipps in eine Vaterschaftssache verwickelt. Vgl. *Daten zu Leben und Werk von Hans Lipps*, in: *Dilthey-Jahrbuch* 6 (1989) (Beiträge zum 100. Geburtstag von Hans Lipps), hg. von Frithjof Rodi.

4 Letzteres bezieht sich vermutlich auf eine Kontroverse über die äußere Form eines von Hedwig Conrad-Martius 1915 für das *Jahrbuch* eingereichten Manuskripts, die Husserl und Pfänder ‚unmöglich' fanden, worauf dann Reinach vermittelte.

5 Bell war mit der Familie des Professors Runge sehr eng befreundet.

6 Lehrberechtigung aufgrund der Habilitation.

7 Philosophische Fachzeitschrift seit 1896.

8 Edith Stein schreibt diesen Brief am 30. 4. 1920, vgl. ESGA 2, S. 147 f, Br. 31.

69

Postkarte
Herrn Dr. Roman Ingarden
Warschau (Polen)
Zlota 41 m. 4.

Poststempel: Breslau 31. 5. 20

Breslau X. Michaelisstr. 38, 31. V. 20.

Lieber Herr Ingarden, als ich gestern von einer kleinen Pfingstreise aus dem Riesengebirge heimkam, fand ich Ihre Karte vor und zugleich einen Brief von Kaufmann[1], in dem er schreibt, daß die Bergson-Arbeit an Sie abgegangen ist. Die Ideen[2] bestelle ich Ihnen direkt bei Niemeyer; ich hoffe, er tut es mir zu Gefallen, und es geht wohl so am schnellsten. Die Schulden müssen Sie dann gelegentlich mal bezahlen kommen.

Herzliche Grüße Edith Stein.

1 E. Husserl, *Ideen zu einer reinen Phänomenologie und phänomenologischen Philosophie*, Halle 1913.

2 Edith Stein beantwortet diesen Brief am 31. 5. 1920, vgl. ESGA 2, S. 58 f, Br. 32.

70

Breslau, 9. IX. 20.
X. Michaelisstr. 38.

Lieber Herr Ingarden,

gestern abend bin ich aus Göttingen heimgekommen. Ihren Brief hatte man mir dahin nachgeschickt. Aber es war ein solcher Betrieb da, daß man keine Ruhe fand zu schreiben. Ich war 6 Wochen dort. Einen Monat habe ich oben auf dem Hainberg[1] residiert, weil ich am Semesterschluß vollständig abgekämpft war und Pflege und Ruhe brauchte. Dann zog ich zur Erleichterung des Verkehrs herunter zu meinem Vetter, dem kleinen Courant[2], der jetzt ein großer Bonze ist. Er ist eben, nachdem er 1 Semester als Ordinarius in Münster war, nach Göttingen auf den Kleinschen[3] Lehrstuhl zurückberufen worden. Es waren viele Phänomenologen da: Frl. Gothe, Lipps, zuletzt Frau Conrad. Und von allen, die nicht da waren, Nachrichten. Von Bell, der jetzt endlich in Canada ist und wohl in absehbarer Zeit eine Professur haben wird; er möchte gern nach Toronto. Von Koyré und Hering, die beide jetzt meist in Paris leben und zu den Ferien in Bergzabern[4] waren, brachte Frau Conrad Grüße. Frau C. kennen zu lernen war eine ganz große Freude. Wir haben uns herrlich verstanden, und ich soll in den nächsten Ferien lange nach Bergzabern kommen. Sie hat jetzt in Göttingen die Einleitung zu Reinachs Schriften verfaßt, ganz wunderschön. Von 6 Bogen habe ich bis jetzt Korrektur gelesen, der Druck geht entsetzlich langsam vorwärts.

Ich habe wieder mal in Göttingen eine Habilitation in die Wege geleitet, aber nicht meine, sondern die von Lipps. Die strategische Leitung liegt diesmal ganz in meiner Hand, und der Plan ist so, daß die garstigen Leute, die mich so schlecht behandelt haben[5], möglichst ausgeschaltet bleiben. Es wird eine Arbeit über die Grundlagen der Mathematik[6] gemacht, so daß es im wesentlichen auf das Votum der Mathematiker ankommt. Courants Berufung kam mir da natürlich sehr erwünscht, er ist bereits für den Plan gewonnen und wird sicher alles prachtvoll machen. Er hofft sogar, wenn auch nicht bald, so doch vielleicht später, mich auch noch anbringen zu können, und das wäre ja dann ein idealer Zustand.

Nun will ich Ihnen aber doch Ihren Brief beantworten. Ich finde, Sie sind unmenschlich fleißig gewesen, und bin sehr gespannt auf die diversen opera. Muß ich die Haupttendenzen der Phänomenologie[7] polnisch lesen? Dann müssen Sie mitkommen! Ihr Festschriftbeitrag wird voraussichtlich Hand in Hand mit dem meinen im V. Band des Jahrbuchs erscheinen, und der soll unmittelbar nach dem IV., der im Druck ist, in Angriff genommen werden. Ihre Bergson-Arbeit wird in diesen Bänden nicht mehr Platz haben. Aber Frau Conrad hat jetzt ihre Naturontologie fertig, und dies beides ergäbe einen VI. Band. Lieber wäre es mir noch, wenn die Sammlung Phänomenologie endlich eröffnet würde[8].

In Freiburg wäre die einzige Anstellung, die ich für Sie wüßte, die als Assistent bei Husserl. Sachlich wäre das recht erwünscht, und wenn Husserl es durchsetzen könnte, daß sie staatlich bewilligt würde, so wäre es eine ganz einträgliche Geschichte. Aber ich denke – vestigia terrent![9] Wie ich meinen freiheitsdurstigen Freund kenne, hielte er es keinen Monat aus! – Fräulein Walthers Adresse kenne ich nicht, weiß nur, daß sie in München ist. Bei Pfänder würde sie wohl ein Brief erreichen. – Schreiben Sie bald wieder mal. Alles Gute und herzliche Grüße

Ihre
Edith Stein.

[1] Waldreiche Erholungsgegend Göttingens, östlich der Altstadt. Wahrscheinlich nahm Edith Stein im Gasthof Rohns Aufenthalt.

[2] Richard Courant, Vetter Edith Steins, Mathematiker, geb. 8.1.1888 in Lublinitz, gest. 27.1.1972 in New Rochelle/USA. Edith Stein hat in ihren Erinnerungen oft über Richard Courant berichtet, vgl. ESGA 1.

[3] Felix Klein, bedeutender Mathematiker, geb. 25.4.1849 in Göttingen, dort gest. 22.6.1925.

[4] In Bergzabern wohnte das Philosophenehepaar Hedwig und Theodor Conrad.

[5] Näheres darüber gibt Edith Stein in einem Brief an Fritz Kaufmann vom 8.XI.19 an (ESGA 2, Nr. 24): „Ich habe schon seit 10 Tagen die Ablehnung schwarz auf weiß in meiner Tasche … Die Sache ist gar nicht vor die Fakultät gekommen, sondern in aller Stille erledigt worden. Als offiziell erscheinen sollenden Bescheid erhielt ich einen Brief …, daß eine ‚Vorkommission' beschlossen hätte, die Sache gar nicht zu prüfen, da die Habilitation für Damen noch immer Schwierigkeiten mache." In diesen Zusammenhang gehört der Brief (ESGA 2, Nr. 26), den Edith Stein an das Preußische Kultusministerium richtete.

[6] Habilitation für Philosophie an der Mathematisch-Naturwissenschaftlichen Abteilung an der Universität Göttingen mit Arbeit über *Untersuchungen zur Philosophie der Mathematik;* Colloquiumsvortrag *Geometrie und Erfahrung;* Probevorlesung *Die Subordination der Organe – Zur Philosophie der Biologie;* venia legendi am 30. Juli 1921 (aus: *Dilthey-Jahrbuch* 6 (1989), S. 14).

[7] *Die Haupttendenzen der Phänomenologie* hatte Ingarden in polnischer Sprache veröffentlicht in der Zeitschrift *Przeglad Filozoficzyn* (Philosophischer Überblick), 1919.

[8] Über die Jahrbuchbände und die darin enthaltenen Beiträge vgl. Br. 68, Anm. 1 u. 2. Die Sammlung Phänomenologie kam nicht zustande.

[9] „Die Spuren schrecken ab". Redensart nach einer Äsopischen Fabel, zitiert bei Horaz (Ep. I 1, 74).

71

9. X. 20.

Lieber Herr Ingarden,

die Post hat ein Einsehen gehabt und mir den Brief mit dieser Nachricht schnell gebracht. Ich acceptiere sie als Geburtstagsgeschenk und freue mich so sehr darüber[1]. Und schreibe unverzüglich, um Ihnen das zu sagen. Nicht wahr, Sie sind kein Rabenvater, sondern fahren recht bald hin! Und dann gibt es gewiß in Zakopane einen Menschen, der die ganze Familie knipsen kann. Das würde mir schrecklichen Spaß machen, wenn ich so ein Bild bekäme. Da ich doch wenig Aussicht habe, die Originale in absehbarer Zeit zu Gesicht zu bekommen. – Es wäre recht schade, wenn Sie von Warschau fort müßten. Ich hatte früher schon immer den Eindruck, daß Sie da eigentlich hingehören. Und es ist doch so wichtig, in der Atmosphäre zu leben, in der man richtig atmen kann. Rosenblum erwähnen Sie so en passant. Schreiben Sie doch mal etwas mehr von ihm. Besonders in Göttingen ist man sehr dankbar für Nachrichten von ihm. Sind nicht auch Lempickis[2] in Warschau? Ich sah ein Buch von ihm in Göttingen, da stand das drin. – Daß auch nur eine Ihrer Arbeiten im Winter herauskommt, halte ich leider für unwahrscheinlich. Noch ist ja der IV. Bd. nicht fertig, und wir beide kommen doch erst in den V. Übrigens habe ich noch nicht von Husserl den Empfang meiner Arbeit bestätigt, die ich ihm im Juli schickte. Ich weiß also gar nicht recht Bescheid. – Wenn Sie nach Freiburg schreiben, dann erwähnen Sie, bitte, nicht die projektierte Habilitation von Lipps. Wir haben von dort Schwierigkeiten zu befürchten und wollen daher erst das gesicherte Faktum bekannt werden lassen. Drücken Sie nur tüchtig den Daumen, daß dies Unternehmen glückt. Das ist jetzt mein sehnlichster Wunsch. Einmal weil Lipps selbst es so brennend gern möchte und es aus den verschiedensten Gründen nötig hat. Dann aber auch, weil es für mich so schön wäre. Ich müßte dann ja unbedingt hin, denn nachdem ich die Geschichte eingefädelt habe, muß ich doch auch dafür sorgen, daß etwas Rechtes daraus wird. Und vorläufig kann ich mir nicht denken, wie Hans Lipps Vorlesungen und Übungen für Anfänger hält. Für Fortgeschrittene, die man ihm vorgebildet hat, wird er es herrlich machen. Wir haben es uns herrlich ausgemalt, wie wir dann Hand in Hand wirken wollen. Und dann müßten Sie uns natürlich auch besuchen. Aber es ist wohl ein zu schöner Traum, um wirklich zu werden. Vorderhand sitze ich hier mit wahnsinnigem Heimweh nach Göttingen und mag gar nicht daran denken, daß Ende des Monats der Betrieb angeht, der mich hier festbindet und es einem verbietet, wenn man mag, auf- und davonzufahren. Die Habilitationsschrift[3] gedeiht indessen prächtig. Ich bekomme sie in Raten von 5 – 10 Seiten zugeschickt, und immer bald die 2. Auflage hinterher, in der die von mir geäußerten Wünsche berücksichtigt sind. Lipps hat eine ganz erstaunliche Begabung. Gerade das, was seine Sachen so schwer zugänglich macht, bildet ihren besonderen Reiz: dieser Blick, der ganz direkt und ohne jede Vorbereitung immer auf die tiefsten Schichten geht. Es tut mir selbst immer weh – ich glaube fast, mehr als ihm – wenn ich ihn mit der Rücksicht auf Darstellung und Publikum plagen muß, was doch aus Zweckmäßigkeitsgründen unbedingt erforderlich ist. – Schrieb ich Ihnen schon, daß ich eine Arbeit über den Staat[4] angefangen habe? Ich bin schon so neugierig, was Sie zu meiner Arbeit im Jahrbuch sagen werden. Ob sie Ihnen besser gefallen wird als die Dissertation.[5] Nach der ist übrigens große Nachfrage, und ich habe schon oft bedauert, daß sie nicht im Buchhandel erschienen ist. Was bin ich doch damals für ein kleines Schaf gewesen! Wenn Sie nicht ein bißchen für mich gedacht hätten, wären ja die entscheidenden Teile überhaupt ungedruckt geblieben. – Da haben Sie nun eine schnelle und ausführliche Antwort. Mit vielen herzlichen Grüßen

Ihre
Edith Stein.

[1] In Zakopane wurde am 1.10.1920 Ingardens erster Sohn Roman Stanislaw geboren.
[2] Zygmont Lempicki, polnischer Germanist; Wanda Lempicka hatte (nach 1910) in Göttingen Psychologie studiert.
[3] Hans Lipps' Habilitationsschrift (1921) galt lange als verschollen. Unlängst wurde jedoch das Manuskript durch Frithjof Rodi aufgefunden und soll zur Publikation vorbereitet werden.
[4] *Eine Untersuchung über den Staat*, in: JPPF 7 (1925), S. 1–123.
[5] *Zum Problem der Einfühlung*, Halle 1917.

72

⟨Breslau,⟩ 6. XII. 20.

Lieber Herr Ingarden,

gerade zum St. Nikolaus-Tag bekomme ich Ihren Brief. Und wenn Sie noch in diesem Jahre Antwort haben sollen, muß ich wohl bald schreiben. Von Husserl hatte ich kürzlich Nachricht über Jahrbuch-Angelegenheiten. Der IV. Bd. erscheint Anfang 1921 und enthält als Letztes Ihre kleine Arbeit. Die großen Sachen, die noch vorliegen, sollen sofort anschließend – wenn möglich in einzelnen Heften – erscheinen. Das sind 1.) meine weiland Habilitationsschrift; 2.) Frau Conrads Naturphilosophie (welche übrigens, soviel ich weiß, manches über die Frage der absoluten und relativen Eigenschaften enthält); 3.) Hildebrands Habilitationsschrift; 4.) Ihre Bergson-Arbeit[1]. In demselben Brief wurde mir angekündigt, daß ich demnächst die neu gedruckte und teilweise umgearbeitete VI. Untersuchung[2] bekommen soll. – Hängt Ihre Habilitation von dem Erscheinen der Arbeiten ab, und können Sie die Schule dann gleich an den Nagel hängen? Ich wünsche von Herzen, daß es bald dazu kommt, denn, was Schule bedeutet, habe ich ja am eigenen Leibe erfahren. – Ich bin wieder mit diversen Vorlesungen[3] beschäftigt. Es ist mir aber gelungen, die Vorbereitung dafür so auf ein Minimum zu reduzieren, daß ich genügend Zeit für meine Arbeit über den Staat behielt und sie schon ziemlich weit habe. Einigemal schickte ich Auszüge daraus an Hans Lipps, dem sie sehr gefielen. Außerdem habe ich mit den Reinach-Korrekturen zu tun (über die Hälfte ist jetzt gedruckt) und im Zusammenhang damit Unterhandlungen mit Niemeyer und den andern Herausgebern. Schließlich gab es bei uns im Hause in den letzten Monaten viel Arbeit und Unruhe, da meine Lieblingsschwester (die Frauenärztin) am 5. XII. Hochzeit hatte und viel vorzubereiten war. Da auch sie keine Wohnung finden konnte, mußte ihr meine Mutter den Giebel unseres Hauses zurechtmachen lassen; ihre „Geschäftsräume" hatte sie schon vorher hier. Ich bin jetzt ziemlich abgekämpft[4] und freue mich sehr auf die Weihnachtsferien, die ich mit Lipps in Dresden (wo er zu Hause ist) verbringen will[5]. Ich habe seit September seine im Entstehen begriffene Habilitationsschrift in Raten von 5 – 10 Seiten zugeschickt bekommen, und nun gibt es unendlich viel zu besprechen. Es stehen herrliche Sachen über formale Logik und Ontologie drin. Es ist wirklich sehr schade, daß man nicht mal mit Ihnen über all das reden kann. Sie müssen es doch auch sehr vermissen, da Sie nun schon so lange von allen Phänomenologen abgeschnitten sind. –

Nun die Auskunft über die Studienverhältnisse in Deutschland. Eine offizielle Sperrmaßregel für Ausländer gibt es nicht. Aber ich glaube, daß sie nicht gerade mit übergroßer Liebe aufgenommen werden 1.) weil die Studentenschaft überall sehr nationalistisch ist und 2.) weil die Universitäten alle überfüllt und die Arbeitsmöglichkeiten schon für unsere jungen Leute beschränkt sind. Soweit ich urteilen kann, ist Freiburg noch weniger heißer Boden als München, wo das Pendel nach der Rätezeit natürlich sehr stark nach rechts[6] gegangen ist. Zum Lebensunterhalt dürfte man bei bescheidenen Ansprüchen mindestens 600 M monatlich brauchen; was das in polnischer Währung ausmacht, können Sie selbst berechnen. Die Reise Breslau-Freiburg 3. Klasse wird jetzt etwa 200 M kosten.

Auf Ihre Arbeit freue ich mich sehr, hoffentlich bekomme ich sie bald. – Daß Sie Ihren Sohn meinetwegen zum Photographen schleppen sollen, das beanspruche ich nicht. Ich dachte, es gäbe unter Ihren Bekannten in Zakopane vielleicht einen Amateurphotographen, der so etwas im Hause besorgt. Sie haben mir übrigens noch gar nicht verraten, wie der junge Mann heißt.

Was Sie über seine Schönheit schreiben, darauf gebe ich gar nichts. Sie besitzen doch sicherlich kein bißchen Sachkenntnis auf diesem Gebiet.

In den Weihnachtsferien finden Sie hoffentlich Zeit, mir wieder zu schreiben. Alles Gute für das neue Jahr und viele herzliche Grüße!

Ihre Edith Stein.

[1] Die genannten „großen Sachen" erschienen nicht in Einzelheften, sondern in JPPF 5 und daneben in Sonderausgaben.
[2] Die *VI. Logische Untersuchung* erschien 1921; die gesamten *Logischen Untersuchungen* erschienen einheitlich 1923, alle bei Max Niemeyer in Halle.
[3] Teilweise blieben Manuskripte Edith Steins aus dieser Zeit erhalten; publiziert unter dem Titel *Einführung in die Philosophie* (ESGA 8).
[4] Edith Stein schreibt in ihren Aufzeichnungen (ESGA 1, 185.187): „Ich befand mich in einer inneren Krisis, die meinen Angehörigen verborgen war und die in unserem Hause nicht gelöst werden konnte." Vermutlich hat es sich, jedenfalls zum Teil, um eine religiöse Krise gehandelt. Mir ging es damals gesundheitlich recht schlecht, wohl infolge der seelischen Kämpfe, die ich ganz verborgen und ohne jede menschliche Hilfe durchmachte …
[5] Auffallenderweise erwähnt Edith Stein in keinem weiteren Brief eine Reise zu Lipps in Dresden.
[6] In München war der Übergang von der Monarchie zur Republik besonders unruhig verlaufen. Schon vor der Abdankung des Deutschen Kaisers kam es zum Sturz des Königshauses und zur Ausrufung der Republik durch den Bayerischen Ministerpräsidenten Kurt Eisner (geb. 14.5.1867 in Berlin, gest. 21.2.1919 in München). Nach der Ermordung Eisners, der der USPD angehört hatte und eine gewisse Verbindung von Parlamentarismus und Räteverfassung gesucht hatte, riefen revolutionäre Gruppen die „Bayerische Räterepublik" aus, die sich jedoch, durch Eingreifen der Regierungstruppen, nur kurze Zeit halten konnte. Nach dem Kapp-Putsch in Berlin (vgl. Br. 67, Anm. 1) nahm auch die Regierung in Bayern eine scharfe Rechtswendung unter dem Ministerpräsidenten Gustav v. Kahr (geb. 19.11.1862 in Weißenburg/Bayern, am 30.6.1934 in München in Zusammenhang mit dem Röhm-Putsch erschossen).

73

Postkarte
Herrn Dr. R. Ingarden
Warschau (Polen)
Zlota 41 m. 4.

Poststempel: Breslau 10. 3. 21

10. III. 21.

Lieber Herr Ingarden,

schönsten Dank für die Übersendung Ihrer Arbeit. Sie hätten nur als Übersetzer mitkommen sollen. Denn von meinen spärlichen Kenntnissen ist fast nichts mehr übrig geblieben, und ich sitze ratlos davor. – Mein Semester ist zu Ende, und ich rüste wieder zu einer Reise nach Göttingen, ev. auch noch weiter nach Bergzabern[1]. Wann hört man wieder was von Ihnen? Herzliche Grüße

Edith Stein.

Breslau X.
Michaelisstr. 38.

[1] Edith Stein war vom 22.3.–27.5.1921 in Göttingen polizeilich gemeldet; von dort fuhr sie nach Bergzabern, „der größten Entscheidung meines Lebens entgegen" (ESGA 1). Im Conradschen Gästebuch ist ihre Ankunft für den 28.5.1921 eingetragen; das polizeiliche Melderegister gibt den 30.5.1921 an.

74

Göttingen, 8. IV. 21.

Lieber Herr Ingarden,

vorgestern bekam ich ziemlich gleichzeitig das Jahrbuch und Ihren Brief, und gestern habe ich Ihre Arbeit gelesen. Es ist mir alles so vertraut, daß es mir schwer wird, Kritik daran zu üben. Ich weiß nicht, wie weit ich mir die Sachen selbst überlegt hatte und wieviel mir vielleicht noch aus Gesprächen mit Ihnen bekannt war. Als besondere Ergänzungsbedürftigkeit erscheint mir, daß nicht der Zusammenhang hergestellt ist zwischen dem, was hier Erkenntnis genannt ist, und der im üblichen Sinne, ich meine die, von der Reinach sagt, daß ihr spezifisches Korrelat der Sachverhalt ist[1], und bei der, wie ich glaube, erst im strengen Sinne von „Geltung" die Rede sein kann. Lipps will Ihnen selbst schreiben, wenn er die Arbeit gelesen hat. Vorläufig schickt er Ihnen nur einen schönen Gruß, denn er ist jetzt mit dem Abschluß seiner Habilitationsschrift beschäftigt und kommt nicht zu wissenschaftlicher Lektüre, die nicht damit im Zusammenhang steht. Ende April soll eingereicht werden, und wir denken, daß im Laufe des Sommers alles perfekt wird. Courant hat glänzend vorgearbeitet, und es sieht so aus, als ob sich gar keine Widerstände zeigen würden. – Wenn Rezensionen erscheinen, will ich Sie darauf aufmerksam machen. Vorläufig weiß ich nur, daß mein Freund Köbner[2] in Breslau sich die Besprechung des Jahrbuchs für das Literarische Zentralblatt (Zarncke[3]) gesichert hat. Es dauert aber sicher ziemlich lange, bis die erscheint.

Ich werde jetzt die Heringsche Arbeit[4] vornehmen. So weit ich mich ihrer erinnere, erscheint mir Ihr Urteil nicht ganz berechtigt. Gewiß ist sie nichts weniger als „abschließend". Aber es sind doch sehr wichtige Sachen *gezeigt* und nicht bloß angedeutet. – Meine Arbeit[5] wird als 1. des V. Bandes gedruckt. Jedenfalls der I. Teil. Den II. Teil will ich, wenn er nicht mit dem I. zusammen gebracht werden kann, ganz zurückziehen, denn die Trennung ist nicht gut möglich. Manches darin ist wohl ganz ordentlich, aber daß Sie mit dem Ganzen zufrieden sein werden, glaube ich nicht. Frau Conrad kann, wie mir Husserl schreibt, erst im Herbst liefern, und wird dann wohl erst im VI. Band kommen[6]. Voraussichtlich werde ich in einigen Wochen nach Bergzabern reisen und dann den Rest des Sommersemesters wieder hier sein. Es steht aber noch nichts fest.

Herzlichste Grüße
Ihre
Edith Stein.

[1] Vgl. Adolf Reinach, *Sämtliche Werke I*, S. 118.
[2] Richard Koebner, geb. 29.8.1885 in Breslau, gest. 29.4.1958 in London, Literaturhistoriker in Breslau, Emigration 1933, heiratete 1939 Gertrud Kuznitzky geb. Elkas. Edith Stein erwähnt diese Freundin auch in einem Brief an Petra Brüning (ESGA 3, Nr. 481).
[3] Friedrich Zarncke, Germanist, geb. 7.7.1825 in Zahrendorf/Mecklenburg, gest. 15.10.1891 in Leipzig, gründete 1850 das von ihm herausgegebene *Literarische Zentralblatt* (damals Centralblatt).
[4] Jean Hering, *Bemerkungen über das Wesen, die Wesenheit und die Idee*, JPPF 4 (1921).
[5] *Beiträge zur philosophischen Begründung der Psychologie und der Geisteswissenschaften*, JPPF 5 (1922).
[6] Hedwig Conrad-Martius, *Realontologie, I. Buch*, JPPF 6 (1923).

75

27. IV. 21.

Lieber Herr Ingarden,

es ist garstig, daß ich Ihren Brief erst heute beantworte. Aber ich lebe hier ⟨in Göttingen⟩ sehr unruhig und komme gar nicht dazu, alles zu erledigen, was ich müßte. – Ich muß mich wohl sehr dumm ausgedrückt haben, wenn es Ihnen gar nicht klar geworden ist, wie ich über Ihre Arbeit denke. Es schien mir gar nicht nötig, noch besonders zu betonen, daß ich sie für richtig halte. Daß man sie unverständlich findet, wundert mich eigentlich. Der Anfang, der so argumentierend gehalten ist, müßte ja gerade für andere Leute leichter zugänglich sein als für Phänomenologen. Lipps erklärte, als Ihr Brief kam, sehr bereitwillig, daß er nun doch die Arbeit lesen wollte. Aber dann konnte er es nicht durchführen, weil er jetzt immer bis tief in die Nacht an seinem Werke[1] sitzt, das diese Woche fertig werden soll. Das tut mir leid, weil mir die Sachen – wie ich Ihnen schon schrieb – so sehr bekannt sind (auch gerade das, was Sie über das Durchleben sagen). Darum bin ich gar kein geeignetes Publikum für die Beurteilung der Verständlichkeit. – Daß Sie in der Philosophie nicht Vernünftiges leisten können, das haben Sie doch nur in einer depressiven Anwandlung gesagt und meinen es nicht ernstlich, nicht wahr? Aber daß Sie gelegentlich solche Anwandlungen haben, verstehe ich gut. Ich weiß ja von Breslau, wie gräßlich es ist, wenn man nie eine richtige philosophische Anregung bekommt. Und bei Ihnen geht das nun schon seit Jahren. Ist es denn gar nicht zu machen, daß Sie mal für ein paar Wochen wenigstens nach Deutschland kommen? Mit Lipps oder Frau Conrad zu sprechen, täte Ihnen sicher schrecklich gut. – Sehr beschämt haben Sie mich dadurch, daß Sie mich „die ganze Zeit der philosophischen Arbeit widmend" vorstellen. Denn ich habe den letzten Monat hauptsächlich mit dem Packen von Bücherkisten, mit Gardinenaufstecken (dieses im Verein mit Lipps, der doch Spezialist für Innendekoration ist) und mit dem kleinen Courantchen[2] verspielt. Und in Bergzabern will ich mich auch zur Arbeit in den Plantagen[3] anstellen lassen. Freilich werde ich dabei mit Frau Conrad zusammensein, und davon verspreche ich mir sehr viel. – Jetzt will ich Ihnen noch etwas von den „Untersuchungen zur Philosophie d⟨er⟩ Mathematik" von Hans Lipps erzählen. Denn das sind Sachen, die Sie sicher sehr interessieren. Der 1. Teil behandelt die Paradoxien der Mengenlehre[4] und gelangt zu ihrer Lösung hauptsächlich durch die Scheidung der Menge, die mathematisch definiert ist, vom Inbegriff, der ein logisches Gebilde ist und nichts Selbständiges seinen Gliedern gegenüber. Über die Behandlung der einzelnen Paradoxien läßt sich natürlich in wenigen Worten nichts sagen. Der 2. Teil entwickelt die Idee des „logischen Organon", dem sich Apophantik, formale Ontologie und formale mathesis als gesonderte Disziplinen einordnen. Dabei wird das, was bei Husserl als formale Ontologie auftritt, fast ganz von der Apophantik geschluckt, weil die Möglichkeit einer Wissenschaft vom „Etwas überhaupt" bestritten wird. Dagegen wird vom Satz des Widerspruchs gezeigt, daß er in der üblichen Fassung nicht haltbar ist, sondern seine Stelle in der formalen Ontologie hat (wenn Merkmale spezifisch differieren, so verhalten sie sich wie a und non a). – Der 3. Teil „Die Mathematik als axiomatische Disziplin" zeigt, daß es sich in der Mathematik nicht um eine logische Ableitung von Theoremen aus einsichtigen Sätzen handelt. Die Axiome sind gar keine Sätze, die auf Geltung Anspruch machen. Sie terminieren in dem, was sich aus ihnen ableiten läßt, und der Schwerpunkt liegt in dem formalen Zusammenhang selbst. Das „Formale" der mathesis unterscheidet sich von dem der Geltungslogik dadurch, daß es sich nicht durch ein Sachliches ergänzt.

Das sind nur ein paar sehr spärliche Andeutungen, und ich weiß nicht, ob Sie irgend etwas daraus entnehmen können. Ich denke nur, wenn Sie sich selbst mit den Sachen beschäftigt haben, können Ihnen vielleicht solche Hinweise einen ungefähren Eindruck vermitteln.

Für heute nur noch sehr herzliche Grüße und den Wunsch, daß Ihre Stimmung sich indessen gebessert hat oder es bald tun möge.

Ihre
Edith Stein.

1 Habilitationsschrift *Untersuchungen zur Philosophie der Mathematik.*
2 Richard Courant zog mit seiner Familie – bei der Edith Stein wohnte – aus der Wohnung Am Weißen Stein 5 in die neue Wohnung Nikolausberger Straße 3. Lipps hatte vor seinem Studium „als Innenarchitekt und Kunstgewerbler begonnen" (vgl. ESGA 1, 205). Das „Courantchen" war Richard Courants erster Sohn Ernst, geb. 1920.
3 Hedwig und Theodor Conrad bewirtschafteten in Bergzabern zur Bestreitung des Lebensunterhaltes eine Obstplantage.
4 *Die Paradoxien der Mengenlehre* veröffentlichte Lipps in JPPF 6 (1923), S. 561–571.

76

⟨Breslau,⟩ 30. VIII. 21.

Lieber Herr Ingarden,

heute kam Ihr Brief. Und weil er doch schon im April angefangen war, will ich ihn gleich beantworten. Für Thorn alles Gute[1] – vor allem, daß Sie bald wieder von da weg können in eine Universitätsstadt. Uns kommt der Wohnungswechsel etwas ungelegen. Ich veranlaßte nämlich Frau Reinach, die an Rosenblum ihr letztes Freiexemplar der Schriften ihres Mannes schicken wollte und seine Adresse nicht wußte, es für ihn an Sie zu schicken. Ich weiß noch nicht, ob sie es getan hat. Wenn es noch an Sie kommt, dann schicken Sie es weiter, nicht wahr? Und uns teilen Sie, bitte, Rosenblums Adresse für alle Fälle mit. Conrads mögen ihm gewiß auch gern mal schreiben[2]. Ich schicke Ihnen jetzt auch den Reinach-Band. Übrigens nicht als mein persönliches Geschenk, sondern aus einem Fond, den Bell mir für solche Zwekke zur Verfügung gestellt hat. Er ist seit etwa 1½ J. wieder in Canada, hat bis jetzt seine Zeit für die Regelungen wirtschaftlicher Angelegenheiten gebraucht und will nun im September anfangen, in Toronto Philosophie zu docieren. Übrigens, wenn Sie etwas von deutschen Büchern wüßten, was Rosenblum gut brauchen könnte, dann teilen Sie es mir zugleich mit seiner Adresse mit. Ich schicke ihm natürlich auch sehr gern etwas. Im übrigen schaffe ich davon Bücher für eine gemeinsame Bibliothek in Bergzabern[3] an. Denn das ist ja das allgemeine Phänomenologenheim. Ich war von Ende Mai bis Anfang August da und bin nur abgereist, weil Familienverhältnisse meine Anwesenheit in Breslau nötig machten[4]. Sobald hier alles erledigt ist, gehe ich zu Conrads zurück – auf unbegrenzte Zeit. Ich habe den Sommer über ganz richtig mit auf ihren Plantagen gearbeitet. Und es ist dringend nötig, daß Frau Conrad etwas entlastet wird, sie hat schon die letzten Jahre weit über ihre Kräfte gearbeitet, und es geht unmöglich so weiter. Wenn jede von uns die Hälfte tut, bleibt uns beiden noch ausreichend Zeit für wissenschaftliche Arbeit. Die Hauptsache aber ist, daß wir uns gegenseitig so verstehen, wie wir es beide bisher kaum für möglich hielten, daß man so mit einem Menschen stehen könnte.

Natürlich wollen wir nun, so lange es irgend geht, zusammen leben. Mit Conrad komme ich auch vorzüglich aus, das gehört ja notwendig dazu. – Frau Conrads „Metaphysische Gespräche" (das über die Seele mit einigen neu hinzugekommenen) erscheinen demnächst bei Niemeyer, die Ontologie im VI. Band des Jahrbuchs – sie ist ganz unbeschreiblich schön, besonders das einleitende Kapitel über Realität und dann ein Abschnitt über das Licht sind schlechthin vollendet. – Mein Staat[5] ist in Bergzabern geblieben, Frau Conrad wollte ihn in der Erntepause lesen und abschreiben. Ich habe jetzt zu Hause eine religionsphilosophische Abhandlung angefangen[6]. Was daraus wird, weiß ich noch nicht. Aber voraussichtlich werde ich künftig wohl nur noch auf diesem Gebiet arbeiten.

Jetzt noch die Adressen, so weit ich sie weiß: ich selbst bin wohl bis Ende Oktober hier, dann Bergzabern Eisbrünnelweg bei Dr. Conrad. Dort erreicht auch Koyré und Hering alles, wenn sie auch den größeren Teil des Jahres in Paris sind.

Lipps hat gegenwärtig wieder eine Vertretung in Sachsen[7], und ich weiß noch nicht, ob er vor Semesterbeginn wieder in Göttingen sein wird. Dort wohnt er noch immer *Untere Karspüle 6*. Im übrigen erreicht ihn alles, wenn Sie es an mich schicken, da ich doch über seinen Aufenthalt immer orientiert bin.

Mit Clauss und Frl. Walther habe ich keine Verbindung. Frau Proeslers letzter Brief kam noch von der Sternwaldstr. 15, allerdings vor vielen Monaten. Heidegger können Sie einfach an die Universität Freiburg adressieren.

Herzlichste Grüße
Edith Stein.

[1] Ingarden siedelte Anfang September von Warschau nach Thorn um; er gab dort Unterricht am Staatsgymnasium.

[2] In den ersten Wochen nach Ausbruch des Ersten Weltkriegs hielt sich Rosenblum bei den Conrads auf.

[3] Im Haus des Ehepaares Conrad, heute Neubergstr. 16; es wurde baulich einigermaßen verändert. Von den Plantagen ist nur ein Teil noch unbebaut und dient dem Haus als Garten.

[4] Edith Stein fuhr nach Hause, weil ihre Schwester Erna Biberstein ihr erstes Kind erwartete. Am 29. 9. 1921 wurde Susanne geboren. Edith hatte zuvor ihre Schwester gebeten, die

Mutter auf die bevorstehende Konversion zur katholischen Kirche vorzubereiten. Erna Biberstein sagt darüber: „Ich wußte, daß das eine der schwersten Aufgaben war, denen ich je gegenüber gestanden hatte.“ (ESGA 1, 380) In diesem Sommer hatte Edith Stein das *Leben der hl. Teresa von Avila* gelesen. Inzwischen wurde erwiesen – durch die eidliche Aussage von Augustina (Pauline) Reinach OSB im Seligsprechungsprozeß –, daß Edith Stein beim Abschied von Göttingen sich auf Bitten der beiden Reinachs dieses Buch aus deren Bücherschrank aussuchte, nicht, wie Teresia Renata Posselt sich zu erinnern meinte und in ihrer ersten Biographie sagt, aus dem Bücherschrank der Conrads. Da es in Göttingen (vgl. Br. 75) sehr unruhig zuging, wird Edith Stein dort nicht zum Lesen des Buches gekommen sein. Möglicherweise hat sie das Werk Hedwig Conrad-Martius als Geschenk nach Bergzabern, wohin sie anschließend fuhr, mitgebracht. So würde sich leichter erklären, daß Hedwig Conrad-Martius einen Eintrag in das Buch machte („Bergzabern, Sommer 1921“ in ihrer Handschrift), andererseits sich aber später nicht entsann, dieses Buch in ihrer Bibliothek besessen zu haben. Vermutlich hat sie es – vielleicht bei einem Besuch im Kölner Karmel – Edith Stein später zurückgeschenkt; denn der Stempel („Karmelitinnen-Kloster, Köln-Lindenthal, Dürener Straße 89“) befindet sich darin. – Das Buch ist heute im Besitz der Pfarrkirche St. Martin in Bergzabern. – Im Jahre 1942 hat Edith Stein im Sprechzimmer des Echter Karmel Johannes Hirschmann SJ erzählt, welche Rolle die Lektüre der Vita Teresas bei ihrer Konversion spielte: „Der Grund, warum sie, dem Christentum gewonnen, … katholisch wurde, war unmittelbar die Lektüre des Lebens der hl. Theresia. Sie glaubte aber, daß der Schritt vorbereitet war durch den Einfluß Schelers, durch den sie besonders in seiner katholischen Zeit angesprochen wurde.“ Das Dokument Hirschmanns befindet sich im Edith-Stein-Archiv des Kölner Karmel, G I/Hi.

[5] *Eine Untersuchung über den Staat,* später in JPPF 7 (Halle 1925), S. 1–123. Der Beitrag ist Hans Theodor Conrad gewidmet.

[6] Edith Steins Manuskript *Natur, Freiheit und Gnade,* das erst 1962 aus dem Nachlaß in ESW VI (irrtümlich unter anderem Titel) veröffentlich wurde.

[7] Er war dort als Kassenarzt tätig.

77

⟨Breslau,⟩ 22. IX. 21.

Lieber Herr Ingarden,

herzlichen Dank für Ihren Brief. Ich habe Frau Reinach angefragt, ob Sie noch ein Bild[1] bekommen können. (Die Adresse ist Steinsgraben 28.) Wenn Sie keins mehr hat, werde ich Ihnen eins von meinen schicken. – Was Sie über Frau Conrads Einleitung[2] schreiben, ist mir verständlich. Aber ich sehe es anders. Die Sprache ist sehr eigen und darum für Sie wahrscheinlich schwer zugänglich, aber immer durchaus adäquat. Und das Inhaltliche – da hatte ich vorher alles befürchtet, was Sie hervorheben. Aber als ich die Einleitung sah, fand ich nichts Störendes drin und alles verwirklicht, was ich nicht für möglich gehalten hatte. Vielleicht ändern Sie Ihr Urteil, wenn Sie alles genau gelesen haben. Frau Reinach ist übrigens ebenso restlos befriedigt von der Einleitung wie ich.

Nach Bergzabern müssen Sie unbedingt mal kommen. Schlimmstenfalls auf Bells Kosten. Denn das fällt doch auch unter die Rubrik „Förderung der Phänomenologie". Der erste Scheck, den er mir neulich zu diesem Zweck schickte, wird zwar kaum so weit reichen (es waren 3000 M). Aber bis zum nächsten Sommer ⟨wird er wieder etwas schicken[3]⟩, und eher wird ja die Frage nicht akut. Übrigens steht auch nichts im Wege, daß Sie mal nach Breslau kommen. Ich werde jetzt noch bis etwa zum 20. Oktober[4] hier sein, und dann komme ich natürlich auch immer wieder für längere Zeit zu meiner Mutter. Die Chancen für eine Reise nach Thorn sind dagegen äußerst ungünstig. –

Den Verkehr mit mir durch meine Arbeiten aufzunehmen, hat seine Bedenken. Sie sind 1918 und 1919 entstanden. Sachlich habe ich kaum etwas daran durchzustreichen. Aber sie sind mir etwa so, wie einer Schlange ihre abgestreifte alte Haut sein mag. Ich sehe sie am liebsten gar nicht mehr an.

Conrad bittet Sie, Rosenblum einmal anzufragen, ob ihm irgendwie damit gedient wäre, wenn er ihm 50 000 polnische Mark, die er hat, zur Verfügung stellte. (Warum er nicht direkt schreibt, weiß ich nicht recht.) Und wenn ja, wie und wohin sie zu überweisen wären. – Das Buch an Rosenblum war noch nicht abgeschickt.

Adressen: Das Phänomenologenhaus ist *Bergzabern* (Pfalz) Eisbrünnelweg (rue de la petite fontaine de glace)

Dr. Hans *Lipps* Göttingen Untere Karspüle 6

Jean *Hering* 103 Rue Nollet *Paris* XVII

(Koyré ist auch jetzt wieder in Paris. Seine Adresse weiß ich nicht. Aber er und Hering sind jeden Samstagabend zusammen.)

Winthrop *Bell* „Boulderwood" near Halifax Nova Scotia Canada

Boulderwood ist ein entzückendes Holzhäuschen zwischen einem Waldsee und einer Meeresbucht (ich bekam zu Weihnachten Photographien davon). Das hat er ganz für sich allein eingerichtet, als er aus Europa zurückkam. Jetzt muß er aber wohl bald nach Toronto gehen und Logik lesen.

Es ist so schön, wie sich jetzt allmählich ganz von selbst der Zusammenhang unter den Phänomenologen herstellt, um den ich mich früher vergeblich bemüht habe. Nur Freiburg ist noch ein dunkler Punkt.

Herzlichste Grüße
Ihre
Edith Stein.

[1] Von Adolf Reinach.
[2] Zum Reinach-Gedenkband.
[3] Diese fehlende Briefstelle wurde dem Sinn nach ergänzt.
[4] Am 23. 10. ist Edith Stein wieder in Bergzabern polizeilich gemeldet.

78

⟨Breslau,⟩ 15. X. 21.

Lieber Herr Ingarden,

heute kam Ihr Geburtstagsbrief. Vielen Dank dafür. Ich bin Ihnen auch noch Glückwünsche schuldig, Ihr Kindchen muß doch kürzlich seinen 1. Geburtstag gehabt haben. Sie haben mir nie etwas von ihm erzählt – vielleicht auch, weil das zu „menschlich" für mich ist? Dabei bin ich auf diesem Gebiet gerade ziemlich sachverständig. Ich hatte in Göttingen 4 Wochen das kleine Courantchen in meiner Obhut, und jetzt habe ich hier meine Schwester im Wochenbett gepflegt und ihr Baby[1] besorgt. Ernsthaft gesprochen: Sie haben nicht ganz unrecht mit meiner Weltfremdheit, aber ich glaube, in ganz anderm Sinne, als Sie es meinten. Ich stehe jetzt vor dem Übertritt zur katholischen Kirche. Was mich dazu geführt hat, darüber habe ich Ihnen nichts geschrieben. Und all das läßt sich auch schwer sagen und schreiben gar nicht. Jedenfalls habe ich in den letzten Jahren sehr viel mehr gelebt als philosophiert. Meine Arbeiten sind immer nur Niederschläge dessen, was mich im Leben beschäftigt hat, weil ich nun mal so konstruiert bin, daß ich reflektieren muß. – Eben jetzt habe ich sehr schwere Tage. Für meine Mutter ist der Übertritt das Schlimmste, was ich ihr antun kann, und mir ist es schrecklich zu sehen, wie sie sich damit quält, und ihr nichts erleichtern zu können. Denn es gibt hier eine absolute Grenze des Verständnisses. In 8 Tagen will ich abreisen.

Es ist gut, daß Sie den Auftrag an Rosenblum nicht weiterbefördert haben, wenn die Situation so ist. Hoffentlich hat Conrad nicht indessen noch direkt geschrieben. Ich kenne ja Rosenblum tatsächlich so gut wie gar nicht und habe hier nur als Bote fungiert.

Was ich über Freiburg schrieb, haben Sie falsch verstanden. Es war nicht gegen Husserl gemeint. Das wissen Sie doch wohl noch, daß ich mit grenzenloser Verehrung und Dankbarkeit zu ihm aufsehe – trotz allem, was ich Ihnen nicht näher zu erläutern brauche. Ich meinte die unerquicklichen Verhältnisse, die sich um ihn entwickelt haben. Ich kenne sie nur vom Hörensagen, sie werden mir aber von den verschiedensten Seiten übereinstimmend geschildert. Heidegger genießt Husserls absolutes Vertrauen und benutzt es, um die Studentenschaft, auf die er stärkeren Einfluß hat als Husserl selbst, in einer Richtung zu führen, die von Husserl ziemlich weit abliegt. Außer dem guten Meister weiß das jedermann. Wir haben schon viel beraten, was man dagegen tun könnte. Koyré (der auch kürzlich in Freiburg war) schlug vor, daß wir „älteren Leute" mal alle zusammen möglichst auf ein paar Wochen im Semester hingehen sollten, um eine Auseinandersetzung mit der „neuen Richtung" herbeizuführen. Conrads möchten es auch sehr gern, sie können nur so schlecht fort von der Plantage, und ein längerer Aufenthalt in Freiburg ist ja auch finanziell schwer zu bewerkstelligen.

Übrigens sprechen beide Conrads auch immer nur mit der größten Verehrung von Husserl, und was er von dem Verhältnis seiner Schüler zu ihm zu sagen pflegt, das beruht doch hauptsächlich auf seiner eigenen pessimistischen Konstruktion.

Ich muß schließen. In Eile herzlichste Grüße

Ihre
Edith Stein.

[1] Erna Biberstein geb. Stein und ihre Tochter Susanne.

79

⟨Bergzabern,⟩ 11. XI. 21.

Lieber Herr Ingarden,

als Ihr Brief kam, wollte ich gleich antworten. Aber es war gerade so viel zu tun, daß es nicht ging. Ich wollte Ihnen vor allem sagen, daß Sie mir selbstverständlich kein Exemplar Ihrer Arbeit zu schicken brauchen, sondern es lieber rationeller verwerten sollen. Die persönliche Note behält sie auch, wenn ich sie im Jahrbuch[1] habe. Die Widmung denke ich mir dazu. – Es sind jetzt die Gespräche[2] von Frau Conrad erschienen, und Sie bekommen sie (wieder aus der Dollar-Spende) geschickt. Ich schrieb Ihnen, glaube ich, noch nicht, daß Fr. Conrad natürlich mit einer Übersetzung ins Polnische einverstanden wäre. Das Jahrbuch habe ich vorläufig nicht für Sie bestellt, weil ich dachte, daß Husserl es Ihnen vielleicht schickt. Wenn nicht, dann liefere ich es Ihnen nach. Separata von meiner Arbeit gibt es nicht.

Nach diesen geschäftlichen Vorbemerkungen den fälligen herzlichen Glückwunsch zum 2. Sprößling.[3] Er soll nicht etwa meinen, daß ich ihn weniger wichtig nehme, weil er der 2. ist. Und er braucht nicht erst ein Jahr alt zu werden, ehe man mir etwas von ihm erzählt. Schon zu Zwecken der Unterscheidung müßte ich z. B. jetzt die Namen beider filii erfahren. –

Von Husserl kam als Reaktion auf die Übersendung der Gespräche eine tief beeindruckte und sehr nette Karte. Wir haben ihm gestern gemeinsam einen ganz langen und liebevollen Brief geschrieben und ihn eingeladen, uns einmal zu besuchen, weil wir doch so schlecht alle zugleich von der Plantage weg können. Es kam mir plötzlich die Idee, *wie* reizend es wäre, ihn hier unter uns und ohne die ganze Freiburger Atmosphäre zu haben und wie wohl er sich dabei fühlen würde. Ich bin neugierig, was er dazu sagt.

Eine Rickert-Kritik[4] würde ich für recht angebracht halten, ich kann mir auch nicht denken, daß Husserl sie nicht mag, er war doch immer so sehr für eine Auseinandersetzung. Ich hörte nur mal, daß Heidegger sie plant, was ja aber entschieden eine 2. erfordern würde. Den Geg⟨enstand⟩ d⟨er⟩ Erkenntnis[5] würde ich Ihnen gern verschaffen.

Lipps tritt morgen die lang ersehnte Schiffsreise nach Ostafrika und Indien an. Ganz plötzlich kam die Einberufung (als Schiffsarzt), und er mußte seine Lehrtätigkeit mit 2 Semestern Urlaub beginnen. Denn er soll erst im September wiederkommen.

Viele herzliche Grüße
Edith Stein.

[1] JPPF 4 mit der Arbeit von Ingarden, *Über die Gefahr einer Petitio Principii in der Erkenntnistheorie.*
[2] *Metaphysische Gespräche*, Halle 1921.
[3] Am 19.10.1921 wurde in Toruń (Thorn) Ingardens zweiter Sohn Jerzy Kazimierz geboren. Er starb am 25.2.1947 in Krakau.
[4] Heinrich Rickert, geb. 25.5.1863 in Danzig, gest. 30.7.1936 in Heidelberg. Als Professor für Philosophie war er der Lehrstuhlvorgänger Husserls in Freiburg; von dort ging er 1915 nach Heidelberg.
[5] Heinrich Rickert, *Der Gegenstand der Erkenntnis*, Freiburg 1892, 4. Aufl. 1921.

80

⟨Bergzabern,⟩ 13.XII.21.

Lieber Herr Ingarden,

auf diesen Brief gehört doch rasch eine Antwort, wenn ich auch nicht weiß, ob sie sehr beruhigend ausfallen wird.

Ich war überrascht über die heftige Reaktion. Aber das spricht nur für eine große Unüberlegtheit meinerseits, und ich muß um Verzeihung bitten, daß ich Sie nicht besser vorbereitet habe. Übrigens ist mir dieser Temperamentsausbruch weit lieber als das neutrale und gänzlich sterile „Verständnis", dem das Buch[1] sonst wohl vielfach begegnen wird.

Ich weiß nicht, ob Ihre Angst um die Phänomenologie berechtigt ist. Natürlich *ist* das nicht durchweg Phänomenologie. Darüber ist sich auch Frau Conrad klar. Aber eine Metaphysik, die nur aus strenger Analyse besteht, ist doch wohl überhaupt unmöglich. Andererseits, wenn jemand von den metaphysischen Problemen gepackt wird – jemand, der niemals anders als unter einem unwiderstehlichen inneren Zwang schreibt –, soll man es ihm dann etwa verbieten, dem nachzugeben?

Aber was kann dabei herauskommen? „Poetische Fabeln" sind es nicht, das merken Sie selbst, sonst würde es Sie nicht so beunruhigen. Sie spüren, daß hier ein Anspruch auf Wahrheit steckt. Was soll das für eine Wahrheit sein? Nach welcher Methode wird sie gewonnen? Daß es sich *zum Teil* um einsichtige Zusammenhänge im strengen phänomenologischen Sinn handelt, werden Sie kaum leugnen, bei näherem Zusehen wahrscheinlich noch weniger als jetzt. Aber eben nur zum Teil. Was darüber hinausgeht, das ist etwas, was nicht so einfach unterzubringen ist. Konstruktion ist es nicht. Wir könnten es *Spekulation* nennen, wenn wir die üblen Reminiscenzen beiseite lassen und an den ursprünglichen Wortsinn denken. Ich glaube, daß dies *der* Zugang zu den metaphysischen Fragen ist, und so gewiß jeder Philosoph im Grunde seines Herzens Metaphysiker ist, so gewiß spekuliert auch jeder, explicite oder implicite. Bei dem einen steht die Metaphysik auf, bei dem andern zwischen den Zeilen. Jeder *große* Philosoph hat seine eigene, und es ist nicht gesagt, daß sie jedem zugänglich sein müsse. Sie hängt aufs engste – und legitimer Weise – zusammen mit dem *Glauben*. Was Frau Conrad sieht, das kann man wohl nur sehen, wenn man entweder ganz in der christlichen Welt drinsteht oder doch, ohne noch selbst drin zu stehen, von ihrer Realität überzeugt ist (wie es z. B. – in noch sehr verschiedener Weise – bei Conrad und Lipps der Fall ist).

Man kann zusammen Phänomenologie, nach der *einen* Methode Philosophie als strenge Wissenschaft treiben und in der Metaphysik einen diametral entgegengesetzten Standort haben. So ist es ja offenbar mit Husserl und mit uns.

Übrigens: Husserl schrieb gleich nach dem Empfang der Gespräche[2] eine Karte, um seinem Entzücken Ausdruck zu geben, mit der bezeichnenden Anmerkung: ich werde erst noch sehen müssen, was sich davon für mich in Philosophie als strenger Wissenschaft übersetzen läßt.

Frau Conrad habe ich von Ihrem Brief nichts erzählt. Die arme kleine Hatti[3] fühlt sich ohnedies schon übermäßig belastet dadurch, daß sie dies Buch in die Welt gesetzt hat. Allerdings nicht der Methode wegen, sondern weil sie fürchtet, daß es eine Blasphemie ist. Sonst wäre es mir natürlich viel lieber gewesen, sie selbst antworten zu lassen.

Das Jahrbuch V haben wir auch erst ganz kürzlich erhalten. Ich nehme als Erstes die Hildebrandsche[4] Arbeit vor, die mir sehr gefällt. Sobald ich fertig bin, will ich die Bergsonarbeit[5] lesen und Ihnen darüber schreiben. – Ich bin neugierig, ob Sie mit meinen opera[6] etwas anfangen können. Es kommt mir endlos lange vor, daß ich sie schrieb, und höchst sonderbar, daß andere jetzt davon Kenntnis nehmen und dadurch von mir.

Der Meister schrieb mir gestern, er hätte eben eine offizielle Einladung der Universität London angenommen, im April[7] dort 4 Vorträge zu halten. Prachtvoll, nicht?

Beim Durchlesen kommt mir meine Expectoration wieder reichlich „autotativ" vor (Anm. Conrad nennt mich bisweilen Αὐτωτάτη – Superlativ seines eigenen Spitznamens Αὐτός[8]). Das ist nur so der preußische Habitus. Innerlich bin ich ganz klein und unterschreibe jede Kritik unbesehen.

Herzlichst
Ihre
Edith Stein.

[1] Edith Stein hatte Ingarden Hedwig Conrad-Martius' *Metaphysische Gespräche* geschickt.
[2] Gemeint ist wieder das oben genannte Buch.
[3] Hatti war der Rufname von Hedwig Conrad-Martius im Kreis ihrer Freunde.
[4] Dietrich v. Hildebrand, *Sittlichkeit und ethische Werterkenntnis*, in JPPF 5 (1921), S. 463–602.
[5] Roman Ingarden, *Intuition und Intellekt bei Henri Bergson*, ebd., S. 286–461.
[6] Edith Stein, *Beiträge zur philosophischen Begründung der Psychologie und der Geisteswissenschaften (Psychische Kausalität* und *Individuum und Gemeinschaft)*, ebd., S. 1–283.
[7] Husserl hielt diese Vorträge an der Londoner Universität erst am 6., 8., 9. und 12.6.1922 unter dem Thema: *Phänomenologische Methode und phänomenologische Philosophie.* Die Absicht, sie zu publizieren, hat er nicht verwirklicht (vgl. BRI S. 26 u. S. 145f.) – Jetzt erschienen in *Husserl-Studies* 16 (1999), hg. v. B. Goossens; Edition im Rahmen der Hua ist angekündigt.
[8] Etwa: der Selbst(bewußte), Superlativ: die Selbst(bewußteste).

81

⟨Bergzabern,⟩ 26.I.22[1].

Lieber Herr Ingarden,

Schelers Privatadresse kenne ich nicht. Ich denke: Prof. Scheler, Köln, Universität, kommt bestimmt an. In der „neuen Bibel[2]" fand ich vieles Schöne, besonders in dem großen Aufsatz, der wirklich neu ist und nicht bloß abgedruckt. – Ich hatte schon immerfort vor, Ihnen zu schreiben, weil ich nämlich Ihre Bergson-Arbeit jetzt gelesen habe. Ich fand die Darstellung wie schon früher ausgezeichnet, klar und durchsichtig. Mit der Kritik bin ich auch im wesentlichen einverstanden. Nur an einigen Punkten habe ich bei dem, was Sie Positives hineinbringen, gewisse Bedenken. So glaube ich, daß sich die formale Ontologie etwas anders bestimmt, als Sie es tun, wenn man die Scheidung von f⟨ormaler⟩ O⟨ntologie⟩ und apophantischer Logik berücksichtigt[3]. Ferner glaube ich, daß ein Gegenstand sein Wesen ändern kann.

Für heute nur noch herzliche Grüße
Ihre Edith Stein.

[1] Dieser Brief Edith Steins ist der erste uns bekannte nach ihrer Konversion. Am 1. Januar 1922 hatte sie in der Pfarrkirche St. Martin zu Bergzabern die Taufe empfangen. An diesem Tag wurde damals – heute nicht mehr – das Fest der Beschneidung des Herrn, des Bundeszeichens des israelitischen Gottesvolkes, begangen. Zweifellos hat die Konvertitin dieses Datum bewußt gewählt. Taufpatin war, mit Erlaubnis des Speyrer Diözesanbischofs Dr. Ludwig Sebastian, die einer evangelischen Freikirche angehörende Hedwig Conrad-Martius. Die Feier fand am Nachmittag statt. Am folgenden Morgen empfing Edith Stein in derselben Kirche ihre Erstkommunion. – Laut polizeilichem Melderegister blieb Edith Stein in Bergzabern bis zum 5. Oktober 1922. In den Sommerferien war sie vom 14.6. bis 2.8. in Breslau (nach dem Conradschen Gästebuch).

[2] Mit der „neuen Bibel" ist höchstwahrscheinlich Schelers Buch *Vom Ewigen im Menschen* gemeint, 1921 erschienen und Schelers erste Buchpublikation seit den Kriegsjahren. Es ist noch ganz im Geist seiner „katholischen Periode" geschrieben. Der umfangreichste der fünf in dem Werk vereinten Beiträge, zugleich der einzige bisher unveröffentlichte, ist die Abhandlung *Probleme der Religion*. Das stimmt überein mit Edith Steins Bemerkung von dem „großen Aufsatz, der wirklich neu ist".

[3] Diese Unterscheidung geht auf Husserl zurück.

82

Hof 1. VIII. 23 ⟨22⟩[1]
3 h früh.

Lieber Herr Ingarden,

wieder mal auf der Fahrt Breslau-Bergzabern. Die Zeit muß ausgenützt werden, wenn es auch nach einer durchfahrenen Nacht kein sehr philosophischer Brief werden wird. Aber in Bergzabern wartet die Ernte, und da gibt es dann nicht viel Muße zum Schreiben. – Es tut mir leid, daß ich Sie so lange ohne Nachricht ließ, denn ich sehe an Ihrem Brief, daß man sich um Sie hätte kümmern sollen. Überhaupt haben das ja die Leute, die einem nicht schreiben, meist nötiger als die andern. Aber man merkt es doch immer erst hinterher. Nachrichten: Von Husserl weiß ich seit London[2] nichts. Er war über Pfingsten dort, nachher sollte ich nach Freiburg kommen, mir erzählen lassen. Aber dazu kam es nicht, weil ich plötzlich nach Hause mußte. Von Jahrbuch VI sind Frl. Walthers Arbeit[3] und Frau Conrads Realontologie gedruckt; was jetzt noch hineinkommt, weiß ich nicht[4]. Ich habe in den letzten Monaten manchmal Anlauf genommen, etwas zu schreiben, aber nach 2 oder 3 Tagen wurde ich immer durch Außendienst unterbrochen. Daraus mache ich mir aber nichts, ich weiß doch, was ich zu tun habe und daß ich dran kommen werde, wenn es an der Zeit ist. – Was Sie über das Manko der phänomenologischen Methode schreiben, dem kann ich ziemlich zustimmen. Ähnliches fällt mir auf, wenn ich jetzt gelegentlich mit scholastisch erzogenen Leuten zusammen komme. Dort ist der präzise, durchgebildete Begriffsapparat, der uns fehlt. Dafür fehlt freilich meist die unmittelbare Berührung mit den Sachen, die uns Lebensluft ist, der Begriffsapparat sperrt einen so leicht gegen die Aufnahme von Neuem ab. – Ich war jetzt 6 Wochen in Breslau. Meine Mutter hatte seit meinem Übertritt geglaubt, ich wäre in ihrem Hause für alle Zeiten unmöglich. Jetzt habe ich ihr gezeigt, daß es doch geht, und sie wünscht sehr, mich wieder dauernd bei sich zu haben. Wahrscheinlich werde ich den Winter über in Breslau sein[5]. Vielleicht könnten wir uns dann mal sprechen, wenn Sie nach Süddeutschland doch nicht kommen können. Es kommt mir so vor, als könnte Ihnen das gut tun. Alles Wesentliche läßt sich ja nicht schreiben. Ich glaube, viel wiederfinden von früher würden Sie nicht. Die Freiburger Jahre gehören in eine Urzeit, die hinter mir versunken ist.

Rezensionen von Jahrbuch IV und V habe ich noch nicht gesehen, freilich auch nicht gesucht. Ein Jüngling, der aus Köln kam, erzählte mir, daß Scheler im Kolleg meine Arbeit lobend erwähnt und zum Studium empfohlen habe. Offenbar ist er mir nicht mehr böse, und das freut mich.

Sybel[6] finde ich in Bergzabern vor, Koyré und Hering werden im September kommen[7].

Jetzt sind wir in Schweinfurt und mein Kopf ist ganz leer und übernächtig.

Viele Grüße
Edith Stein.

[1] Das in der Handschrift deutlich zu lesende Datum 1923 beruht auf einem Irrtum Edith Steins. Der Inhalt des Briefes paßt durchaus nicht in das Jahr 1923, dagegen bestätigt er, was aus Edith Steins Leben für 1922 bekannt ist.

[2] Husserl hielt die Londoner Vorträge im Juni 1922.

[3] *Zur Ontologie der sozialen Gemeinschaften.* Gerda Walther hatte mit dieser Arbeit bei Alexander Pfänder promoviert.

[4] Außer der Arbeit von Gerda Walther und der *Realontologie* von Hedwig Conrad-Martius enthält JPPF 6 (1923) drei weitere Beiträge: Fritz London, *Über die Bedingungen der Möglichkeit einer deduktiven Theorie*; Oskar Becker, *Beiträge zur phänomenologischen Begründung der Geometrie und ihrer physikalischen Anwendungen*; Hans Lipps, *Die Paradoxien der Mengenlehre.*

[5] Ab Ostern 1923 war Edith Stein fest in Speyer, in den Lehranstalten von St. Magdalena, angestellt und hätte den Vorsatz, „den Winter über in Breslau“ zu sein, gar nicht fassen können (vgl. Anm. 1).

[6] Alfred v. Sybel, geb. 25.7.1885, studierte 1907–1912 bei Husserl in Göttingen und promovierte dort bei dem Psychologen Georg Elias Müller. Er starb während des Marsches in die Deportation durch die Rote Armee in der Nähe von Berlin in der Nacht 5./6. Juni 1945.

[7] Die Besucherliste bestätigt das Datum von 1922. Für den Sommer 1922 verzeichnet Conrad in sein Gästebuch: Edith Stein „zieht von der Loggia ins Gastzimmer, vom Gastzimmer ins Kämmerchen, vom Kämmerchen ins Gastzimmer …“

83

⟨Bergzabern,⟩ 30. IX. 22.

Lieber Herr Ingarden,

Sie warten schon wieder lange auf Antwort. Aber in der Erntezeit und während der Hochflut der sommerlichen Besuche kam man nicht zum Schreiben.

Ich glaube, von der Realontologie haben Sie keine Rivalität zu fürchten. Abgesehen von dem einleitenden Kapitel über Realität[1] werden darin keine formalen Probleme behandelt.

Ich glaube, was wir bei Reinach in den Übungen gelegentlich „Dieselbigkeit“ nannten, das fällt zusammen mit dem, was in der Bewegungsarbeit „intentionale Selbigkeit“ heißt. Haben Sie die Stelle S. 427 ff. nachgelesen? Soweit ich mich erinnere, habe ich in seinen Notizen den Terminus „Dieselbigkeit“ nicht gefunden und darum auch nicht verwendet.

Über Bücher kann ich Ihnen jetzt schlecht Auskunft geben, weil ich selbst so wenig zum Lesen komme. Eben wird ein Buch von Koyré gedruckt[2] (über die Gottesidee bei Descartes), das Frau Conrad u. ich übersetzt haben, es erscheint zugleich französisch. – Nach Freiburg bin ich doch nicht gekommen. In der Zeit, als er mich erwartete, konnte ich nicht fahren, und als ich jetzt anfragte, war er infolge der Londoner Reise[3] und des Semesters in so schlechter Verfassung, daß er niemanden sehen mag. In einigen Tagen fahre ich nach Breslau. Ihre Manuskripte kann ich Ihnen nicht mitbringen, aber ich denke, Sie kommen auch so mal im Laufe des Winters. Hier waren in diesem Monat zum erstenmal alle Kinder des Hauses versammelt: Sybel, Hering, Koyré (mit Frau) und ich. Auch Lipps ist für einige Tage da. Er war in Indien und um ganz Afrika herum. Jetzt ist sein Urlaub abgelaufen, und er muß im Winter wirklich lesen. Davor fürchtet er sich. Vor seiner Abreise hatte er gerade *eine* Vorlesung und einmal Übungen gehalten. Das Seminar soll wunderschön gewesen sein, die Kollegstunden katastrophal.

Hering und Koyré waren im Juli 10–14 Tage in Freiburg. Es soll sehr lebhafter Betrieb da sein, viele sehr interessierte Leute. Aber alles orthodoxe

„Transcendentalphänomenologen“[4], wer nicht auf dem Boden des Idealismus steht, gilt als „Reinach-Phänomenologe“ (Reinach-Schüler sind nach der Freiburger Historie auch Pfänder, Daubert[5] etc.) und eigentlich nicht mehr zugehörig. Der Meister erzählt, daß er vor Freiburg niemals wirkliche Schüler gehabt hat. Einer von diesen neuen Schülern – Dr. Becker[6]– hat sich bereits habilitiert, ein zweiter (London)[7] soll folgen. Heidegger wird wahrscheinlich bald wegberufen.[8]

Mit herzlichen Grüßen
Ihre Edith Stein.

[1] Dieses Kapitel gehörte zu den Beiträgen, die Husserl zum 60. Geburtstag als Manuskript überreicht worden waren.

[2] Koyrés Buch erschien 1922 in Paris unter dem Titel *Essai sur l'idée de Dieu et les preuves de son existence chez Descartes.* – Die Übersetzung *Descartes und die Scholastik* erschien 1923 im Verlag Cohen in Bonn ohne Übersetzernamen. Das Buch wurde 1971 in reprographischem Nachdruck neu herausgegeben durch die Wissenschaftliche Buchgesellschaft Darmstadt; ESGA 25 (2005).

[3] Im Juni 1922 hielt Husserl Vorträge an der Universität London.

[4] D.h. Phänomenologen im Sinne der besonderen Festlegung Husserls, die von den München-Göttingern wie auch von Heidegger kritisiert wurde. Vgl. Edith Steins spätere Stellungnahmen zu Husserls Werken (ESGA 9); dazu auch Hedwig Conrad-Martius, *Die transzendentale und die ontologische Phänomenologie*, 1959, jetzt in *Schriften zur Philosophie III*, München 1965.

[5] Johannes Daubert, geb. 5.9.1877 in Braunschweig, gest. 11.12.1947 auf seinem Gut Freidlhof bei Mainburg/Holledau, studierte in München bei Theodor Lipps und bei Husserl in Göttingen. Daubert gilt als bedeutender Vermittler zwischen dem Münchner Phänomenologenkreis und Husserl. Der Witz der Bemerkung, auch Pfänder und Daubert seien nach der Freiburger Historie Reinach-Schüler, liegt darin, daß umgekehrt Reinach in München, ehe er nach Göttingen kam, Schüler Dauberts und Pfänders war.

[6] Oskar Becker, geb. 5.9.1889 in Leipzig, gest. 13.11.1964 in Bonn, habilitierte sich mit der Schrift *Beiträge zur phänomenologischen Begründung der Geometrie und ihrer physikalischen Anwendungen. – Die Stellung des Aesthetischen im Geistesleben* war das Thema seiner Probevorlesung am 18.7.1922 für die Habilitation.

[7] Die Arbeit von Fritz London in JPPF 6 (vgl. Br. 82, Anm. 4) war keine Habilitationsschrift, sondern eine private Studie. – London emigrierte nach 1933 in die USA.

[8] Heidegger ging 1923–1928 als Extraordinarius nach Marburg.

84

Speyer, 5. II. 24.
St. Magdalena.

Lieber Herr Ingarden, wenn mein Kalender-Gedächtnis mich nicht täuscht, ist heute Ihr Geburtstag. Und da will ich den Vorsatz, Ihnen mal zu schreiben, den ich schon seit Monaten mit mir herumtrage, endlich ausführen. Sie sind ja seit undenklichen Zeiten gänzlich für mich verschollen und ich für Sie vermutlich nicht minder. Weihnachten letztes Jahr habe ich so halb und halb gedacht, Sie würden mich besuchen. Da war ich noch in Breslau und hütete die Kinder meiner Schwester[1]. Gegen Ostern bekam ich überraschend ein Angebot an eine Schule nach Speyer. Und als meine Mutter ihre Abneigung dagegen einigermaßen überwunden hatte, griff ich rasch zu. Denn was für meine Mutter einen bedenklichen Haken an der Sache bedeutete, das war für mich gerade der Hauptanziehungspunkt: es handelte sich nämlich um ein großes altes[2] Dominikanerinnenkloster, dem eine ganze Menge Lehranstalten angegliedert sind, u. a. die katholische Lehrerinnenbildungsanstalt[3] für die Pfalz. Da bin ich also jetzt angestellt, gebe deutschen Unterricht in 4 Klassen, außerdem in einer Klasse Geschichte. Als kleine Nebenbeschäftigung fand sich bald ein Philosophiekursus für die Schwestern des Kollegiums dazu, seit einiger Zeit auch noch Lateinstunden für 2 junge Schwestern[4], die das Abiturium machen sollen. Die Schülerinnen sind z⟨um⟩ gr⟨oßen⟩ T⟨eil⟩ im Internat, und da wohne auch ich drin. Mein Zimmerchen ist ganz winzig, aber ich bin noch nirgends so gern gewesen. Im Sommer war ich zu Besuch daheim, in den kleinen Ferien[5] immer nur ein paar Tage in Bergzabern – dahin ist es ja nicht weit. Und jedesmal, wenn ich zurückkomme und von weitem die Speyerer Domtürme sehe und dann das kleine spitze Türmchen unserer Klosterkirche, dann werde ich ganz unsagbar froh. Die Kinder sind mir sehr lieb, und wir vertragen uns recht gut, obgleich sie aus mir ganz fremden Lebensverhältnissen stammen. Schwierigkeiten gibt es natürlich, aber nicht mehr als in der Erziehung – und gar der Internatserziehung – als solcher liegen. Außer mir unterrichten nur Schwestern, und das ist ein idealer Zustand. Es gibt gar keine Reibungsflächen. Das geistige Niveau ist unvergleichlich mit dem, was man draußen an Schulen trifft. Die Klosterkandidatinnen sind an sich schon eine Auswahl und dann werden für das Seminar die allerbesten herausgesucht und ausgebildet. Die Hauptsache ist für mich natürlich die religiöse Basis des ganzen Lebens. Ich weiß nicht, ob man Ihnen darüber mal etwas Näheres sagen darf.

Soviel für heut zur Wiederanknüpfung der abgerissenen Beziehungen. Nun tun Sie das Ihre.

Herzlichst Ihre Edith Stein.

[1] Susanne (*1921) und Ernst Ludwig (*1922), Kinder von Erna und Hans Biberstein.

[2] Das heute knapp 800 Jahre alte Kloster St. Magdalena.

[3] Außer dem Lehrerinnenseminar unterhielt das Kloster eine katholische Volksschule, eine Höhere Mädchenschule (Oberlyzeum), eine Frauenarbeitsschule, später eine Handels- und Hauswirtschaftsschule.

[4] Vermutlich Agnella Stadtmüller und Immolata Matheis, später auch Callista Kopf.

[5] Kleine Ferien waren in der Weihnachts- und Osterzeit, zu Pfingsten und im Herbst (um Michaelis).

85

St. Magdalena, 1924
am Fronleichnamstag ⟨19.6.⟩

Lieber Herr Ingarden,

Sie wollten bald wieder von mir hören und nun sind schon über 4 Monate vergangen, ohne daß es dazu kam. Der Brief langte während der Examensgeschäfte an, und ich verschob die Antwort auf die Osterferien, um recht in Ruhe schreiben zu können. Aber die Osterferien waren mit Kranksein ausgefüllt. Und die Pfingsttage war ich in Bergzabern. So soll Ihnen heute endlich etwas von der Festfreude zugute kommen. Vielleicht sind Sie indessen schon Privatdocent in Lemberg geworden. Von Phänomenologie und Phänomenologen kann ich Ihnen nicht viel berichten, weil ich selbst so wenig weiß. Nur über das Jahrbuch VII kann ich einigermaßen Auskunft geben. Davon ist nämlich der erste Beitrag – meine Arbeit über den Staat – gedruckt und wartet seit einem Jahr auf die übrigen[1]. Nach dieser Arbeit habe ich nichts mehr gemacht, und bis auf weiteres besteht keine Aussicht, daß ich etwas anfangen könnte. Dazu läßt mir mein Stundenplan keine Muße. Manchmal habe ich eine kleine Stunde Zeit (durchaus nicht jeden Tag) und dann auch das Bedürfnis, etwas zu tun, was gar nicht mit der Schule zusammenhängt. Diese Zeitsplitter, die ja für eigene Arbeit nicht in Betracht kommen, habe ich im letzten Jahr verwendet, um ein Buch von Cardinal Newman[2] – The Idea of a University[3] – zu übersetzen. (Für den Theatiner-Verlag in München, zu dessen Begründern und Leitern Gogo Hildebrand[4] gehört.) Und nun wird ein 2. Band von mir gewünscht. Das Übersetzen macht mir rein als solches Freude. Und außerdem ist es sehr schön für mich, mit einem Geist wie Newman in so nahe Fühlung zu kommen, wie es das Übersetzen mit sich bringt. Sein ganzes Leben ist nur ein Suchen nach der religiösen Wahrheit gewesen und hat ihn mit unausweichlicher Notwendigkeit zur katholischen Kirche geführt. Da stehe ich nun an dem Punkt, der mir die Beantwortung Ihres Briefes als ein so großes Unternehmen erscheinen ließ. Als ich die letzten Zeilen gelesen hatte, fragte ich mich: wie ist es möglich, daß ein Mensch mit wissenschaftlicher Schulung, der den Anspruch auf strenge Sachlichkeit erhebt und ohne gründliche Untersuchung nicht über die kleinste philosophische Frage ein Urteil abgeben würde – daß der die allerwichtigsten Probleme mit einer Phrase abtut, die an den Stil eines Winkelblättchens erinnert. Ich meine den „zur Beherrschung der Massen ausgedachten Dogmenapparat“. Fassen Sie das nicht als persönlichen Vorwurf auf. Ihr Verhalten ist ja das ganz typische der Intellektuellen, soweit sie nicht kirchlich erzogen sind, und ich habe es bis vor wenigen Jahren nicht anders gemacht. Doch erlauben Sie mir aus alter Freundschaft, das allgemeine Problem zu einer intellektuellen Gewissensfrage an Sie umzuformen. Wieviel Zeit haben Sie (seit dem Religionsunterricht in der Schule) schon auf das Studium des katholischen Dogmas, seiner theologischen Begründung, seiner historischen Entwicklung verwendet? Und haben Sie sich schon einmal die Frage vorgelegt, wie es zu erklären ist, daß Männer wie Augustin, Anselm von Canterbury, Bonaventura, Thomas[5] – von den vielen Tausenden abgesehen, deren Namen dem Fernerstehenden unbekannt sind, die aber zweifellos auch nicht weniger gescheit waren oder sind als wir erleuchtete Leutchen –, daß diese Männer in dem verachteten Dogma das Höchste gesehen haben, was dem Menschengeist zugänglich ist, und das einzige, was es verdient, ihm ein Leben zu opfern? Mit welchem Recht können Sie die großen Lehrer und die großen Heiligen der Kirche entweder als Dummköpfe oder als schlaue Betrüger bezeichnen? Sicherlich darf man doch eine so ungeheuerliche Verdächtigung, wie sie jene Worte enthalten, nur nach der allereingehendsten Prüfung aller in Betracht kommenden Tatsachen aussprechen. Wollen Sie sich diese Fragen – wenn nicht sich, dann mir zu lieb – einmal ganz unbefangen vorlegen und beantworten? Nur *sich* beantworten – mir müssen Sie es nicht, wenn Sie nicht gern mögen.

Eben wurde ich im Schreiben unterbrochen durch ein kleines Mädchen aus dem Pensionat, das mir Eis und Cakes vom „Jahrmarkt" brachte. Den halten sie heute selbst im Klostergarten. Dies nur als ein kleines Momentbild, damit Sie sich kein gar zu finsteres Kerkerleben für mich ausmalen. Tatsächlich wäre niemandem gegenüber Mitleid weniger angebracht als mir. Es gibt keinen Menschen auf der Welt, mit dem ich tauschen möchte. Und das Leben habe ich erst lieben gelernt, seit ich weiß, wofür ich lebe.

Ich grüße Sie sehr herzlich und auch Ihre Frau und die 3 Bübchen[6],

Ihre
Edith Stein.

[1] JPPF 7 erschien erst 1925. Außer Edith Steins Arbeit *Eine Untersuchung über den Staat* (S. 1–123) enthielt er: Roman Ingarden, *Essentiale Fragen. Ein Beitrag zum Wesensproblem* (S. 125–304); Dietrich Mahnke, *Leibnizens Synthese von Universalmathematik und Individualmetaphysik* (S. 305–593); Arnold Metzger, *Der Gegenstand der Erkenntnis. Studien zur Phänomenologie des Gegenstandes.* Erster Teil (S. 613–769).

[2] John Henry Newman, geb. 21.2.1801 in London, gest. 11.8.1890 in Birmingham, war zunächst als Anglikaner eine führende Gestalt in der Oxfordbewegung. Er konvertierte 1845 zur röm.-kath. Kirche, empfing die Priesterweihe, wurde Gründungsrektor der katholischen Universität in Dublin und 1879 zum Kardinal kreiert. Er führte das Oratorium des hl. Philipp Neri in England ein.

[3] Es handelt sich um *The Idea of a University, Defined and Illustrated by John Henry Newman.* Das Exemplar, nach dem Edith Stein arbeitete, befindet sich im Archiv des Kölner Karmel (D I 5); die Übersetzung (P/C I 2) erschien 2004 in ESGA 21.

[4] Der Verlag wurde benannt nach den Theatinern, die bis ins 19. Jahrhundert die Hofkirche in München betreuten. Sie waren ein im 16. Jh. gegründeter Orden zur religiösen Erneuerung.

[5] Aurelius Augustinus (354–430) (s. Br. 9, Anm. 6); Anselm von Canterbury (1033–1109); Bonaventura (1217–1274); Thomas von Aquin (1225–1274): Theologen der Patristik und Scholastik.

[6] Am 7. 8. 1923 wurde Ingardens dritter Sohn Janusz Stefan in Toruń (Thorn) geboren.

86

Postkarte
Polen!
Herrn Dr. R. Ingarden
Toruń (Thorn)
Mickiewicza 115

Absender:
Stein St. Magdalena

Poststempel: Speyer 27. 10. 24

25. X. 24.

Damit Sie nicht länger meinen, ich sei aus Groll verstummt, will ich Ihnen schnell ein paar Zeilen schreiben. Tatsächlich war es hauptsächlich Mangel an Zeit und damit zusammenhängend Mangel an Stoff, der für Sie interessant wäre, da ich ja zu wissenschaftlicher Arbeit überhaupt nicht komme. Sobald es geht, werde ich aber doch mal ausführlicher schreiben. Die Briefe sind in meinem Schreibtisch in Breslau. Ich werde meine Schwester bitten, daß sie versucht, sie Ihnen zu schicken. Ich hoffte auch immer, Sie würden sie mal holen.

Vielen Dank für Ihre Glückwünsche u. herzliche Grüße auch an Ihre Frau u. die Kinder,

Ihre E. S.

87

St. Magdalena, 14. XII. 24

Lieber Herr Ingarden,

heute will ich wenigstens mal einen Brief an Sie anfangen. Dann wird er vielleicht doch bis Weihnachten fertig.

Zunächst die betrübliche Mitteilung, daß meine Schwester vergeblich den

Versuch gemacht hat, das Briefpaket auf die Beine zu bringen. Man sagte ihr auf der Post, sie müsse es aufmachen und in lauter kleine Briefsendungen auflösen. Das wollte ich natürlich nicht, denn ich möchte es Ihnen doch so wiedergeben, wie ich es empfangen habe. So habe ich sie gebeten, es wieder an seinem Ruheplatz in meinem Schreibtisch zu verstauen. Was nun?

Sodann die Erklärung für mein langes Schweigen. Der Zeitmangel allein ist es natürlich nicht. Wo es unbedingt nötig ist, nehme ich mir ja immer die Zeit zum Schreiben. Und ich würde sie auch für Sie stets haben, wenn etwas für Sie dabei herauskommen könnte. Das aber war mir gerade zweifelhaft geworden. Daß es gegenwärtig keinen Sinn hat, mit Ihnen über das zu sprechen, was mich innerlich beschäftigt, haben mir die letzten Briefe gezeigt. Das soll keine Anklage gegen Sie sein. Sicherlich liegt der größere Teil der Schuld bei mir, denn ich habe es wahrscheinlich recht ungeschickt angefangen. Vermutlich ginge es besser, wenn man sich mal gesprochen hätte. So fehlt auf beiden Seiten die konkrete Kenntnis der seelischen Situation, die für eine sinnvolle Auseinandersetzung erforderlich wäre.

Was Sie aber gern von mir hören möchten, davon weiß ich fast nichts zu sagen. Ich habe seit über 2 Jahren nichts mehr phänomenologisch gearbeitet. Einfach weil die Umstände es nie erlaubten. Die Arbeit über den Staat ist jetzt als Separatum fertig. Wenn Sie das Jahrbuch *nicht* kaufen wollen, dann würde ich Ihnen ein Exemplar schicken. Sonst möchte ich sie lieber für Leute verwenden, die kein Jahrbuch haben. (Daß das ganze Jahrbuch noch nicht fertig ist, wissen Sie ja wohl.) Wenn ich Zeit zu wissenschaftlicher Arbeit hätte, dann würde ich mich einmal gründlich mit den klassischen Werken der Scholastik beschäftigen und eine Auseinandersetzung damit versuchen. Ich glaube, daß ich dafür, auch ohne systematisch zu arbeiten, in den letzten Jahren schon manches gelernt habe. Und manchmal wünsche ich sehr, daß ich dazu noch käme. Aber ob es wird, das ist noch ganz dunkel. Vorläufig ist meine Zeit völlig ausgefüllt mit der Schule und allerhand menschlichen Verpflichtungen, die damit verbunden oder durch allerhand alte und neue Beziehungen gegeben sind.

Sie haben gewiß ein rechtes Kinder-Weihnachten. Viele gute Wünsche dafür und herzliche Grüße,

Ihre
Edith Stein.

88

Postkarte
Polen!
Herrn Dr. R. Ingarden
Thorn
Mickiewicza 115.

Absender
Stein
St. Magdalena.

Poststempel: Speyer 2.2.25

1.II.25.

Lieber Herr Ingarden,

zum Dank für Ihren Weihnachtsbrief (er kam am Heiligen Abend an) sollten Sie wenigstens zu Ihrem Geburtstag[1] etwas Ausführliches bekommen. Nun hat sich gerade gestern – anscheinend als Nachwirkung einer kleinen Grippe – ein Augenkatarrh eingestellt, der mich zwingt, das Schreiben und Lesen auf das Notwendigste einzuschränken – und dazu gehören 4 Wochen vor den Prüfungen die Briefe nicht. Also vorläufig herzliche Glückwünsche und Grüße und weiteres später! In einigen Tagen schicke ich Ihnen den Almanach des Theatiner-Verlags, für den ich übersetze, damit Sie sehen, in welcher Gesellschaft ich mich da befinde.

Ihre
Edith Stein.

[1] Am 5. Februar.

89

Trebnitz[1], Villa Hubertus 8.VIII.25.

Lieber Herr Ingarden,

nicht wahr, Sie warten schon gar nicht mehr auf einen Brief von mir? Ich will nun nicht (wie es Bell zu tun pflegt) mit einer langen Aufzählung der Gründe, warum usw. anfangen. Kurz, mein Gewissen erwachte, als ich neulich daheim wieder mal dem braunen Paket begegnete und mir einfiel, daß Sie es sich ja in diesen Ferien holen wollten. Bei uns beginnt die Schule erst am 1.IX. wieder, aber in Schlesien hat sie schon gestern wieder angefangen, und wie es bei Ihnen sein mag, weiß ich nicht. Hoffentlich komme ich nicht zu spät.

Nun gedrängte Übersicht von Februar bis jetzt. Kurz nach der Karte, die ich Ihnen zuletzt schrieb, erkrankte ich wieder und habe mich erst in den Osterferien[2] soweit erholt, daß ich im neuen Schuljahr meiner Tätigkeit wieder nachkommen konnte. Jetzt bin ich wieder ganz gesund, nur etwas müde, und darum bin ich von Breslau hierher geflüchtet, wo es erholsamer ist. Unmittelbar vor der Erkrankung passierte etwas, was Sie freuen wird. Es besuchte mich nämlich H. Pater Przywara[3] S.J. aus München, mit dem ich durch die Newman-Übersetzung, die er herausgibt, brieflich in Verbindung gekommen war. Er ist ein sehr guter Kenner der modernen Philosophie (er hat das Referat über Philosophie in den „Stimmen der Zeit[4]"), und in unserm Briefwechsel hatte sich bereits gezeigt, daß wir beide dasselbe Desiderat als gegenwärtig dringende Aufgabe betrachten: nämlich eine Auseinandersetzung zwischen der traditionellen katholischen und der modernen Philosophie (wobei ihm auch die Phänomenologie das Wichtigste ist). Im mündlichen Gespräch hat er mir dringend zugeredet, wieder wissenschaftlich zu arbeiten und meine Schulstunden zu diesem Zweck möglichst einzuschränken. Seit Ostern bin ich daraufhin etwas entlastet. Ich habe zunächst schnell den Band Newman[5] erledigt, den ich noch übernommen hatte, und vor kurzem mit dem Studium von Thomas v. Aquinos philosophischem Hauptwerk – den Quaestiones disputatae[6] – begonnen. Es geht vorläufig in sehr gemächlichem Ferientempo und wird lange Zeit in Anspruch nehmen. Und was dabei herauskommen wird, kann ich noch nicht absehen – ob eine Übersetzung (die es noch nicht gibt) mit Noten oder eine Abhandlung über die thomistische Erkenntnislehre und Methodik, für sich oder im Vergleich mit der phänomenologischen, oder sonst was. – Ich glaube, es war – auch vom wissenschaftlichen Standpunkt aus – recht gut, daß ich mit derlei Arbeiten länger pausiert habe. Ich habe nun den nötigen Abstand gewonnen, scheint mir, um auch die phänomenologische Methode mit kritischen Augen zu betrachten, die ich früher – wie Sie ja sehr wohl wissen – doch gar zu naiv handhabte.

Kurz vor meiner Abreise kam das neue Jahrbuch[7]. Von Ihrer Arbeit verspreche ich mir sehr viel, aber ich konnte mich nicht entschließen, meinen Koffer damit zu belasten, und habe die Lektüre daher bis nach den Ferien verschoben. – Ich bleibe hier noch etwa 10 Tage und dann wohl etwa bis zum 25. in Breslau selbst[8].

Mit herzlichen Grüßen
Ihre
Edith Stein

[1] Trebnitz: kleine Stadt nördlich Breslau, ehemalige Zisterzienserinnen-Abtei mit dem Grab der hl. Hedwig. Zur Zeit Edith Steins befand sich in den Klostergebäuden das Mutterhaus einer Borromäerinnen-Kongregation; dort weilte sie als Erholungsgast.

[2] Diese Osterferien verbrachte Edith Stein auf dem Liebfrauenberg bei Bergzabern in der Pfalz, wo die Paulus-Schwestern (Mutterhaus Herxheim) ein Erholungsheim betreuten.
[3] Erich Przywara, geb. 12. 10. 1889 in Kattowitz, gest. 28. 9. 1972 in Murnau, Theologe und Philosoph schildert seine Begegnung mit Edith Stein in seinem Buch *In und Gegen*, Nürnberg 1955, S. 61 ff.
[4] *Stimmen der Zeit*, Monatsschrift für das Geistesleben der Gegenwart, 1869 begründete Zeitschrift der deutschen Jesuiten, bis 1914 *Stimmen aus Maria Laach* (als dort eine Residenz der Jesuiten war), seither München.
[5] *J. H. Newman, Briefe und Tagebücher bis zum Übertritt zur Kirche 1801–1845.* Übertragen von Dr. Edith Stein. Herausgegeben von P. Erich Przywara S.J., Theatiner Verlag, München 1928. Jetzt: *Briefe und Texte der ersten Lebenshälfte*, ESGA 22, 2003.
[6] Quaestiones disputatae sind eine im Mittelalter bevorzugte Literaturgattung, der literarische Niederschlag von Disputationen, die der Magister der Theologie abhielt. „Die quaestiones disputatae spiegeln, da sie die Fragen ungemein ausführlich erörtern und zu anderen Auffassungen kritisch Stellung nehmen, das Ringen und Suchen der Scholastik nach Wahrheit und Klarheit am deutlichsten wider.“ Aus dem Geleitwort von Martin Grabmann (S. VI) zu Edith Steins Übersetzung *Des hl. Thomas von Aquino Untersuchungen über die Wahrheit,* Verlag Otto Borgmeyer, Breslau 1931 (Bd. 1) und 1932 (Bd. 2); deutsch-lateinisches Wörterverzeichnis 1934 (ESGA 23/24).
[7] JPPF 7 (1925) mit Ingardens Beitrag *Essentiale Fragen.*
[8] Bei ihrer Mutter, Breslau X, Michaelisstr. 38. Außer Auguste Stein lebten in diesem Haus vier Geschwister Ediths, nämlich Frieda Tworoger mit ihrer Tochter Erika, Rosa Stein und Erna Biberstein mit ihrem Mann und zwei Kindern, bis 1928 Arno Stein mit seiner Frau und vier Kindern.

90

Postkarte
Polen
Herrn Dr. Roman Ingarden
Toruń (Thorn)
Mickiewicza 115.

Absender:
Stein, z. Zt. Villa Hubertus
Trebnitz i. Schlesien

Poststempel: Trebnitz (Schlesien) 15. 8. 25

14. VIII. 25.

Lieber Herr Ingarden, Ihr Brief hat sich mit einem von mir gekreuzt. Hoffentlich haben Sie den erhalten, ich habe eine falsche Hausnummer geschrieben (48 glaube ich). Heute will ich Ihnen nur sagen, daß ich gern die Durchsicht Ihrer deutschen Ausgaben übernehmen will – nicht bloß aus alter Freundschaft, sondern auch, weil ich glaube, daß mir das ganz gesund sein wird: auf die Weise werde ich genötigt, etwas von neueren Arbeiten sorgfältig zu lesen, und das ist gerade jetzt sicher gut.

Etwa ab 25. VIII. werde ich wieder in Speyer sein.

Mit herzlichen Grüßen
Ihre E. S.

91

St. Magdalena, 28. IX. 25.

Lieber Herr Ingarden,

den gestrigen Sonntag habe ich zum Studium Ihres Vortrags[1] benützt und denke, es wird gut sein, wenn ich meine Eindrücke gleich frisch aufschreibe. – Die sprachliche Korrektur hat nicht viel Mühe gekostet; es scheint fast, als hätten Sie in den Jahren der Entfernung von Deutschland zugelernt. Ich brauche Ihnen wohl nicht über die einzelnen kleinen Änderungen Rechenschaft abzulegen. Nur einige Stellen, an denen mir die philologische Interpretation Schwierigkeiten macht und wo ich darum nicht weiß, ob und wie ich ändern soll, will ich anmerken:

1.) *S. 11* Was bedeutet im letzten Absatz von §7 der Terminus „Bekannte"?

2.) *S. 18* Letzter Absatz von § 10. Ist gemeint: „Es war … nur deshalb möglich, *weil* man … vollzog" oder „… *daß* man vollziehen *konnte*" (weil … gäbe den Grund des Vorausgehenden an, *daß* die Frage daraus. Ich denke, Sie meinen weil).

3.) *S. 19* mußte ich einen Satz ziemlich verändern und weiß nicht, ob er nun ganz Ihren Sinn wiedergibt: „Die Erk⟨enntnis⟩-Th⟨eorie⟩ darf … nicht aus dem Auge verlieren, da sie imstande sein muß, den eventuellen Einfluß derjenigen Momente des Bewußtseinsaktes auf die Erkenntnisresultate, die bei der Erreichung d⟨er⟩ Erkenntnis keine unmittelbare Rolle spielen, bzw. die Möglichkeit der Beseitigung dieses Einflusses zu beurteilen."

4.) *S. 29* Z⟨eile⟩ 5, bin ich im Zweifel, ob „auf *keine* Weise" oder auf *irgendeine* Weise gemeint ist (im 1. Fall doppelte Verneinung = Bejahung, im 2. einfache Verneinung.)

Sub titulo II soll ich nun die Frage beantworten, ob es einen Sinn hat, dies in Deutschland zu veröffentlichen. Dazu fühle ich mich eigentlich nicht kompetent, weil ich in den letzten Jahren die philosophische Literatur sehr wenig verfolgt habe. Ich würde darum gern jemanden andern zu Rate ziehen, z. B. Hering. Wenn ich ihn in absehbarer Zeit sprechen sollte (was möglich ist) und wenn Sie keinen Einspruch erheben, werde ich ihm die Arbeit zeigen. Indessen schreibe ich Ihnen meine unmaßgebliche Meinung. Ich glaube wohl, daß es einen Sinn hätte, denn ich finde hier den erkenntnistheoretischen Standpunkt, der in Husserls Schriften impliziert, aber nicht expressis verbis[2] dargelegt ist, mit der Schärfe und Klarheit präzisiert, wie es meines Wissens sonst nirgends ist. Ich glaube aber, daß einige kleine Abänderungen und vielleicht nicht ganz kleine Ergänzungen gut wären.

Ich notiere zunächst, wo mir kleine Versehen oder Ungenauigkeiten vorgekommen zu sein scheinen:

S. 4 steht, es sei zur Begründung (wissenschaftlicher Sätze) nicht nötig, daß man um ihre Wahrheit *wisse.* Gemeint ist offenbar, ohne daß man diese Wahrheit aus letzten Prinzipien erweisen könne. Jeder Wissenschaftler *glaubt* an die Wahrheit seiner Sätze und glaubt darum auch darum zu *wissen* (der Sprachgebrauch läßt diesen Sinn von „Wissen" durchaus zu) und wird höchst frappiert sein, wenn Sie es ihm bestreiten.

S. 7 werden „positive" Wissenschaften der Psychologie gegenübergestellt, was doch sicher nicht Ihre Absicht ist.

Nun zu den Ergänzungen, die ich für wünschenswert halte. Für den Vortrag war es erlaubt, daß Sie in weitem Ausmaß Husserls und Ihre eigenen Schriften als bekannt und zugestanden voraussetzten. Für eine *Schrift*, wenn Sie damit auf weitere philosophische Kreise wirken wollen, ist es, so scheint mir, sehr wichtig, daß sie möglichst selbständig, d. h. als in sich geschlossener Zusammenhang auftritt. Als „Phänomenologen" gelten im Publikum eine Unzahl von Leuten, die uns z. T. wenig verwandt anmuten, in erster Linie immer noch Scheler und seine schon ziemlich ausgebreitete Schule, Husserl wird respektiert, aber wenig gelesen und noch weniger verstanden. Darum würde ich

1.) einen Terminus wie *„regionale Idee"* (*S. 1, 11, 13, 22* etc.) und die Ausführungen über Regionale der Ontologien[3] etc. (*27*) nicht ohne ausführliche Erläuterung gebrauchen. Das I. Kapitel der Ideen ist vielmehr selbst der Interpretation bedürftig, als daß man sich darauf zur Interpretation eigener Darlegungen berufen dürfte.

2.) *S. 3* wird behauptet, das Subjekt der reinen Erkenntnislehre sei frei von empirischen Bedingungen. Das glaubt Ihnen so schlechthin kein Mensch (abgesehen von einigen Phänomenologen streng Husserlscher Observanz und Neukantianer, die gewöhnt sind, transcendental zu denken). Auch sehr ernst zu nehmende Philosophen sehen es als unausweichliche Tatsache an, daß der Erkenntnistheoretiker ebenso wie jeder andere Mensch alle seine Akte unter den Bedingungen der menschlichen Natur vollzieht und davon so wenig loskann wie über seinen Schatten springen. In welchem Sinn und mit welchem Recht man davon abstrahieren kann, das muß man *zeigen* u.

zwar an Ort u. Stelle, auf die Gefahr hin, daß Sie manches wiederholen, was Sie anderswo schon gesagt haben.

3.) macht es mir etwas Bedenken, daß *S. 10* et div⟨ersis⟩ loc⟨is⟩[4] „formal-material“ wieder in einem gänzlich neuen Sinn gebraucht wird (offenbar in Übereinstimmung mit Ihrer Jahrbuch-Arbeit, die ich leider aus Zeitmangel immer noch nicht lesen konnte). Das ist doch eine Erschwernis für alle, für die dies bereits anderweitig festgelegte, ganz fixe Termini sind.

4.) Cf. 2. Die Möglichkeit einer Untersuchung reiner Erlebnisse ist hier einfach vorausgesetzt, als wäre sie längst allgemein zugestanden, anstatt daß sie gezeigt würde.

5.) In der Abgrenzung von Phänomenologie und Erkenntnistheorie ist „Phän.“ in einem dem bisherigen (freilich sehr vieldeutigen) Gebrauch gegenüber eingeschränkten Sinn genommen. Die „Ideen“ legen diese Einschränkung nahe, rechtfertigen sie aber nicht durchaus. Dort herrscht doch noch die Idee der Phänomenologie als philosophischer Methode schlechthin und danach hätten wir bei Ihnen eine „phänomenologische Erkenntnistheorie“. Diese Mehrdeutigkeit u. Durchkreuzung d. Begriffe kann wieder Verwirrung stiften.

6.) *S. 22* wird die „Bezweifelbarkeit“ der äuß⟨eren⟩ Wahrnehmung als erwiesene Tatsache hingestellt, es ist aber vorher nichts gesagt, was als Nachweis dienen könnte.

7.) In der Einführung der Ausdrücke „epistemologisch“ u. „Epistemologie“ *(S. 23, 30)* sehe ich keine erfreuliche Bereicherung unserer Terminologie. Vielleicht sind sie bei Ihnen üblich? Bei uns nicht und ich sehe keine Notwendigkeit ein, für ein und dieselbe Sache mehrere Termini zu brauchen[5].

8.) Da – wiederum abgesehen von Phänomenologen u. Neukantianern – die Auffassung der Erkenntnisbeziehung als kausaler immer noch durchaus herrschend ist, genügt es nicht einfach zu behaupten, daß sie es nicht ist *(24)*.

9.) Ausdrücke wie „absolute“ Wissenschaft *(1)*, „absolut unbezweifelbare“, „letzte, unbezweifelbare und durch die neuen Forschungsresultate in keiner Hinsicht zu ändernde Erkenntnis“ *(3, 4)* etc. haben einen herausfordernden und aufreizenden Charakter, wenn man sie nicht in einem bestimmten Sinne präzisiert. Sie klingen, als ob der *einzelne* Erkenntnistheoretiker (z. B. der geehrte Autor selbst) innerhalb seiner Sphäre gegen jeden Irrtum gesichert wäre, während Sie doch sicher nicht mehr sagen wollen, als daß hier eine Erkenntnisweise von besonderer Valenz vorliege, die nur durch Akte dieser Art und durch keine andern korrigiert werden könne.

Hier stehe ich nun an der Schwelle zu einer III. Klasse von Bemerkungen. Ich vermute, es wird Sie persönlich interessieren, was ich *sachlich* zu Ihren Thesen zu bemerken habe, wenn dies auch für die Frage der Veröffentlichung gänzlich irrelevant ist. Da muß ich nun sagen, daß ich bei aller Bewunderung für die Konsequenz, mit der die Idee dieser absoluten Disziplin entwickelt, u. die Stringenz, mit der die Forderung danach gestellt wird, doch hinter ihre tatsächliche Absolutheit und Freiheit von allem Dogmatismus ein dickes Fragezeichen setze. D.h. ich konzediere durchaus die Unabhängigkeit (in Ihrem Sinn) von jeder + ⟨positiven⟩ Wissenschaft; ebenso die Funktion, die sie *für* alle andern Wissenschaften hat. Aber ich bestreite ihr die Fähigkeit, sich selbst noch *wissenschaftlich* zu begründen. Sie beginnt mit einer absoluten Setzung, einer Setzung d. Erkenntnis, wie mir scheint, *sowohl* als *Faktum* wie als *Idee*. Es will mir bedünken, daß dieser Akt *vor* aller Wissenschaft liegt und ein *Glaubensakt* ist und von keiner höheren Valenz, wenn er Glaube an die eigene Tragfähigkeit u. wenn er Glaube an die veracitas Dei[6] ist. Erkenntnistheorie ist darum m.E. – stehen Ihnen nun die Haare zu Berge? – zugleich Metaphysik *und* Ontologie der Erkenntnis. Von dieser Position aus ergeben sich noch Bedenken gegen folgende Stellen:

1.) *S. 24ff.* Um zu zeigen, daß Erk.-Theorie nicht Metaphysik ist, müßte dargetan werden, daß der Erkenntnis*akt* nicht als existierend gesetzt ist (wobei „existierend" nicht auf „naturhaft existierend" einzuengen wäre).

2.) *S. 31ff.* Analog müßte, um zu zeigen, daß die Erkenntnistheorie nicht äquivalent mit *Ontologie* d⟨er⟩ Erk⟨enntnis⟩, dargetan werden, daß die *Idee* d. Erkenntnis nicht gesetzt werde – aber *S. 28* wird „von den nicht gesetzten Ideen die der Erkenntnis natürlich ausgenommen".

3.) *S. 21* wird gesagt, ein Widerstreit zu einem Satz einer + ⟨positiven⟩ Wissenschaft sei kein Vorwurf für d. E⟨rkenntnis⟩-Th⟨eorie⟩. Kann nicht durch so einen Widerspruch das Vorhandensein eines Irrtums innerhalb der E⟨rkenntnis⟩-Th⟨eorie⟩ „suggeriert", wenn auch nicht bewiesen werden? (cf. II a).

4.) *S. 8* wird die Divergenz der bisherigen Anschauungen als Beweis gegen ihre Richtigkeit angeführt. Tatsächlich folgt daraus nicht, daß nicht *eine* davon richtig sein könnte. Sonst würde gegen Ihre Position sehr bald derselbe Einwand geltend zu machen sein.

Nun muß ich aber schleunigst Schluß machen. Ich habe meine Zeit schon nach den verschiedensten Richtungen hin überschritten. Nur dies will ich noch sagen: ich habe von einer Krankheit Husserls[7] nie etwas gehört. Frau Conrad war vor einem halben Jahr in Freiburg und fand ihn recht frisch. Sie hatte außerdem einen starken Eindruck von der Abgeklärtheit, die er – menschlich und philosophisch – in den letzten Jahren gewonnen habe.

Bitte um Direktiven, was ich mit Ihrem M.S. nun machen soll.

Mit herzlichen Grüßen
Ihre
Edith Stein.

[1] Habilitationsvortrag *Über die Stellung der Erkenntnistheorie im System der Philosophie*, Halle 1925.
[2] „mit ausdrücklichen Worten".
[3] Die Idee der regionalen Ontologien hat Husserl im 1. Kapitel des I. Abschnittes der *Ideen I*, vor allem in § 9, entwickelt.
[4] „und an verschiedenen anderen Stellen".
[5] Epistemologie (griech.: Erkenntnislehre) steht in der französischen und besonders der angloamerikanischen Philosophie an Stelle von Erkenntnistheorie in der deutschen Philosophie.
[6] Wahrhaftigkeit Gottes. Die veracitas Dei wurde von Descartes in den *Meditationen* als Bedingung für die Ermöglichung unbezweifelbarer Erkenntnis eingeführt.
[7] Er war im Juni 1925 eine Woche lang krank gewesen. Nach den Pfingstferien begann er am 15. Juni verspätet wieder mit seiner Vorlesung. Pfingsten war am 31. Mai/1. Juni.

92

Postkarte
Polen!
Herrn D. Roman Ingarden
Lemberg (Lwów)
Zyblikiewicza 52
Pensionat „Zacisze"

Absender:
Stein
St. Magdalena
Speyer a. Rh. *Poststempel:* Speyer 13. 10. 25

12. X. 25.

Eben habe ich die kleinen Änderungen noch erledigt u. werde das M.S., wenn nicht in den allernächsten Tagen ein Phänomenologe hier auftritt, sehr bald an Niemeyer schicken. Wäre es für den Setzer nicht am besten, wenn wir beide an *einem* Exemplar Korrektur läsen, d. h. erst Sie und dann ich, oder – wenn es zwei Korrekturen gibt – Sie die 1. und ich die 2.? Die Anmerkung habe ich so formuliert: „Phänomenologie ist in dieser Abhandlung in einem ganz bestimmten – von dem üblichen Sprachgebrauch abweichenden, aber durch Husserls ‚Ideen' gerechtfertigten – Sinn zu verstehen: nämlich als Wesensanalyse des reinen Bewußtseins (S. 18)." Wenn Sie es anders wollen, schreiben Sie vielleicht Ihre Version am besten bald an Niemeyer oder die Druckerei, ehe das Verkehrte gedruckt wird. – Die Beantwortung Ihres Briefes muß ich auf später verschieben. – Viel Glück zur Lehrtätigkeit.[1] Ihre

E. S.

[1] Seit Anfang September als Dozent an der Universität Lemberg.

93

Postkarte
Polen!
Herrn Dr. R. Ingarden
Lemberg (Lwów)
ul. Marka 6, up. Zowcryńskich

Absender:
Stein
St. Magdalena
Speyer a. Rh.

Poststempel: Speyer 24.11.25

24. XI. 25.

Lieber Herr Ingarden,

heute kam Ihr Brief, und da ich zu einer ausführlichen Antwort sofort doch nicht komme, will ich Ihnen schleunigst versichern, daß mein Schweigen nur auf Zeitmangel beruhte und gar keinen andern Grund hatte. Ihre Karte hat in mir nur den Gedanken geweckt, daß ich Ihnen längst eine beruhigende Aufklärung über diesen Punkt hätte geben sollen. Es war mir nur gar nie in den Sinn gekommen, daß Sie solche Befürchtungen haben könnten. Ich schreibe mehr, sobald es geht.

Mit herzlichen Grüßen
Ihre E. St.

94

St. Magdalena, 29. XI. 25[1].

Lieber Herr Ingarden,

es ist weekend und morgen der 1. Advent – da will ich mal einen großen Anlauf nehmen und mich von meinen ärgsten Schulden befreien. Also, es ist mir längst klar, daß Sie ein Anrecht haben, über den fraglichen Punkt Aufschluß zu bekommen. Warum ich Ihnen den bisher nicht gegeben habe, weiß ich selbst nicht recht. Vielleicht habe ich damit gerechnet, daß Sie mal kämen u. daß es sich dann ergäbe. Vielleicht hat mich die erschreckliche Sachlichkeit Ihrer Briefe davon zurückgehalten, Persönliches zu berühren. Auf alle Fälle fiel es mir nie ein – wie ich schon neulich schrieb –, daß Sie beunruhigt sein könnten. Es wäre so wenig am Platz wie nur möglich. Zunächst muß ich Ihnen sagen, daß die Freiburger Erinnerungen gerade um die Zeit, als ich die Nachricht von Ihrer Vermählung[2] bekam, durch frische Eindrücke unwirksam gemacht waren, durch eine Geschichte, die in vielem eine unheimliche Analogie mit der Ihnen bekannten aufwies. Einzelheiten erlassen Sie mir wohl. Die Erfahrungen waren mindestens ebenso schmerzlich, aber meine inneren Widerstandskräfte waren gewachsen, so daß ich leichter hindurchkam und, wie ich glaube, gerade dadurch die innere Freiheit erlangt habe. Ich bin jetzt überzeugt, daß ich da stehe, wo ich hingehöre, und bin nur dankbar, daß ich auf diesen Weg geführt worden bin, und gehe ihn mit freudigster Hingabe, ohne jede Spur von „Resignation“. Natürlich kann ich an Freiburg nicht mit Freude zurückdenken. Erinnern Sie sich, daß Sie mir damals sagten, ich sei „zu katholisch“? Ich verstand es damals nicht. Heute verstehe ich es und weiß, wie weit Sie recht hatten. Ich empfand in der Tat katholisch. Aber weil mir das katholische Dogma mit seinen praktischen Konsequenzen fremd war, konnte ich das nicht rechtfertigen, was ich empfand, und so verbanden sich der Kopf und die Sinne, um dem Herzen Gewalt anzutun. Was dabei herauskam, wissen Sie. Sie wissen wohl auch, daß ich damals eine Schuld nur bei mir gesucht habe, und heute liegt es mir natürlich erst recht fern, über jemand anders zu Gericht zu sitzen. Von daher steht also nichts zwischen uns. Wenn es mir jetzt schwer fällt, an Sie zu schreiben – das tut es, ich muß mir allemal einen kräftigen Ruck geben –, so hat das ganz andere Gründe. Es liegt zweifellos daran, daß Ihnen die Welt, in der ich jetzt lebe und an der mein ganzes Herz hängt, allem Anschein nach ganz fremd ist – ich weiß nicht, ob immer gewesen oder erst geworden. Ich will natürlich darum den Verkehr mit Ihnen keineswegs abbrechen. Aber wenn keine Notwendigkeit vorliegt zu schreiben und wenn ich von der täglichen Arbeit müde bin und die Wahl habe zwischen vielen Dingen, die noch zu tun sind – dann greife ich unwillkürlich zu etwas, was mir weniger schwer fällt. So kommen die langen Pausen. Sie werden das verstehen und mir darum ebenso wenig böse sein, wie ich es Ihnen bin. –

Nun noch ein paar Antworten auf Ihre Fragen. Ich kam zu den essentiellen Fragen[3] noch nicht. Hering hat sie gelesen und wollte Ihnen selbst darüber schreiben. Er ist schon seit längerer Zeit in Straßburg (Kalbgasse 6 oder Rue Kalb, wenn Ihnen das besser gefällt); er hat dort Ostern sein Licentiatsexamen gemacht und schließt eben die Licentiatenarbeit ab[4]. Lipps, den ich mit Hering zugleich vor 4 Wochen sprach[5], war mit Ihrer Arbeit weniger zufrieden. – Ich konnte bis vor kurzem noch nicht viel tun, weil ich seit den Sommerferien noch ein paar Vertretungsstunden hatte. Jetzt geht es besser. Ich benutze die meiste Zeit, die mir die Schule läßt, für das Thomasstudium[6] und möchte, wenn möglich, dazu kommen, etwas über die Erkenntnislehre des hl. Thomas zu schreiben. Das wird aber sicher noch sehr lange dauern, wenn es überhaupt wird. – Nun kann ich nicht mehr weiter, und Sie sind gewiß noch lange nicht befriedigt.

Recht herzliche Grüße
Ihre E. St.

[1] Mit diesem Datum muß sich Edith Stein geirrt haben: der 29. XI. 25 war bereits der Adventssonntag.
[2] Ingardens Heirat 1919 mit Dr. Maria Adela Pol (vgl. Br. 65, Anm. 1).
[3] Gemeint ist Ingardens Studie *Essentiale Fragen. Ein Beitrag zum Wesensproblem*, in JPPF 7, 1925.
[4] Erschienen als *Phénoménologie et Philosophie religieuse*, Paris 1926; das Buch war von beträchtlicher Wirkung für die Vermittlung der Phänomenologie nach Frankreich wie auch auf die Theologie.
[5] Edith Stein traf Lipps und Hering Ende Oktober in Bergzabern im Haus des Ehepaares Conrad. Die Bergzaberner Zeitung vom 26. 10. 1925 brachte dazu die Meldung (unter der Überschrift ‚Klein-Locarno', anspielend auf die gleichzeitige politische Konferenz), „daß hierselbst mit Herrn Dr. phil. Conrad hervorragende Größen der Philosophie zu einer wissenschaftlichen Besprechung zusammengekommen sind", nämlich „Dr. Lipps – Göttingen, Professor Hering – Straßburg (Paris), Frl. Stein – Breslau (Speyer), Dr. Conrad und Frau – Bergzabern".
[6] Wie Edith Stein an Fritz Kaufmann am 13. 9. 1925 schrieb, hatte sie unlängst mit dem Studium der Quaestionen des hl. Thomas begonnen.

95

Postkarte
Polen!
Herrn Dr. R. Ingarden
Lemberg (Lwów)
ul. Marka 6, up. Zowczyńskich

Absender
Stein
St. Magdalena, Speyer

Poststempel: Speyer, 7. 12. 25

7. XII. 25.

Vor 3 Tagen kam die Korrektur. Ich habe sie gleich erledigt und zurückgeschickt. Darf ich den übrigen Abzug behalten oder wollen Sie ihn zugeschickt haben?

Mit herzlichen Grüßen
Ihre E. S.

96

St. Magdalena, 13. XII. 25.

Lieber Herr Ingarden,

natürlich wollte ich Ihnen keineswegs wehe tun, aber ich dachte, ich müßte selbst auf diese Gefahr hin einmal ganz offen sein, um das ganze Verhältnis wieder auf eine gesunde Basis zu stellen, und wenn ich Sie recht verstehe, geben Sie mir darin ganz recht. Ich glaube, jetzt macht mir auch das Schreiben weniger Schwierigkeiten. Im übrigen ist es nicht so sehr die Verschiedenheit der „Anschauung“, die mich störte, als eine gewisse Animosität, die mir aus jenen Briefen zu klingen schien. So wenig Katholizismus eine „Gefühlsreligion“ ist, so sehr es sich gerade hier um die Frage der Wahrheit handelt, so sehr ist er doch auch Lebens- und Herzenssache. Und wenn Christus der Mittelpunkt meines Lebens ist und die Kirche Christi meine Heimat, wie soll es mir dann nicht schwer sein, Briefe zu schreiben, in denen ich sorgfältig darauf achten muß, daß ja nichts von dem hineinfließt, wovon mein Herz voll ist, damit ich nicht Anstoß errege und feindselige Gefühle erwecke gegen das, was mir lieb und heilig ist? Solche Briefe muß ich beständig nach Hause schreiben, und so muß ich leben, wenn ich zu Hause bin, und das ist der härteste Druck, der auf mir lastet. Wo ich mich zwanglos geben kann, da ist auch Verschiedenheit der Ansichten kein Hemmnis des Verkehrs, wenn man sich auch selbstverständlich am wohlsten mit denen fühlt, die auf dem gleichen Boden stehen. – Zu der andern Frage: natürlich wollte ich keineswegs in Abrede stellen, daß zwischen uns – von allem andern ganz abgesehen – eine wirkliche Freundschaft bestanden hat und daß ich die als etwas Wertvolles ansehe. Aber wenn ich auf jene Zeit zurückblikke, dann steht immer im Vordergrund die trostlose innere Verfassung, in der ich mich befand, diese unsagbare Verwirrung und Dunkelheit. (Ich weiß nicht, ob Sie da überhaupt so recht hineingesehen haben. Und verantwortlich dafür war wirklich nur zum geringsten Teil, was ich in Freiburg erlebte. Es war eine lange vorbereitete Krisis.) Mir ist dann etwa so wie einem, der in Gefahr war zu ertrinken, und dem lange nachher im hellen, warmen Zimmer, wo er ganz geborgen ist in Sicherheit und rings umgeben von Liebe und Fürsorge und hilfreichen Händen, auf einmal das Bild des dunklen, kalten Wellengrabs vor der Seele steht. Was soll man dann anders fühlen als Schauder und dazu eine grenzenlose Dankbarkeit gegen den starken Arm, der einen wunderbar ergriffen und ans sichere Land getragen hat? – Über die Schuldfrage möchte ich nicht weiter sprechen; überhaupt über das Ganze nicht. Ich wollte nur, daß Sie Bescheid wissen und sich keine unnützen Sorgen machen.

Lipps hat keine besondern Einwände erhoben. Er fand, Ihre Arbeit[1] führe nicht über die Heringsche[2] hinaus. Aber das hat Hering bestritten, und der muß es schließlich besser wissen. Daß Husserl Ihnen böse ist, glaube ich nicht. Er schreibt mir auch nicht und Lipps klagte sehr, daß er auf gar nichts reagiere.

Es täte mir leid, wenn Sie die akademische Tätigkeit aufgeben müßten. Sie hängen doch sehr daran. Was fehlt Ihrer Frau? Ist sie schon länger nicht gesund? Und was machen die vielen kleinen Buben?

Nun wünsche ich noch Ihnen allen ein recht schönes Weihnachtsfest.

Ihre
Edith Stein.

[1] *Essentiale Fragen. Ein Beitrag zum Wesensproblem*, JPPF 7 (1925).
[2] Als Autor von *Bemerkungen über das Wesen, die Wesenheit und die Idee*, JPPF 4 (1921).

97

Postkarte
Polen!
Herrn Dr. Ingarden,
Lemberg
ul. Marka 6 I p.

Absender:
Stein
St. Magdalena

Poststempel: Speyer, 4. 2. 26

4. II. 26.

Lieber Herr Ingarden, schon seit einigen Tagen habe ich vor, Ihnen einen Geburtstagsgruß zu schicken. Nun werden meine Wünsche doch etwas verspätet ankommen. Vor einigen Wochen war Kaufmann einige Stunden bei mir; er hat sich kurz vor Weihnachten in Freiburg habilitiert[1]. Er erzählte, der Meister habe Ihr Bild immer auf seinem Schreibtisch liegen und spreche von Ihnen stets so freundlich wie kaum von einem andern Schüler. Mir schrieb er Weihnachten seit langer Zeit wieder einen sehr herzlichen Brief, aus dem hervorgeht, daß es ihm recht gut gehen muß. Er ist in einer heftigen Arbeitsperiode und entsprechend hoffnungsfreudig: in diesem Jahr hofft er einen Band herauszubringen (nicht die Ideen[2], die ganz ad acta gelegt sind). Ihren Vortrag[3] habe ich erhalten und danke bestens dafür.

Herzlichst Ihre E. S.

[1] Mit der Arbeit *Die Philosophie des Grafen Yorck von Wartenburg*, JPPF 9 (1928).
[2] Gemeint: *Ideen II* und *III*.
[3] Gewiß ein gedrucktes Exemplar des Vortrags, den Edith Stein zuvor ausführlich korrigiert hatte; vgl. Br. 91.

98

St. Magdalena, 28. III. 26.

Lieber Herr Ingarden,

gewiß warten Sie schon seit 6 Wochen wieder auf einen Brief. Aber es geht anderen Leuten auch nicht besser. Ganz pünktlich und regelmäßig schreibe ich nur noch nach Hause, und sonst gehen die Briefe bald da, bald dorthin, wo es gerade brennt. Ich war sehr beschämt, als ich von Ihren 30 Schulstunden las. Ich habe erheblich weniger und komme doch daneben kaum zu systematischer Arbeit, zu produktiver überhaupt nicht. Und doch schienen Sie damals in Freiburg weniger leistungsfähig als ich. Darf ich annehmen, daß Ihr Gesundheitszustand sich indessen so gebessert hat? Das wäre ja recht erfreulich. Daß Sie Ihre Familie jetzt bei sich haben können, ist ja schön. Hoffentlich geht es Ihrer Frau nun wieder gut. Sind die kleinen Buben alle munter? Schicken Sie doch mal ein Bild von ihnen. Ich habe schon eine große Sammlung von Kinderbildern aus dem Verwandten- und Freundeskreis. Dieses soll nur ein kleiner Ostergruß sein. Zu mehr bin ich zu müde, bes. da ich noch andere Schulden tilgen muß. Ihre

E. S.

99

Postkarte
Polen!
Herrn Dr. R. Ingarden
Lemberg (Lwów)
Jabłonowskich 4

Absender:
Dr. E. Stein
Speyer a. Rh.
St. Magdalena

Poststempel: Speyer, 27.9.26

27. IX. 26.

L. H. I., als ich bei meiner Rückkehr Ende August Ihren Brief vorfand, schrieb ich umgehend und ganz ausführlich; das ist offenbar verlorengegangen. Übermorgen fahre ich für ein paar Tage nach Freiburg u. werde Ihnen nachher einen Brief schreiben, sobald ich Zeit habe. Heute will ich Ihnen nur sagen, daß ich Ihnen in dem verlorenen Brief entschieden von d. „Einleitung"[1] abriet, weil die Verhältnisse sich in den letzten J⟨ahren⟩ so geändert haben, daß man m. E. in Freiburg, Göttingen, Marburg, Köln[2] etc. gewesen sein müßte, um so etwas schreiben zu können. Das muß auch Niemeyer einsehen. Wenn Sie mir trotzdem das Einleitungskapitel schicken wollen, so werde ich mir Mühe geben, Zeit zur Durchsicht zu finden. Vielleicht aber wäre es besser, wenn Kaufmann dies täte, da er viel mehr in allem drin ist. Sollte ich ihn in F⟨reiburg⟩ sprechen, so würde ich ihn – für Sie unverbindlich – fragen. Vorläufig herzliche Grüße,

Ihre E. St.

[1] Ingarden hatte die Absicht, seine Arbeit *Die Haupttendenzen der Phänomenologen* (in polnischer Sprache in der Zeitschrift *Przeglad Filozoficzny* 1919) in eine *Einleitung in die Phänomenologie* umzuarbeiten, und hatte dafür einen Vertrag mit dem Verleger Niemeyer geschlossen (vgl. BRI, S. 151).
[2] In Freiburg lehrte Husserl, in Göttingen Geiger, in Marburg Heidegger, in Köln Scheler.

100

St. Magdalena, 9. X. 26.

Lieber Herr Ingarden,

nun will ich also versuchen, einen Brief zustande zu bringen, der Sie erreicht. In der vorigen Woche war ich 3 T⟨age⟩ in Freiburg. Es waren verschiedene persönliche Verpflichtungen[1], die mich mitten in der Schulzeit dahin riefen, und der Besuch bei Husserl wurde nur bei der Gelegenheit „mitgenommen". Aber natürlich war er mir im Grunde die Hauptsache, und ich war der Gelegenheit sehr dankbar. Ich habe den Meister sehr ausführlich gesprochen, und er war äußerst gütig und herzlich von Anfang bis zum Ende. Er hat mir genau über seine Fortschritte in den letzten Jahren berichtet (Frau Malwine wollte zum Schluß von mir eine „Zensur" für ihren Mann!) und in der Tat, es hat sich alles bei ihm zu einer großartigen Einheit zusammengeschlossen, alle einzelnen Untersuchungen, die ich von früher kannte, fügen sich hinein und haben darin ihren teleologischen Sinn. Aber – nun kommt das wirklich Tragische an der Sache – dieses Ganze lebt wohl in ihm und er kann in guten Stunden davon sprechen, doch ich bezweifle, daß er es je zu Papier, geschweige denn in den Druck bringen wird, und er hat schlechterdings keinen Schüler, der ganz in seinem Sinne arbeitet. Wenn er mal emeritiert wird, dann wird er vermutlich selbst Heidegger als Nachfolger vorschlagen, und der geht eigene Wege. Kaufmann und Becker, die er jetzt als Dozenten neben sich hat, stehen scheint's Heidegger näher, jedenfalls entfernen sie sich auch in entscheidenden Punkten von Husserl. Er fühlt das offenbar, ohne es sich recht eingestehen zu wollen. Als ich ihm klar machte, wo mein Weg sich von dem seinen scheidet, war er sichtlich betroffen. Eine sachliche Bedeutung hat das ja kaum für ihn, da ich nicht zu den Leuten gehöre, auf deren Arbeit er rechnet. Aber er hatte mich doch – mit gutem Recht – zu den Allertreuesten gezählt und es sich nicht wohl recht denken können, daß er bei mir auf eine Welt stoßen würde, die ganz außerhalb der seinen liegt. Auf irgendeine Publikation in nächster Zeit ist nicht zu rechnen. Er wollte einige kleinere Sachen ins Jahrbuch bringen, aber Kaufmann und Becker rieten ihm dringend ab, in der richtigen Meinung, wenn nach 13 Jahren etwas von Husserl käme, dürfte es keine kleine Seitenunternehmung sein, sondern etwas von entscheidender Bedeutung. – Kaufmann war bez. Ihrer Einleitung derselben Ansicht wie ich. Ich sah bei ihm die von Reyer[2]. Sie sei – für den alten Stand – nicht übel, die neuen Probleme seien nicht berücksichtigt. Ich habe dieses Buch nun für Sie bestellt, da es wohl am besten ist, wenn Sie es selbst ansehen. Hoffentlich gelangt es in Ihre Hände. – Ich benütze die wenige Zeit, die mein Tagesbetrieb mir für die Wissenschaft läßt, um die Erkenntnislehre des heiligen Thomas nach den Quaestiones ⟨disputatae⟩ de Veritate deutsch zu bearbeiten[3]. Ob ich je an einen Abschluß komme und erst gar zu den Erläuterungen der Grundbegriffe, die ich daran schließen möchte, das steht dahin.

Ich will Ihnen noch erzählen, daß ich in Freiburg sehr froh war und es noch viel schöner fand, als ich es in Erinnerung hatte.

Mit herzlichen Grüßen
Ihre
E. St.

[1] Edith Stein hat u. a. Placida Laubhardt OSB besucht, die am 27. 9. das Ordenskleid erhielt (mündlicher Bericht von Placida Laubhardt an die Hg.).

[2] Wilhelm Reyer hatte 1926 beim Felix Meiner Verlag Leipzig eine *Einführung in die Phänomenologie* veröffentlicht.

[3] *Des hl. Thomas von Aquino Untersuchungen über die Wahrheit,* erstmalig in Deutsch erschienen bei Borgmeyer in Breslau, Bd. 1 1931, Bd. 2 1932, das zu diesen Bänden gehörende lat.-dt. Wörterverzeichnis erst 1934. – In der Reihe ESW erschienen als Bd. III und IV, zuerst Louvain-Freiburg 1952 und 1955, dann Bd. 1 in der Wissenschaftlichen Buchgemeinschaft Tübingen 1952, Bd. 2 Wissenschaftliche Buchgesellschaft Darmstadt 1955; Neuausgabe in ESGA 23/24.

101

St. Magdalena, 24. X. 26.

Lieber Herr Ingarden,

die erste Stunde, die ich dafür erübrigen kann, benütze ich, um Ihren großen Brief zu beantworten. Was ich über Husserl schrieb, war mein ganz persönlicher Eindruck. Er selbst gibt sich sehr zuversichtlich und schrieb mir erst gestern wieder in einer Karte von heftiger Arbeit und daß er hoffe, „im Wettlauf mit Freund Hein noch den Sieg davonzutragen". Aber da ich dies seit 10 Jahren höre, bin ich sehr skeptisch geworden, und ich glaube, im tiefsten Herzen ist er es auch. – Daß Sie sich „in der phänomenologischen Bewegung nicht mehr orientieren", habe ich meines Wissens nicht gesagt und jedenfalls nicht gemeint. Sie tun es ja unvergleichlich mehr als ich und – im Verhältnis zu Ihrer sonstigen Arbeit – in erstaunlichem Maße. Es schien mir nur, daß gerade eine Einleitung doch von jemandem geschrieben werden müßte, der, rein äußerlich genommen, im Zentrum steht. Und wer gezwungen ist, abseits zu leben, der tut, glaube ich, gut, seine Arbeit so einzustellen, daß sie von aller „Bewegung" unabhängig ist, d.h. auf ruhige Forschung. Aber ich kann mir denken, daß dies für Sie, wo Sie innerlich so ganz anders zu Ihrer Arbeit stehen als ich, seine großen Schwierigkeiten hat. Darum wäre ich sehr froh, wenn sich möglichst bald eine Reise nach Deutschland für Sie ermöglichen ließe. Und da an ein Stipendium offenbar nicht zu denken ist, fasse ich mir heute ein Herz und spreche etwas aus, was mir lange im Sinn liegt und was ich mir bisher nicht zu sagen traute. Ihr letzter Brief war ja auch in dieser Hinsicht wenig ermutigend, ich wage es aber trotzdem. Also, ich habe hier (außer freier Wohnung und Verpflegung etc.) ein Einkommen[1], das meine Bedürfnisse durchaus übersteigt, und behalte immer etwas für solche Zwecke davon übrig. Was ich an andere abgebe, betrachte ich durchaus nicht als Geschenk, denn ich kann meiner ganzen Lebensauffassung nach das, was in meine Hände kommt, nicht als mein Eigentum ansehen, sondern nur als etwas, was ich sachgemäß zu verwalten habe. So darf ich wohl auch beanspruchen, daß ein solcher Vorschlag auf der andern Seite nicht als verletzend angesehen wird. Daß von mir niemand etwas erfahren würde, ist ja selbstverständlich. Und ich möchte Sie meinerseits bitten, gar niemandem etwas davon zu sagen. Wenn Sie mir die Freude machen wollten, ja zu sagen, so würde ich Sie nur bitten, mir das Minimum anzugeben, das Sie nötig hätten, und den Zeitpunkt, zu dem Sie es wünschten. Wenn Sie es ablehnen, dann ist gar keine Antwort nötig. Nur, bitte, keinen großen Dankbrief und keine Begründung einer Absage. Das kann ich mir alles allein sagen.

Heidegger hat seit seiner Habilitationsschrift nichts veröffentlicht[2]. Eine sehr große Arbeit über Sein und Zeit, die seinen prinzipiellen Standpunkt enthält, ist eben im Druck, aber er hat nach (ich glaube) 14 Bogen aufgehört zu drucken und darum stockt das Jahrbuch. Husserl schätzt den ganzen Mann und diese Arbeit sehr hoch ein, trotzdem ihm eben erst aus den Druckbogen die Differenzen zwischen ihnen recht klar geworden sind. Soviel ich aus den Äußerungen von Hörern und besonders Kaufmann entnehmen kann, handelt es sich dabei im wesentlichen um die philosophische Bewältigung der Realität und des konkreten Lebens, d.h. alles dessen, was Husserl ausschaltet. Und das scheint mir doch der Punkt, nach dem die ganze philosophische Bewegung der letzten Jahre konzentrisch hintendiert[3]: Scheler, Fr. Conrad, Natorps Alterswerk[4], Nikolai Hartmann[5] etc. Kennen Sie den von Plessner[6] herausgegebenen Philos⟨ophischen⟩ Anzeiger? Es sind bis jetzt 2 Halbbände erschienen, 1925 u. 26 bei Cohen in Bonn. Da ist an *Namen* so ziemlich vertreten, was uns jetzt nahesteht. Beiträge natürlich noch nicht von allen. Die Zeitschrift macht einen recht guten Eindruck, es ist aber noch ungewiß, ob sie sich halten kann. – Die Adresse von Hofmann[7] habe ich noch nicht ermittelt, weiß auch nicht, ob es glücken wird. Aber versuchen werde ich es.

Nun noch Ihren letzten Wunsch: die Photographie[8]. Die Erfüllung war Ihnen schon zugedacht, ehe Sie ihn aussprachen. Ich habe gerade im letzten Sommer eine Aufnahme machen lassen auf dringende Bitte einer ehemaligen Schülerin. Meine Angehörigen finden sie gut, mir selbst scheint etwas Fremdes darin zu sein.

Viele Grüße
Ihre E. St.

[1] Diese Feststellung bietet Gelegenheit zu einer Richtigstellung. Es taucht in biographischen Abhandlungen über Edith Stein (auch in denen von Teresia Renata Posselt und von Erich Przywara) immer wieder die Behauptung auf, Edith Stein habe bei den Dominikanerinnen in Speyer kein Gehalt bezogen, sondern außer Wohnung und Verpflegung nur ein Taschengeld erhalten. Das ist unzutreffend. Aus der Buchführung des Ordens läßt sich erweisen, daß Edith Stein das damals für solche Lehrkräfte übliche Gehalt bezog. Diese Tatsache findet hier eine Bestätigung.

[2] Heidegger habilitierte sich 1916 in Freiburg über *Die Kategorien- und Bedeutungslehre des Duns Scotus*, Tübingen 1916. – Die „sehr große Arbeit über Sein und Zeit" wurde in JPPF 8 (1927) publiziert.

[3] Zum Realismus.

[4] Paul Natorp, geb. 24.1.1854 in Düsseldorf, gest. 17.8.1924 in Marburg, gilt als bedeutender Vertreter des dortigen Kantianismus. Sein Alterswerk *Philosophische Systematik* wurde erst 1958 (in Hamburg) veröffentlicht; vielleicht sind hier gemeint *Sozialidealismus* (1920) oder auch *Vorlesungen über praktische Philosophie* (1925).

[5] Nikolai Hartmann, geb. 20.2.1882 in Riga, gest. 9.10.1950 in Göttingen, Philosophieprofessor in Marburg, Köln, Berlin und Göttingen.

[6] Helmuth Plessner, geb. 4.9.1892 in Wiesbaden, gest. 12.6.1985 in Göttingen, Husserlschüler in Göttingen, studierte außerdem Medizin und Zoologie, ein bedeutender Forscher auf den Gebieten der philosophischen Anthropologie und der Soziologie. Plessner war Dozent in Köln, ab 1934 in Groningen und ab 1952–62 Professor in Göttingen. – Edith Steins Schilderung ihrer Begegnung mit dem jungen Plessner befindet sich in ESGA 1, 253 f..

[7] Ingarden schreibt in seinen Erinnerungen, daß er bei einem philosophischen Abend bei Husserl in Freiburg am 12.10.1927 (also erst im Jahre nach diesem Brief) mit dem Berliner Philosophen Paul Hofmann zusammentraf (BRI, S. 157). – Andererseits gehörte in Göttingen zur Philosophischen Gesellschaft Heinrich Hofmann, der bei Husserl promovierte; ihn jedoch traf Ingarden nicht mehr in Göttingen an. Es muß offenbleiben, wessen Anschrift Edith Stein für Ingarden suchte.

[8] Die Photographie ließ Edith Stein in Breslau am 4.8.1926 anfertigen, wie sie an ihre ehemalige Schülerin Clara Baur schrieb (ESGA 2, Nr. 48).

102

St. Magdalena, 28.XI.26.

Lieber Herr Ingarden,

nach Ihrem letzten Brief hatte ich erwartet, daß der nächste diese Nachricht bringen würde[1]. Ich brauche Ihnen nicht zu sagen, daß ich herzlich mit Ihnen fühle. Ich wünschte, ich könnte Ihnen etwas Tröstliches sagen. Doch wie wäre das anders als aus dem Glauben möglich?

Meine Stellung zur Metaphysik ist anders als Sie vermuten. D.h. ich glaube, daß sie sich nur aufbauen kann auf eine Philosophie, die so kritisch wie nur möglich sein soll – kritisch freilich auch gegen ihre eigenen Möglichkeiten –, *und* auf eine positive (d.h. auf Offenbarung gestützte) Glaubenslehre. Jede Metaphysik, die sich aus dem Geist des Philosophen heraus ein „System" zimmert, wird immer z.gr.T. ein Phantasiegebilde sein, und es ist sozusagen Glückssache, wenn auch ein Wahrheitskern darin ist. Das gilt natürlich auch für Scheler. Die neue Schrift[2], die Sie erwähnen, kenne ich nicht. Aber es ist mir sehr erklärlich, daß es seit seiner Trennung von der Kirche immer abenteuerlicher bei ihm wird und daß er schließlich dahin kommen muß, sich selbst zu vergötzen. Ich weiß nicht, ob irgend etwas von seinen Sachen (vielleicht den I. Teil der Ethik[3] ausgenommen) als Wissenschaft bezeichnet werden kann, trotz aller genialen Intuitionen und trotz allem, was man von ihm gewinnen kann und was auch ich ihm verdanke. Ich glaube übrigens auch, daß sein Stern im Sinken ist, denn es scheint mir, daß er nicht nur den moralischen Rückhalt, sondern auch die Basis für eine Schulwirksamkeit verloren hat, wenn er auch noch in Köln geblieben ist. Und gerade dadurch erklärt sich vielleicht das krampfhaft gesteigerte Selbstbewußtsein. – Einer solchen Metaphysik, wie ich sie auffasse, hätte vorauszugehen eine kritische Abgrenzung dessen, was Philosophie (d.h. im wesentlichen Erkenntnistheorie + Ontologie) u. Theologie jede für sich allein zu leisten hat: eine kritische Abgrenzung von beiden Seiten her. Und hinter die „endgültige Begründung" der Erkenntnistheorie durch sich selbst setze ich ein großes Fragezeichen. Wer keinen Glaubensboden unter den Füßen hat, der ist freilich – vom Standpunkt des wissenschaftlichen Gewissens aus – konsequent, wenn er auf Metaphysik und damit auf eine geschlossene Weltanschauung verzichtet. Aber das hält nur ein fanatischer Rationalist u. Intellektualist bis an sein Lebensende aus. Und die sind heute im Aussterben.

Nun der Glaube. Wenn ich darunter „Akte" verstünde, die sich mit Erkenntnisakten parallelisieren ließen, dann wäre ich wohl auch mißtrauisch dagegen. Aber der Glaube, dessen schaffende und umgestaltende Kraft ich in mir selbst und andern höchst realiter erfahre, der Glaube, der die Dome des Mittelalters aufgetürmt hat und den nicht minder wunderbaren Bau der kirchlichen Liturgie, der Glaube, den der hl. Thomas „den Anfang des ewigen Lebens in uns" nennt – an dem zerbricht mir jede Skepsis. – Damit machen Sie nun, was Sie wollen!

Jetzt noch das Problem Ihrer Deutschland-Reise. Die Reisekosten könnten Sie mit Hilfe eines Kursbuches vielleicht doch ermitteln. Die Aufenthaltskosten sind für mich auch sehr schwer abzuschätzen, weil da natürlich sehr große Differenzen nach Bedürfnissen etc. sind. Im „Hohenzollern"[4] in Freiburg kann man gegenwärtig mit 6–7 M täglich auskommen und etwas Analoges wird anderswo durch ortskundige Leute auch zu ermitteln sein. Was meine „Zahlungsfähigkeit" betrifft, so würde ich vor 800–1000 M nicht erschrecken. Mehr allerdings würde vielleicht Schwierigkeiten machen. Wenn Sie ein Stipendium bekommen, das Ihnen die Kosten ganz oder teilweise deckt – umso besser. Nun disponieren Sie danach, wie Sie es für angemessen halten.

Nun muß ich noch hinzufügen: es ist ein Trugschluß, wenn Sie dies als einen Freundschaftsbeweis nehmen. Damit will ich die Freundschaft nicht bestreiten. Aber ich glaube, ich täte dasselbe auch für einen ganz Unbekannten, den ich in Ihrer Lage wüßte. Und wenn ich das nicht glauben könnte, würde ich vielleicht Bedenken haben, es Ihnen anzubieten. Schütteln Sie jetzt den Kopf? Ich habe nichts dagegen.

Herzliche Grüße
Ihre
Edith Stein.

[1] Die Nachricht vom Tod seines Vaters.

[2] Max Scheler, *Die Wissensformen und die Gesellschaft*, Leipzig 1926.

[3] *Der Formalismus in der Ethik und die materiale Wertethik*, I. Teil, JPPF 1 (1913).

[4] Ein ehemaliges Hotel in Freiburg-Günterstal, Ecke Günterstalstraße/Urbachstraße, mit nach beiden Richtungen weithin sichtbarer Aufschrift: Hotel. Pension. Restaurant Hohenzollern. Auch Edith Stein hat dort gelegentlich übernachtet.

103

Postkarte
Polen!
Herrn Dr. Roman Ingarden
Lemberg (Lwów)
Jabłonowskich 4

Absender:
Stein, St. Magdalena
Speyer a. Rh.

Poststempel: 4. 1. 27

3. I. 27.

L. H. Ingarden, die melancholische Feststellung, daß wir uns nicht verständigen können, wurde mir durch Ihre horrible Interpretation meines letzten Briefes handgreiflich demonstriert. Da der 1. Kommentar von Übel war, werde ich mich hüten, ihm einen 2. folgen zu lassen. Die logische Konsequenz Ihres Satzes wäre ja, das Schreiben überhaupt aufzustecken. Wenn Sie nicht haben wollen, daß ich diese Konsequenz ziehe, müssen Sie sich verpflichten, 1.) sich nie wieder über etwas zu ärgern, was ich schreibe, sondern, sobald etwas Ihnen ärgerniserregend scheint, sich zu sagen, daß es eben nur so *scheint*, weil Sie es nicht recht verstehen; 2.) nicht auf Grund von etwas, was Sie falsch verstanden haben, das Geschäft rückgängig zu machen, das Sie schon fast abgeschlossen hatten. – Ergötzlicher als das Skriptum war mir die Beilage. Ich vermißte nur dazu die Namen der 3 Bübchen, No. 1 gleicht Ihnen ganz, 3 ein wenig, 2 gar nicht (also dann wohl umso mehr Ihrer Frau?). Herzliche Wünsche für das neue Jahr wage ich noch als eine hoffentlich unzweideutige Äußerung beizufügen.

Ihre noch immer sehr boshafte E. St.

104

St. Magdalena, 4. II. 27.

Lieber Herr Ingarden,

3 Briefe habe ich nun schon zu beantworten. Ich habe mich immer damit beruhigt, daß ich zu Ihrem Geburtstag schreiben wollte, und habe es nun schon eine ganze Weile für jeden Abend vor, und immer kommt etwas anderes dazwischen. Heute muß es aber werden, damit Sie sehen, daß die

Glückwünsche wenigstens rechtzeitig gedacht waren, wenn sie auch verspätet ihr Ziel erreichen.

Auf den letzten Brief habe ich nur einen herzlichen Dank für die freundliche Einladung auszusprechen. Es ist aber mehr als unwahrscheinlich, daß daraus etwas wird. Denn meine großen Ferien gehören meiner Mutter und ich darf davon nur wegnehmen, was sie selbst zu verschenken bereit ist. Das ist sie aber eigentlich überhaupt nicht und uneigentlich höchstens, wenn es in der Familie bleibt. Ich muß also auf Ihren Besuch warten, was allerdings den großen Nachteil hat, daß ich dabei Ihre Familie nicht kennen lerne. Umso mehr müssen Sie dann erzählen.

Wie weit der Druck des Jahrbuchs[1] ist, weiß ich nicht. Gerhart Husserls Buch[2] habe ich (wie die meisten, die in den letzten Jahren erschienen sind) nicht gelesen, obwohl sein Vater es mir dringend empfahl und mir erst kürzlich wieder schrieb, Gerhart sei doch „einer seiner allerbesten Schüler". Er ist übrigens seit diesem Semester Ordinarius in Kiel. Lipps ist noch immer in Göttingen. Courant sagte mir bei meinen letzten Besuchen in G. immer: Sorge dafür, daß Lipps endlich ein Buch schreibt, sonst kann man ihm keine Professur verschaffen. Nun soll es endlich werden. Er arbeitet an „Untersuchungen zur Phänomenologie der Erkenntnis"; Band I (das Ding u. seine Eigenschaften) sollte Weihnachten in Druck gehen, Bd. II (Logik) Ostern[3]. Separata seiner Arbeiten könnte ich Ihnen leihweise schicken – sie wiegen sehr leicht –, wenn Sie damit nicht warten wollen, bis Sie herkommen.

Über Hartmann kann ich wenig meinen, weil ich auch dies Buch[4] nicht gelesen habe. Eine Kritik im Philos⟨ophischen⟩ Anzeiger (falls er überhaupt noch mal erscheint)[5] oder in den Kantstudien könnte sicher nichts schaden. – Wie haben Sie denn den Reyer gefunden? Ich hörte neulich ein sehr negatives Urteil darüber.

Mit vielen guten Wünschen u. herzlichen Grüßen

Ihre E. St.

[1] JPPF 8 erschien im Februar 1927. Die Verzögerung hatte mit Heideggers Werk *Sein und Zeit* zu tun, dessen Fertigstellung unterbrochen war.

[2] *Rechtskraft und Rechtsgeltung*, Berlin 1925.

[3] Der erste Band erschien Bonn 1927, der zweite unter dem Titel *Aussage und Urteil*, Bonn 1928.

[4] *Grundzüge einer Metaphysik der Erkenntnis*, Berlin 1926, war soeben in 2. Aufl. erschienen, 1926 auch die *Ethik*.

[5] Die von Helmuth Plessner hg. Zeitschrift erschien von 1925–1930; 1934 ging Plessner an die Universität Groningen.

105

Postkarte
Polen!
Herrn Dr. Roman Ingarden
Lemberg (Lwów)
Jabłonowskich 4

Absender:
Stein, St. Magdalena
Speyer a. Rh.

Poststempel: Speyer 27.2.27

27.II.27.

Lieber Herr Ingarden,

da ich vor Ostern wohl keinen Brief mehr schreiben kann, möchte ich Ihnen wenigstens für Ihren letzten kurz danken. Ich möchte Ihnen herzlich gern aus diesen ungünstigen Daseinsbedingungen heraushelfen, aber es ist mir noch kein einziger gescheiter Gedanke gekommen. So muß ich mich, so lange mir kein Rat einfällt, mit dem Wunsch behelfen, daß von anderer Seite Hilfe kommt – vielleicht wenigstens das Stipendium, das Sie so pessimistisch beurteilen. Daß Husserl Ihnen böse ist, halte ich für ziemlich ausgeschlossen. Für wahrscheinlicher halte ich es, daß er Ihre Notizen nicht gelesen oder nicht verstanden hat und darum nicht schreibt. Sie gehören zu den Leuten, denen er nicht böse wird – ich auch. An Ajduk⟨iewicz⟩ erinnere ich mich gut. Sind seine Verhältnisse so, daß der Platz für ihn weniger wichtig ist als für Sie?

Alles Gute und viele Grüße
Ihre E. Stein.

106

St. Magdalena 22.V.27.

Lieber Herr Ingarden,

in meiner letzten Karte habe ich Sie auf die Zeit nach Ostern vertröstet. Und nun habe ich seit Wochen für jeden Sonntag einen Brief an Sie auf das Programm gesetzt, aber immer drängten sich akute Sachen vor. Hoffentlich haben Sie nicht wieder gemeint, ich sei Ihnen böse. Bitte, streichen Sie diese Möglichkeit ein für allemal, es ist immer nur Übermaß an Geschäften.

Nun bin ich sehr gespannt, wie sich Ihre Angelegenheiten weiter entwickelt haben. Ich wünsche sehr, daß Sie den Urlaub bekommen. Ich glaube, es würde Ihnen schon viel helfen, wenn Sie nur mal für ein paar Wochen aus Ihrem ganzen Betrieb heraus und frei atmen könnten. Meine Ferien sind etwa 15. VII. / 1. IX. Ich werde wohl die ganze Zeit in Breslau sein; d. h. meine Leute halten Umschau nach einer Sommerwohnung vor der Stadt, damit ich doch ein wenig Erholung[1] habe und zugleich täglich meine Mutter sehen kann. Das ist wirklich notwendig. Meine Mutter ist jetzt bald 78 J⟨ahre⟩ alt und leidet sehr darunter, daß ich so weit entfernt lebe. Abgesehen von den religiösen Fragen, an die man nicht rühren darf (d. h. gläubig ist sie auch, aber vom Christentum weiß sie nichts und will sie nichts wissen), verstehen wir uns in allem ausgezeichnet, und es tut ihr wohl, wenn wir wenigstens einmal im Jahr längere Zeit zusammen sein können. Wenn Sie im September kommen, müssen Sie mich also in Speyer aufsuchen. Das ist auch fast günstiger, weil ich hier freier bin. Um nochmal auf das Geschäftliche zu kommen: wenn Sie von mir etwas brauchen, teilen Sie mir bitte mit, welche Summe Sie gern hätten, und ob ich es Ihnen vielleicht vor Ihrer Abreise auf eine Bank überweisen soll. Ich habe hier ein Konto bei der Rheinischen Kreditbank. Und dann bitte: betrachten Sie es nicht als geliehen. Ich habe natürlich nichts dagegen, es zurückzunehmen, wenn Sie es mal ohne alle Schwierigkeiten können. Aber ich finde es so lästig, Schulden zu haben, daß ich niemanden in diese Lage bringen möchte.

Husserl schrieb in einer Karte vom 27. 4., er lasse jetzt – als Anfang von Publikationen – Mss. aus den J⟨ahren⟩ ⟨18⟩99/⟨19⟩14 über objektivierende u. wertende Akte von seinem Assistenten[2] unter Heideggers Aufsicht ausarbeiten. Er selbst arbeitet immer eifrig und hoffnungsvoll an seiner Begründung der Transcendentalphilosophie[3]. Daß er mir immer ziemlich pünktlich und ausführlich antwortet, liegt wohl daran, daß er an mich noch immer stenographische Karten schreibt u. dazu entschließt er sich viel leichter als zu einem Brief. Böse ist er Ihnen sicher nicht. Ich glaube übrigens, er hätte es recht gern, wenn ich wieder zu ihm käme. Geradeheraus sagt er es mir nicht, weil er sich schon denkt, daß es nicht geht. Aber die Anspielungen sind ziemlich eindeutig. – Von Lipps habe ich noch gar nichts wieder gehört, also wird wohl nichts erschienen sein, sonst hätte ich es schon bekommen.

Hoffentlich trifft mein Brief Sie und alle Ihre Lieben gesund an. Ich war immer etwas besorgt, wie Ihre Gesundheit diese dauernde Überlastung aushalten sollte. Mit herzlichen Grüßen

Ihre E. St.

[1] Edith Stein verbrachte während dieser Ferien acht Tage (14.–22.8.) im Exerzitienhaus der Jesuiten in Zobten in der Nähe Breslaus.

[2] Husserls Assistenten waren damals Oskar Becker (geb. 5.9.1889 in Leipzig, gest. 13.11.1964 in Bonn) und Ludwig Landgrebe (geb. 9.3.1902 in Wien, gest. 14.8.1991 in Köln). Landgrebe hatte in Wien und Freiburg Philosophie, Geschichte und Geographie studiert, war bei Husserl von 1923–1930 Assistent und arbeitete später am Husserl-Archiv in Löwen. 1956 wurde er Ordinarius für Philosophie in Köln und begründete das dortige Husserl-Archiv. – Hier handelt es sich um Landgrebes dreiteilige Ausarbeitung *Studien zur Struktur des Bewußtseins* (*I. Aktivität und Passivität, II. Wertkonstitution, Gemüt, Wille, III. Modalitäten und Tendenz*; Mss. in den Sektionen M III 3 I–III des Husserl-Archivs in Löwen).

[3] E. Husserl, Formale und transzendentale Logik; Halle a.d.S. 1929.

107

Postkarte
Polen!
Herrn Dr. R. Ingarden
Lemberg (Lwów)
Jabłonowskich 4

Absender
Dr. E. Stein
Speyer a. Rh.
St. Magdalena

Poststempel: Speyer 25.6.27

26.VI.27.

Lieber Herr Ingarden,

heute kam Ihr 2. Brief und ich will gleich die eiligen Fragen beantworten. Ich glaube, daß 6 M ein *Minimum* ist, mit dem man auskommen kann. Ich kann das nicht so gut beurteilen, weil ich ja nie für mich zu sorgen habe. Aber in einfachen Kurorten gibt es sogar noch billigere Pensionen als dies. Natürlich tun Sie gut, sich auf etwas mehr gefaßt zu machen. Aber 12 M scheint mir doch schon ziemlich große Ansprüche vorauszusetzen. Ich bin bis zum 13. VII. bestimmt in Speyer und ab 31. VIII. bestimmt wieder, dazwischen in Breslau mit einem Hof von Ungewißheit um den Termin der Ankunft u. Abreise. Wo Proeslers sind, weiß ich nicht. Im „Hohenzollern" bekam ich im letzten Herbst nur die Auskunft, sie seien seit Jahren fort, Frl. Marie meinte, irgendwo in Norddeutschland.

Herzliche Grüße
Ihre
E. St.

108

Postkarte
Polen!
Herrn Dr. Roman Ingarden
Lemberg (Lwów)
Jabłonowskich 4.

Absender:
Stein
Breslau X
Michaelisstr. 38

Poststempel: unleserlich

28. VIII. 27.

Lieber Herr Ingarden,

heute fahre ich nach Speyer zurück. Ihr Besuch wäre mir natürlich dort am liebsten über einen Sonntag. Aber Sonntag d. 4. werde ich nicht zu Hause sein: ich treffe mich da in Mainz mit meinem Schwager[1], der zum Dermatologen-Kongreß[2] nach Bonn fährt. Ich vermute allerdings, daß Sie nächste Woche noch nicht reisefertig sein werden. Hoffentlich wickelt sich alles gut ab. Viele Grüße an Sie und die Ihren – Ihre Frau werde ich ja nun wohl auch kennen lernen.

Ihre
E. St.

[1] Beide Schwäger Edith Steins waren Dermatologen. Da Edith Stein aber soeben aus Breslau aufbrach, wo sie im selben Hause wie ihr Schwager Hans Biberstein gewohnt hatte, handelt es sich um den älteren Schwager, Max Gordon aus Hamburg, den Mann ihrer ältesten Schwester Else.

[2] In Bonn fand der 15. Kongreß der Deutschen Dermatologischen Gesellschaft vom 4.–7. September 1927 statt. Nach der Dermatologischen Zeitschrift LI, 3/4, Berlin 1928 (bei S. Karger) S. 78f., 157–160 u.a. verband man den Fachkongreß mit einer Feier zur „50jährigen Wiederkehr der Einführung regelmäßiger dermatologischer Vorlesungen an der Universität Bonn". – Am 6.9. wurde als Hauptthema die Syphilis behandelt. Auch dies spricht für die Teilnahme von Max Gordon, berichtet doch Edith Stein in ihren Erinnerungen (ESGA 1, 61), daß ihr Schwager sich besonders in der Behandlung der in Hamburg stark grassierenden Syphilis engagierte.

109

St. Magdalena, 8. IX. 27.

Lieber Herr Ingarden,

Sie können sich wohl meine Verlegenheit vorstellen, als ich heute vor 8 Tagen Ihre Karte vom 29. VIII. mit der Anmeldung für letzten Sonntag bekam und gleichzeitig diese von Frau Husserl – ⟨und⟩weder Sie noch meinen Schwager noch verständigen konnte. Ich beschloß dann, doch nach Mainz zu fahren und Ihnen, falls Sie unwahrscheinlicherweise kommen sollten, die phänomenologischen Neuerscheinungen, ein Pfälzer Kursbuch u. die Weisung, für einige Tage nach Bergzabern[1] zu gehen, zu hinterlassen. Ich war aber sehr froh, daß ich noch rechtzeitig Ihre 2. Karte bekam und ruhigen Gemüts die Rheinfahrt antreten konnte. Für Sie hoffte ich auf Kaufmann[2], und diese Hoffnung hat mich ja nicht betrogen. Daß Sie Husserl nicht antrafen, war gewiß eine rechte Enttäuschung, aber im Grunde ist es wohl gut, wenn Sie schon etwas akklimatisiert sind, bis er kommt. – Nun also Vorschläge für ein Zusammentreffen! Oktoberferien gibt es in Preußen, aber nicht in Bayern[3]. Wir haben bis Weihnachten keine. Eine leise Möglichkeit besteht, daß sich um Allerheiligen[4] 2–3 freie Tage ergeben. Für diesen Fall könnte ich nach Freiburg kommen oder wir könnten zusammen nach Bergzabern fahren – das wäre noch netter. Sonst müßte ein *längeres* Zusammensein bis Weihnachten bleiben (oder sind Sie dann nicht mehr da?). Guten Tag sagen könnten wir uns aber schon vorher mal an einem Sonntag. Wenn Sie herkommen wollten, müßten Sie den Samstag dazunehmen, weil es sonst nicht lohnte. Ich könnte Ihnen aber auch ev., um Ihnen etwas Fahrerei zu ersparen, etwas entgegenkommen. In Heidelberg kann ich in 1½ St. sein, Sie etwa in 3. Wie Sie Ihre Situation schildern, dürfte es ganz gut sein, wenn man damit noch so lange wartet, bis Sie genügend eingelebt sind, um es als Erholung und nicht als störende Unterbrechung zu empfinden. Ich denke, den 25. IX. oder 9. X. könnte man in Aussicht nehmen (2. IX.[5] würde ich hier wahrscheinlich schlecht fortkönnen). Überlegen Sie sich mal all diese Eventualitäten und schreiben mir dann Bescheid.

Kaufmanns Brief habe ich nicht bekommen, ich möchte ihn aber gern haben, denn der Inhalt interessiert mich sehr. Vorläufig lasse ich ihm herzlichst Glück wünschen; sagen Sie ihm, ich freue mich *sehr.* Natürlich müssen Sie auch ganz herzliche Grüße bei Husserls bestellen. Und auch die Leute im Hohenzollern grüßen, d. h. was zur Familie Gans gehört und besonders Frl. Marie. Und sich selbst dürfen Sie auch nicht vergessen. – Alles Gute für den Aufenthalt in Deutschland!

Ihre Edith Stein.

[1] Treffpunkt vieler Phänomenologen im Haus von Hedwig und Theodor Conrad.
[2] Ingarden war in den ersten Septembertagen in Freiburg eingetroffen und fand Husserl nicht vor, der erst Mitte des Monats aus der Schweiz zurückkam. Aber sehr bald kam Kaufmann nach Freiburg zurück, und so fand Ingarden den erwünschten Gesprächspartner.
[3] Die Pfalz gehörte politisch zu Bayern.
[4] 1. November. – Das Fest fiel 1927 auf einen Dienstag.
[5] Das Datum muß ein Versehen sein; nur der 2. X. kommt sinnvollerweise in Frage.

110

Postkarte
Herrn Dr. Roman Ingarden
Freiburg i. Br.
Günterstalstr.
Pension Hohenzollern.

Absender
Stein
Speyer a. Rh.
St. Magdalena.

Poststempel: Speyer 23.9.27

23. IX. 27.

Lieber Herr Ingarden,

glauben Sie doch, bitte, nicht, daß ich etwas übel genommen habe. Ich wollte immerfort schon ein paar Worte schreiben, um dieser Befürchtung zuvorzukommen. Aber es war mir nicht möglich. In habe viel drängende Arbeit. Und seit einigen Tagen bin ich durch einen Todesfall[1], der mich sehr nahe trifft, äußerlich und innerlich stark in Anspruch genommen. Also, bitte, gedulden Sie sich, wenn nicht bald ein Brief kommt. Dann zur Vorsicht: für den 22./23. Okt. ist schon lange ein Besuch bei mir angemeldet. Sie kommen dann eine Woche später, nicht wahr?

Mit herzlichen Grüßen
Ihre
Edith Stein.

[1] Am 17. 9. war in Speyer der Generalvikar des Bistums, Prälat Josef Schwind (geb. 28. 11. 1851 in Schifferstadt), plötzlich gestorben. Edith Stein war ihm seit ihrer Konversion nahe verbunden. Sie schrieb für das *Korrespondenzblatt* des theologischen Konvikts in Innsbruck (wo Schwind studiert hatte) einen Nachruf (62. Jg. Nr. 1, November 1927). Der Name Edith Steins ist im Druck nicht genannt, sondern die Verfasserin wird als „vertrauter Freund“ des Verstorbenen eingeführt. Von den Angehörigen der Familie Schwind und von anderen ist bezeugt, daß der Text von Edith Stein stammt (was auch der Stil nahelegt).

111

St. Magdalena, 2. X. 27.

Lieber Herr Ingarden,

eben bin ich dabei, meine Briefschulden zu erledigen. Und nun kommen doch auch Sie an die Reihe. Hoffentlich fühlen Sie sich nicht gar zu einsam da unten. Ich denke, Kaufmann u. Becker werden doch etwas vor Semesterbeginn zurückkommen, u. dann haben Sie mehr Gesellschaft. Ich wäre ja gern in der Zeit mal hingekommen, aber bis Weihnachten haben wir tatsächlich nicht mehrere Tage hintereinander frei. So geht es nicht. Allerheiligen fällt auf einen Dienstag, dann sind der Sonntag und Dienstag schulfrei, aber der Montag dazwischen nicht. Immerhin ist das für Ihren Besuch hier noch der günstigste Zeitpunkt. Wenn Sie nach Bergzabern wollten, müßten Sie es unterwegs (von Karlsruhe aus über den Rhein), sonst hätten Sie einen großen Umweg. Wenn Sie es sehr gern möchten, könnte ich ev. Sonnabend nachmittag u. Sonntag hinkommen, Sie könnten ev. den Montag noch dortbleiben u. am Dienstag herkommen. Überlegen Sie das, bitte, und geben Sie mir Bescheid. Ich müßte bei Conrads anfragen, ob es paßt. Augenblicklich sind beide nach verschiedenen verreist.

Nun etwas zu dem philosophischen Brief. Daß Heidegger etwas Großes ist und daß er uns alle in die Tasche stecken kann, glaube ich auf Grund seines Buches[1] auch. Vorher wußte ich es nicht bzw. ich sah nur die Wirkungen, d. h. seinen großen Einfluß auf die junge Generation. Das Buch las ich z. größten Teil in den Ferien, wurde aber nicht ganz fertig; der Schluß ging unter in allem, was sich seitdem bei mir drängte. Wie sich Husserl mit den großen Differenzen abfindet, weiß ich nicht. Klar sein muß er sich ja darüber. Daß er sonst für fremde Gedanken weniger zugänglich ist als je, fand ich auch, obwohl er *persönlich* so viel milder und aufgeschlossener geworden ist.

Daß man auf dem Wege der Konstitutions-Probleme (die ich gewiß nicht unterschätze) zum Idealismus geführt werden müsse oder könne, glaube ich nicht. Es scheint mir, daß diese Frage überhaupt nicht auf philosophischem Wege entscheidbar ist, sondern immer schon entschieden ist, wenn jemand anfängt zu philosophieren. Und weil hier eine letzte persönliche Einstellung mitspricht, ist es auch bei Husserl verständlich, daß dieser Punkt für ihn indiskutabel ist.

Manches von seinen Sachen hat mir Husserl voriges Jahr erzählt, vieles wird mir neu sein. Ich werde mir gern davon erzählen lassen; was ich aber dazu sagen werde, wird vermutlich nur extemporiert sein. Überhaupt dürfen Sie von mir nicht viel erwarten, und als einen Teil Ihres Studienaufenthalts müssen Sie diesen Besuch nicht auffassen, sonst gibt es eine große

Enttäuschung. An Husserl schrieb ich gestern ein wenig über meine Thomas-Arbeit, das kann er Ihnen vielleicht erzählen. – Ihre Briefe habe ich im August von Breslau mit hergebracht, um sie Ihnen zu geben.

Lassen Sie es sich noch recht gut gehen in Freiburg.

Mit herzlichen Grüßen
Ihre Edith Stein.

[1] Heideggers Werk *Sein und Zeit* erschien 1927 in JPPF 8.

112

Postkarte
Herrn Dr. R. Ingarden
Freiburg/Br.
Günterstalstr.
Hohenzollern

Absender
Stein
Speyer a. Rh.
St. Magdalena

Poststempel: Speyer 19. 10. 27

18. X. 27.

Nicht wahr, Sie sind schon wieder erstaunt, weil ich so lange keinen Bescheid gebe? Also, es ist mir recht, wenn Sie Samstag d. 29. mittag kommen. Bitte, steigen Sie dann (wenn Sie von Heidelberg kommen) Speyer *Rheinstation* aus, das ist 2 Minuten vom Kloster. Ich hole Sie dann ab und nehme Sie erst mit zu uns zum Mittagessen. Nun kommt noch eine Komplikation wegen Montag. Heute fragte mich eine jüngere Schwester aus Freiburg, ob sie ev. an diesem Tag kommen dürfte. Wenn Sie noch dableiben, würde ich ihr abschreiben (sie ist ja immer nahe zu erreichen), sonst aber nicht. Vielleicht können Sie sich dort mit ihr verständigen und ihr Bescheid sagen und dann auch mir schreiben: Sr. Placida Laubhardt[1] St. Lioba. Das Haus war bisher Wintererstr., eben sind sie im Umzug nach Günterstal Riedbergstr. 51. Ich will ihr schreiben, daß sie Ihnen telefonisch angeben soll, wann und wo Sie sie sprechen können.

Herzliche Grüße
Edith Stein.

[1] Placida (Eva) Laubhardt OSB, geb. 16.5.1904 in Berlin, gest. 4.1.1998 in St. Lioba/Freiburg-Günterstal, kannte Edith Stein seit ihrer Jugendzeit aus Breslau. Sie war Konvertitin (ihr Vater war jüdischer Abstammung) und überlebte mehr als 2 Jahre Haft im Konzentrationslager Ravensbrück.

113

St. Magdalena, 21. X. 27.

Lieber Herr Ingarden,

eben habe ich nach dem Zug geschaut, er kommt an der Rheinstation, wo ich Sie erwarten will, 13.16 an. Es ist ja wirklich gut, daß Sie mal kommen. Wenn Sie ein bißchen in meine Lebensverhältnisse hineingeschaut haben, werden Sie nicht mehr so leicht schlimme Dinge zwischen den Zeilen lesen. Wenn man sich 10 J. nicht gesehen hat, ist es natürlich, daß einem die nötigen Grundlagen für richtige Interpretation fehlen. Also, bitte, lassen Sie alle Mißstimmung zurück und seien Sie ganz überzeugt, daß ich *gar* nichts gegen Sie habe, weder Altes noch Neues, und Sie mit ganz freiem Herzen erwarte. Vielleicht etwas erschöpft von mancherlei Dingen, es kann aber auch sein, daß das dann schon wieder vorbei ist. Die Gesellschaft aus Bergzabern[1] war neulich nur ein paar Stunden per Auto da, und das kam so plötzlich, daß ich Sie nicht herzitieren konnte; sonst hätte ich es sicher getan. Also, auf Wiedersehen!

Ihre E. St.

[1] Freunde aus dem Phänomenologenkreis.

114

Speyer, 24. X. 27.

Lieber Herr Ingarden,

bitte, seien Sie mir nicht böse, wenn ich nun doch noch einen Abänderungsvorschlag mache. Es sind eben bei uns Unterhandlungen in Gang, unsere Kinder doch von Samstag mittag bis Dienstag heimfahren zu lassen. Dann wäre es für mich sehr gut möglich, nach Bergzabern zu fahren und ich möchte Sie recht herzlich bitten, mich lieber dort zu besuchen. Ich habe noch einen andern Grund: gerade nach Ihrer letzten Karte kann ich eine gewisse Besorgnis nicht loswerden, daß meine klösterliche Umgebung Sie befangen machen würde und daß unser Zusammensein darunter leiden könnte. Und ich möchte doch, daß Sie sich recht wohl fühlen. Sie müßten dann bis Karlsruhe fahren, von dort nach Winden u. von da mit der Lokalbahn nach Bergzabern. Ich käme Samstag 14.25 (von Landau) in Winden an, vielleicht könnten Sie es so einrichten, daß wir zusammen 14.32 nach B⟨ergzabern⟩ weiterfahren können. Sie müßten dann 12.15 von Karlsruhe ab u. kämen 13.14 in W⟨inden⟩ an (bitte, mit Lektüre versehen für die Wartezeit). Ich schreibe noch heute nach Bergzabern *hypothetisch* und bitte Sie, es durch eine kurze Nachricht an Conrad perfekt zu machen. Eine *Anfrage* dort ist Ihrerseits nicht nötig, ich schreibe schon so, daß Sie sich dort einfach anmelden können. Bitte, lehnen Sie meinen Vorschlag nicht ab – es ist sicher so am besten.

Herzlichst Ihre
E. St.

115

St. Magdalena, 8. XI. 27.

Lieber Herr Ingarden,

das erste bißchen Zeit, das ich dafür erübrigen kann, benutze ich, um Ihnen zu schreiben. Ich wollte es gern bald tun, als ich von Bergzabern kam, weil ich selbst das, was ich Ihnen sagte, als so sehr lückenhaft empfand, so blaß und tot im Vergleich zu der Realität, die dahinter steht. Aber es kam eine Sturmflut von Aufsätzen. Heute habe ich zum erstenmal meinen hl. Thomas[1] wieder zur Hand nehmen können. Sie wollen wissen, welchen Eindruck ich von unserer Zusammenkunft hatte: ich glaube, daß sie so günstig verlaufen ist, wie man es nur erhoffen konnte. Wenn man nach 10 J. Unterbrechung und nach einem Leben in so verschiedenen Verhältnissen frei und offen miteinander sprechen kann, so ist das schon genug. Ich hatte es freilich nicht anders erwartet. Ich glaube sogar, daß wir uns besser verstanden haben als einst in Freiburg. Denn es scheint mir, als wären damals beide zu sehr mit sich selbst beschäftigt gewesen, um den richtigen Blick für einander zu haben. Daß religiös etwas mehr Anknüpfungspunkte da waren, als Ihre Briefe erwarten ließen, hat mich natürlich sehr gefreut. Allerdings hatte ich mir ja schon manchmal gesagt, daß katholische Tradition und Erziehung doch nicht ganz spurlos von Ihnen abgeglitten sein können. Und so ist es mir doch nicht gar so überraschend, daß mein Hineinwachsen in die kath. Welt für Sie eine Annäherung bedeutet. – Ob Ihnen Bücher zum näheren Verständnis meines Weges verhelfen können, weiß ich nicht recht. Von dogmatischen Werken hat *vor* meiner Konversion Möhlers „Symbolik"[2] einen gewissen Eindruck auf mich gemacht. Erst später lernte ich Scheebens „Mysterien des Christentums[3]" kennen, die ich sehr liebe und schätze – das erste Werk oder eins von den ersten, das nach der großen Wasserflut des Rationalismus sich wieder ganz entschieden auf den Boden des Übernatürlichen stellte und für die ganze neuere Dogmatik grundlegend geworden ist. Ich weiß aber nicht, ob Ihnen das heute schon viel sein könnte. Es scheint mir, als müßten Sie erst auf intellektuellem Wege bis an die Grenzen der ratio und damit an die Pforten des Mysteriums kommen. Vielleicht könnte Ihnen dabei Newman helfen, obgleich sein Ausgangspunkt ein ganz anderer ist. Jedenfalls schicke ich Ihnen die Briefe und Tagebücher[4], sobald sie gedruckt sind. Daß ich Ihnen meinen Weg *nicht* in der Meinung zu schildern suchte, es sei *der* Weg, war wohl deutlich. Ich bin gründlich überzeugt, daß es soviel Wege nach Rom gibt wie Menschenköpfe und -herzen. Vielleicht habe ich bei der Darstellung meines Weges das Intellektuelle zu schlecht wegkommen lassen. In der jahrelangen Vorbereitungszeit hat es sicher stark mitgewirkt. Doch bewußtermaßen entscheidend war das reale Geschehen in mir (bitte: reales Geschehen, nicht „Gefühl") Hand in Hand mit dem konkreten Bild echten Christenlebens in sprechenden Zeugnissen (Augustin, Franziskus, Teresa[5]). Wie aber soll ich Ihnen in ein paar Worten ein Bild jenes „realen Geschehens" schildern? Es ist eine unendliche Welt, die sich ganz neu auftut, wenn man einmal anfängt, statt nach außen nach innen zu leben. Alle Realitäten, mit denen man vorher zu tun hatte, werden transparent, und die eigentlich tragenden und bewegenden Kräfte werden spürbar. Wie belanglos erscheinen die Konflikte, mit denen man vorher zu tun hatte. Und welche Fülle des Lebens mit Leiden und Seligkeiten, wie sie die irdische Welt nicht kennt und nicht begreifen kann, faßt ein einziger, nach außen fast ereignisloser Tag eines gänzlich unscheinbaren Menschendaseins. Und wie seltsam kommt man sich vor, wenn man mit Menschen, die nur die Oberfläche sehen, als einer von ihnen lebt und ohne daß sie es ahnen oder merken, all dies andre in sich und um sich hat. Fassen Sie sich jetzt an den Kopf ob dieser mysteriösen Dinge? Dann seien Sie mir nicht böse. Ich will gern, wenn Sie es wünschen, auf den Boden der ratio zurückkehren, wo Sie sich mehr zu Hause fühlen; ganz habe ich ihren Gebrauch ja nicht verlernt, und ich schätze sie sogar – in ihren Grenzen – sehr viel höher als früher. – Was die essentiellen Fragen[6] betrifft: ich kann nur versprechen, sie zu lesen, *sobald* es meine Zeit erlaubt. Aber das ist mein guter Vorsatz schon, seit es sie gibt. Nun möchte ich mich noch erkundigen, was der Brief Ihrer Frau über ihr und der Kinder Befinden berichtet. Und dann ist es hohe Zeit, den Tag zu schließen.

Mit herzlichen Grüßen
Ihre
Edith Stein.

[1] Die Übersetzung der *Quaestiones disputatae de veritate*.

[2] Johann Adam Möhler, geb. 6.5.1796 in Mergentheim, bedeutender katholischer Theologe, Mitbegründer der Tübinger Schule, später Professor in München, dort gest. 12.4.

1838. Sein Hauptwerk ist: *Symbolik oder Darstellung der dogmatischen Gegensätze der Katholiken und der Protestanten nach ihren öffentlichen Bekenntnisschriften*, Mainz 1832.
[3] Matthias Josef Scheeben, geb. 1.3.1835 in Meckenheim bei Bonn, gest. 12.7.1888 in Köln, Professor am Kölner Priesterseminar; verfaßte *Die Mysterien des Christentums*, Freiburg 1865, als dogmatisches Kompendium.
[4] J. H. Newman, *Briefe und Tagebücher bis zum Übertritt in die Kirche 1801–1845*, übersetzt von E. Stein, München 1928 (Theatiner Verlag), ESGA 22.
[5] Aurelius Augustinus vgl. Brief. Nr. 9 Anm. 6. – Franz von Assisi (1181–1226) gründete den Orden der Minderbrüder (Franziskaner) und gilt als eine der größten Gestalten der Christenheit. – Teresa von Avila, geb. 28.3.1515 in Avila, gest. 4.10.1582 in Alba de Tormes, Karmelitin, Ordensreformatorin, Mystikerin, Kirchenlehrerin, Schriftstellerin von Weltrang.
[6] Ingarden, *Essentiale Fragen. Ein Beitrag zum Wesensproblem*, JPPF 7.

116

Postkarte
Herrn Dr. R. Ingarden
Marburg a. L.
Frankfurterstr. 26 b, b. Kiessel

Absender
Stein
Speyer a. Rh.
St. Magdalena

Poststempel: Speyer 19. 11. 27

19. XI. 27.

In Eile:
Jean Hering, Straßburg, 7 rue Finkmatt.
Al. Koyré, Paris V, 12 rue Quatrefages.
Ihren Brief habe ich erhalten, im Kopf auch die Antwort bereit, aber keine Zeit bisher zum Aufschreiben. Hoffentlich geht alles besser bei Ihnen[1], als es jetzt aussieht.

Herzlichst
E. St.

[1] Ingarden hatte die Nachricht bekommen, daß eines seiner Kinder erkrankt war. Er selbst plante, von Marburg nach Paris weiter zu reisen.

117

St. Magdalena, 20. XI. 27.

Lieber Herr Ingarden,

trotzdem gestern und heut wieder Besuch von außerhalb da war, hat sich noch ein Stündchen ergeben, das ich für Briefe ausnützen kann.

Ich glaube, daß man von *religiöser Erfahrung* sprechen darf und muß; es handelt sich dabei aber nicht um eine „unmittelbare Anschauung“ Gottes. So etwas kann es nur in ganz ausnahmsweisen Fällen geben (in Ekstasen u. dgl.), wobei aber nie ein strenger Nachweis möglich ist, daß es sich um *echte* Offenbarung handelt. Der gewöhnliche Weg geht über Wirkungen, die man in sich, an andern und an Begebenheiten etc. in Natur und Menschenleben bemerkt, von denen keine einzige – für sich genommen – so eindeutig auf göttliche Urheberschaft hinweist, daß nicht auch eine andere Erklärung denkbar wäre, die aber jede einen solchen Hinweis in sich enthalten, manche schon in ihrer Isolierung so stark, daß man sich dem nicht entziehen kann, auf jeden Fall aber in ihrem Zusammentreffen so, daß man wohl noch methodisch, aber nicht wirklich zweifeln kann. Die Parallele zur Realität der Außenwelt scheint mir ganz glücklich (wenn auch nicht nach allen Richtungen durchzuführen), und da sehe ich gerade den schwachen Punkt in Ihrem Gedankengang. Als *Philosoph* mögen Sie sagen, es fehlte Ihnen an zwingenden Motiven zur Entscheidung zwischen Idealismus und Realismus. Aber im praktischen Leben werden Sie doch auf diese Entscheidung nicht warten, sondern – wie es alle Idealisten tun, wenn sie ihre 5 Sinne beisammen haben – mit der Welt als mit einer Realität umgehen. Wer anders verfährt, den werden Sie einen Narren nennen. Und so erlaubt sich auch der Psalmist zu sagen: Dicit *insipiens* in corde suo: non est Deus[1]. Es ist nicht nötig, daß wir bis zum Ende unseres Lebens zu einem Rechtsausweis der religiösen Erfahrung kommen. Aber es ist notwendig, daß wir zu einer Entscheidung für oder wider Gott kommen. Das wird von uns verlangt: uns zu entscheiden ohne einen Garantieschein. Das ist das große Wagnis des Glaubens. Der Weg geht vom Glauben zum Schauen, nicht umgekehrt. Wer zu stolz ist, durch dies enge Pförtchen zu gehen, der kommt nicht hinein. Wer aber hindurchgeht, der gelangt doch schon in diesem Leben zu immer hellerer Klarheit und erfährt die Berechtigung des credo ut intelligam[2]. – Daß mit konstruierten oder phantasierten Erlebnissen hier wenig anzufangen ist, glaube ich auch. Wo die eigene Erfahrung mangelt, muß man sich an Zeugnisse von homines religiosi halten. Daran ist ja kein Mangel. Nach meinem Empfinden sind das Eindrucksvollste die spanischen Mystiker, Teresa u. Johannes vom Kreuz.[3]

Für heute nur noch herzliche Grüße
Edith Stein.

[1] Ps 14,1: Es spricht *der Tor* in seinem Herzen: es gibt keinen Gott.
[2] Anselm v. Canterbury, *Proslogion 1*: Ich glaube, um zu erkennen.
[3] Johannes vom Kreuz (1542–1591), spanischer Theologe, Mystiker und Kirchenlehrer, Dichter und Schriftsteller. Johannes war der erste Gefährte, den Teresa v. Avila für ihre Reform der „Unbeschuhten“ Karmeliten gewann.

118

Postkarte; Vorderseite: Gotisches Maßwerkfenster
Herrn Dr. Roman Ingarden
Marburg a. L.
Frankfurterstr. 26 II, b. Kießel

Poststempel: Speyer 6. 12. 27

6. XII. 27.

Nur in Eile die Mitteilung, daß Sie das Gewünschte jederzeit haben können. Wann der Brief beantwortet werden kann, weiß ich noch nicht.

Herzlichen Gruß
Edith Stein

119

St. Magdalena, 20. XII. 27.

Lieber Herr Ingarden,

heute bekam ich Ihre Karte. Es freut mich, daß ich Ihre Adresse habe[1] und Ihnen doch einen Weihnachtsgruß schicken kann. Das Büchlein von Bahr[2] will nichts weiter als Ihnen sagen, daß ich bei meinen Festvorbereitungen auch an Sie gedacht habe. Ich identifiziere mich weder restlos mit dem Inhalt noch gedenke ich Sie dadurch von irgendetwas zu überzeugen. Die Antwort auf Ihren letzten Brief oder überhaupt ein längeres Schreiben bekommen Sie vorläufig noch nicht. *Vor* Weihnachten gibt es bestimmt keine Zeit mehr dafür. Sie werden ja auch in Paris genügend mit andern Dingen ausgefüllt sein und sich nicht einsam fühlen wie in Freiburg u. Marburg. Ich freue mich, daß Sie Weihnachten doch bei Menschen sein können, die Ihnen nahe stehen. – Einen sehr herzlichen Gruß an beide Koyrés[3]. Ihnen u. Koyré wollte ich noch erzählen, daß der Herdersche Verlag sich in sehr freundlicher Weise um meine Thomas-Arbeit bemüht u. daß ich wahrscheinlich bald zum Abschluß eines guten Vertrages kommen werde. Zwischen Weihnachten u. Neujahr werde ich voraussichtlich in Bergzabern sein.

Viele Grüße Ihre
E. St.

[1] Ingarden weilte in Paris.
[2] Hermann Bahr, geb. 19. 7. 1863 in Linz/D., gest. 15. 1. 1934 in München. – Das kleine Buch war das soeben erschienene *Himmel auf Erden. Ein Zwiegespräch*, Verlag ars sacra, München 1928. Erich Przywara SJ, den Edith Stein gut kannte, traf sich als Redakteur der

Stimmen der Zeit jede Woche mit Bahr in München (*In und Gegen*, Nürnberg 1955, S. 95ff.). – Bahr hat das Büchlein gewidmet „Dem hochwürdigsten Herrn P. Willibrord Verkade OSB zum 25jährigen Priesterjubiläum in herzlicher dankbarer Verehrung." – Verkade (1868–1946), der Malermönch von Beuron, war dort Gastpater.

[3] Alexandre Koyré und seine Frau Dorothée.

120

Bergzabern, 1. I. 28.

Lieber Herr Ingarden,

seit Mittwoch[1] bin ich hier und habe Ihre Karte vom 23. XII. hier vorgefunden. Das Fest habe ich wie immer im Kloster verlebt, weil es da am schönsten ist. Morgen gehe ich schon wieder fort. Ich habe noch einen Besuch ganz im äußersten Westen der Pfalz[2] zu machen. Am 4. will ich wieder in Speyer sein.

Heute habe ich Ihren langen Brief aus Marburg noch einmal gründlich gelesen. Als er kam, konnte ich ihn nur schnell überfliegen. Schon bei dem ersten Brief, den ich nach unsern Gesprächen hier bekam, fragte ich mich, ob es denn sinnvoll sei, sich auf solche Erörterungen einzulassen. Und nun sind meine Bedenken noch stärker geworden. Böse bin ich Ihnen nicht im mindesten; auf den Gedanken, daß Sie mich in meinem Glauben erschüttern wollten, wäre ich auch niemals verfallen, ein so absurdes Unternehmen traue ich Ihnen nicht zu. Ich fürchte mich auch nicht, Ihren Einwänden zu entgegnen. Aber es wäre nötig, jeden einzelnen Satz zu widerlegen, auf alle Mißverständnisse und falschen Voraussetzungen einzugehen, die darin stekken. Es sollte mich die Zeit und Mühe nicht reuen, wenn ich mir nur versprechen könnte, Ihnen damit irgend etwas helfen zu können. Aber eben das glaube ich gegenwärtig nicht. Jeder meiner Briefe würde einen neuen Kommentar erfordern, der auf nicht größeres Verständnis zu rechnen hätte als das Kommentierte. Ich erinnere mich ja gut, wie es bei mir war, ehe die Binde von meinen Augen genommen wurde. Da hätte ich ganz ähnliche Dinge sagen können und wäre wohl auch durch keine theoretischen Diskussionen zu belehren gewesen. Wenn aber einmal die Wendung bei Ihnen kommt, dann werden Sie sich alles, was ich Ihnen jetzt sagen könnte, wahrscheinlich viel besser selbst sagen können. Wenn es Ihnen wirklich Ernst ist mit dem Suchen nach Wahrheit in religiösen Dingen, d.h. mit dem Suchen nach Gott, nicht nach dem Ausweis der religiösen Erfahrung, dann werden Sie zweifellos einen Weg finden. Ich kann Ihnen nur raten, was ich schon einmal schrieb, sich an die Schriften der großen Heiligen und Mystiker zu halten, da haben Sie das beste Quellenmaterial: Das Leben der hl. Theresia von ihr selbst[3] (ich würde nicht empfehlen, mit der „Seelenburg“ anzufangen, obwohl dies das mystische Hauptwerk ist), die Schriften des hl. Johannes vom Kreuz[4]. Kürzlich bekam ich das Geistliche Tagebuch einer modernen Mystikerin in die Hände, das etwas von der klassischen Schlichtheit und bezwingenden Wahrhaftigkeit der hl. Theresia hat. Das französische Original ist, soviel ich weiß, nur als Manuskript gedruckt (herausgegeben von Poulain S. J.); die deutsche Übersetzung von Romano Guardini (Geistliches Tagebuch der Lucie Christine) ist im Buchhandel 1921 erschienen. Ich habe den Verlag vergessen[5], könnte ihn aber von Speyer aus schreiben, wenn Sie das wünschen. Natürlich sind Sie nicht verpflichtet zu glauben, was irgend jemand in Visionen geschaut hat. Auch die Kirche macht den Glauben an die privaten Offenbarungen mystisch Begnadeter nicht verbindlich. Aber ob Sie diese Dinge, wenn Sie ganz unvoreingenommen daran gehen, mit der billigen „Erklärung“: krankhafte Veranlagung (ich bitte Sie, was ist denn damit erklärt?) abtun können, das möchte ich doch bezweifeln. Nun seien Sie *mir* nicht böse wegen dieses Verfahrens. Es scheint mir im gegenwärtigen Zeitpunkt am richtigsten so.

Alle guten Wünsche für Sie und die Ihren
Ihre Edith Stein.

[1] 28.12.1927.
[2] Edith Stein machte einen Besuch bei (damals noch Pfarrverwalter) Konrad Schwind, dem Neffen des am 17.9.1927 verstorbenen Generalvikars Josef Schwind aus Speyer. Konrad Schwind war tätig in Schweix, einem Grenzort in der westlichen Pfalz, wohin er am 1.12.1927 versetzt worden war. Zuvor Kaplan in Ludwigshafen, wurde er beim Tode seines Onkels nach Speyer gerufen und sah dessen Nachlass durch. Bei dieser Gelegenheit vernichteten er und Edith Stein alle noch vorhandenen Briefe von ihr, weil sie ihn dringend darum gebeten hatte (Bericht von K. Schwind im Edith-Stein-Archiv des Kölner Karmel: G I/Sch/17.12.1952).
[3] *Das Leben der heiligen Theresia von Jesu.* Neue deutsche Ausgabe von Aloisius ab Immaculata Conceptione OCD, Friedrich Pustet, Regensburg-Rom-Wien 1919. 1. Bd. in: *Sämtliche Schriften der heiligen Theresia von Jesu.* Neue deutsche Ausgabe von Petrus de Alcántara a S. Maria und Aloisius ab Immaculata Conceptione OCD, Friedrich Pustet, Regensburg-Rom-Wien 1919. Diese Ausgabe hatte Edith Stein im Sommer 1921 gelesen. – *Die Seelenburg* ist in dieser Ausgabe der 4. Bd., 1. Tl., Verlag Josef Kösel und Friedrich Pustet, Regensburg 1922.
[4] *Des Heiligen Johannes vom Kreuz sämtliche Werke in fünf Bänden.* Neue deutsche Ausgabe von Aloysius ab Immac. Conceptione und Ambrosius a S. Theresia OCD, Theatiner Verlag; 1. Bd. *Aufstieg zum Berge Karmel*, München 1927; 2. Bd. *Dunkle Nacht*, München 1924; 3. Bd. *Lebendige Liebesflamme*, München 1924; 4. Bd. *Geistlicher Gesang*, München – Rom 1925; 5. Bd. *Kleinere Schriften*, München 1929.
[5] Matthias Grünewald Verlag in Mainz. Lucie Christine ist ein Pseudonym für Mathilde Boutlé geb. Bertrand (12.2.1844–17.4.1908).

121

St. Magdalena, 10. II. 28.

Lieber Herr Ingarden,

morgen sind es schon 8 Tage, daß Ihr Wertbrief wohlbehalten in meine Hände gelangte. Ich wollte sofort antworten – wenn ich eher gewußt hätte, daß Sie noch in Paris sind, hätte ich Ihnen nämlich zum Geburtstag geschrieben –, aber von Tag zu Tag schob sich etwas Dringlicheres vor. Heute will ich es endlich probieren. Zunächst sollen Sie nun die verspäteten Glückwünsche haben. Aus der Verlängerung des Aufenthalts entnehme ich, hoffentlich mit Recht, daß es bei Ihnen zu Hause wieder gut geht. Möchten Sie recht viel Gutes schließlich mit heimnehmen – mehr als es jetzt vielleicht den Anschein hat, wo noch manche Enttäuschung im Vordergrund stehen und alles etwas bunt durcheinander sein mag. – Jetzt die Frage Ihrer Arbeit[1]. Ich würde ja herzlich gerne die Durchsicht übernehmen; aber ich glaube, vor den großen Ferien (d. h. etwa 15. VII.–1. IX.) könnte ich nicht daran denken. Sie werden ja sehen, wann Sie sie fertig bekommen und ob das für Sie zu spät wäre. Freilich *nach* den Ferien wäre auch wenig Aussicht, daß sich Zeitlücken für so etwas fänden; es müßte schon innerhalb dieses Zeitraums sein.

Nun die Frage der Erörterung religiöser Probleme. Ich will sie nicht unter allen Umständen vermeiden. Aber *die* Art der Diskussion, wie Sie sie eröffneten, würde uns nicht einander näher bringen, sondern eher – das fühle ich deutlich – von einander entfernen. Und was meine „Philosophenwürde" betrifft (hinter die ich freilich verschiedene Fragezeichen setze), so muß ich sagen: es gibt nach meiner Überzeugung – nicht nur nach der religiösen, sondern auch nach der philosophischen – Dinge, die jenseits der Grenzen natürlicher Erkenntnismöglichkeiten liegen. Die Philosophie, als Wissenschaft aus rein natürlicher Erkenntnis verstanden, wie Sie sie ja zweifellos auffassen, kann gerade noch diese ihre Grenzen erkennen. Dann ist es aber *philosophisch* konsequent, die Grenzen zu respektieren, und widersinnig, jenseits davon mit rein philosophischen Mitteln etwas herausbringen zu wollen. Ich kann Ihnen als praktischen Ausweg nur *vorschlagen*, daß Sie über diese Dinge schreiben, so oft es Ihnen ein Bedürfnis ist, aber es mir überlassen, ob und wie weit ich es für richtig halte, darauf zu antworten. – Das Büchlein von Bahr empfand ich als durchaus katholisch. Sonst hätte ich es Ihnen nicht geschickt. Gewiß ist es *eine* Richtung, d. h. der Accent auf *eine* Seite besonders gelegt. Aber die echte Katholizität besagt ja, daß vielerlei *innerhalb* möglich ist.

Das Geld habe ich nicht entbehrt. Ich hatte, laut Verabredung, eine viel größere Summe für Sie bereit gehalten. So konnte ich nicht leicht in Verlegenheit geraten. Außerdem haben Sie noch das Verdienst, daß ich auch für andere Zwecke in der letzten Zeit mehr übrig hatte, als es ohne unsere Abmachung wohl der Fall gewesen wäre.

Alles Gute und herzliche Grüße
Ihre E. St.

Der Newman-Band wird gedruckt, aber in solchem Schneckentempo, daß es gar nicht abzusehen ist, wann er fertig wird.

[1] Ingarden schrieb während seines Studienaufenthaltes in Deutschland und Frankreich 1927/28 *Das literarische Kunstwerk,* 1931 bei Niemeyer in Halle/S. erschienen. Im Vorwort ist zu lesen: „Frl. Dr. Edith Stein hatte die Güte, die großen Mühen der sprachlichen Korrektur des Textes zu übernehmen, und hat mir dadurch einen wertvollen Freundschaftsdienst erwiesen" (S. XIV).

122

St. Magdalena, 13. V. 28

Lieber Herr Ingarden,

meine Osterferien waren so ausgefüllt, daß ich Ihren Wunsch nach einem Ferienbrief nicht erfüllen konnte. Kar- und Ostertage war ich in Beuron[1] und habe da in der Abtei das Urbild von Bahrs „Himmel auf Erden" gefunden (ob es faktisch so ist, weiß ich nicht, es gibt ja noch mehr Benediktiner-Abteien, wo gewiß derselbe Geist zu finden ist). Hinterher mußte ich gleich an der Generalversammlung des Bayerischen kath. Lehrerinnenvereins in Ludwigshafen einen Vortrag halten[2], und dann begann das Schuljahr mit allerhand unvorhergesehenen Hindernissen.

Was für Preise Cohen[3] bezahlt, weiß ich nicht; Herder schlug mir, wenn ich mich recht erinnere, 10 % vom Ladenpreis des Buches vor, zahlbar beim Erscheinen der 1. Auflage sowie jedes neuen Tausend. Es wurde mir von kundiger Seite versichert, das sei günstig; aber natürlich ist das nur bei so großen Auflagen und nicht bei den kleinen, die Niemeyer macht; außerdem kann es der Verleger nur riskieren, wenn er auf einen größeren Absatz rechnen kann. Und das ist doch wohl bei Thomas heute eher der Fall als bei unseren Originalarbeiten. Vielleicht können Sie sich aber als Mathematiker errechnen, was für eine Pauschalsumme dem entsprechen würde. Es kommen übrigens noch eine Reihe von Freiexemplaren bei jeder Auflage hinzu. –

Was nun meine Durchsicht Ihrer Arbeit betrifft, so möchte ich Ihnen vorschlagen, wenn Sie fertig sind, noch einmal anzufragen. Ich kann es heute wirklich schwer sagen, ob es mir möglich sein wird. Nur, wie ich schon im letzten Brief schrieb, zwischen September und Ostern ist es fast ausgeschlossen, weil in das 2. Trimester die Hauptmasse der Schularbeit, vor allem Korrekturen, fällt und in das 3. die Prüfungen. Wie es in den Ferien wird, kann ich noch nicht ganz übersehen. Ich hoffte, *bis* dahin mit meinem vorläufigen Thomas-Text fertig zu werden und dann *in* den Ferien die große terminologische Durcharbeitung des Ganzen vorzunehmen, die ⟨ich eigentlich⟩ in einem Zuge ⟨machen⟩ müßte – aber in den letzten Monaten hatte ich ⟨wieder⟩ so viele Störungen, daß ich von den paar Wochen bis Juli nicht mehr viel erwarten kann. Wenn es aber *irgend* zu ermöglichen ist, tue ich es gern. Also, bitte, fragen Sie dann noch mal. Über das Honorar sprechen wir, wenn der Druck beendet ist.

In meiner Thomas-Bearbeitung werden Sie von *mir* nicht viel finden; ich will ja hier nur ihn selbst zu Wort kommen lassen und gebe nur am Ende jeder der Untersuchungen eine kurze Schlußzusammenfassung ohne kritische Stellungnahme. Martin Grabmann[4] hat mir eine Einleitung zu dem Band versprochen, über die geschichtliche und moderne Bedeutung der Quaestionen. Auf die freue ich mich. Der Newman-Band ist immer noch nicht fertig, aber ein Teil ist jetzt rein gedruckt und es stehen vom Ganzen nur noch wenige Fahnen aus.

Nun herzliche Grüße und viele guten Wünsche für Sie und die Ihren
Ihre Edith Stein.

[1] Am Ostermontag, 9.4.1928, trug sich Edith Stein zum erstenmal in das Gästebuch der Beuroner Pension Mayer ein; es enthält noch eine Reihe weiterer Eintragungen von ihrer Hand. Das Gästebuch befindet sich heute im Edith-Stein-Archiv des Kölner Karmel (D II 7).

[2] Die 15. Hauptversammlung des Vereins der katholischen bayerischen Lehrerinnen in Ludwigshafen (11.–14.4.1928) stand unter dem Thema „Frauenbildung und Gegenwartsaufgaben". Edith Steins Vortrag am 12.4. lautete: *Der Eigenwert der Frau in seiner Bedeutung für das Leben des Volkes*; er fand statt im damaligen Vereinshaus der IG Farben in der Rupprechtstraße. Veröffentlicht wurde der Text in der Jugendnummer der Zs. *Zeit und Schule*, Nr. 5, München 1.7.1928. – Der Vortrag ist abgedruckt in ESGA 13, S. 1–15.

[3] Verleger in Bonn.

[4] Martin Grabmann, geb. 5.1.1875 in München, gest. 9.1.1949 in Eichstätt, Professor in Eichstätt, Wien und München, bedeutender Forscher auf dem Gebiet der mittelalterlichen Philosophiegeschichte.

123

Gedruckter Briefkopf
Dr. phil. Edith Stein

Speyer (Pfalz), den 1.XI.28.

Lieber Herr Ingarden,

es ist jetzt gerade ein Jahr, daß wir in Bergzabern zusammentrafen. Vor 2 Wochen war ich auch Samstag-Sonntag dort, um Koyré u. Hering zu treffen.

Koyré kam von Freiburg und konnte das Neueste erzählen. Er sei überaus herzlich aufgenommen worden, Husserl wüßte jetzt, wie isoliert er sei, und freute sich besonders über den Besuch alter Schüler. Ihr Beitrag für die Festschrift[1] war zu der Zeit noch nicht eingetroffen, und es sah schon so aus, als würde von den alten Göttingern kaum jemand beteiligt sein. Nun hat Koyré ein Kapitel seines großen Buchs über Jakob Böhme[2] zugesagt, und ich habe mich auch entschlossen, den kleinen Versuch, den ich in den Ferien zu diesem Zweck schrieb und der mir erst nicht hoffähig schien, angesichts der Sachlage doch noch in eine genehme Form zu bringen. (Die große Geschichte dieses kleinen opusculum kann ich Ihnen gelegentlich erzählen, wenn wir uns in absehbarer Zeit mal wieder sprechen sollten[3]). So verspricht doch das Bild noch etwas freundlicher zu werden. In den Ferien wartete ich immer darauf, daß Sie mir Ihre Arbeit zur Durchsicht schicken würden. Für meine eigenen Sachen war es ja ganz günstig, daß es nicht geschah. Ich habe ohnehin diesmal die ganzen Ferien in Breslau an meinem Schreibtisch verbracht und meinen Angehörigen viel weniger Zeit gewidmet als sonst. Aber daß Sie durch so wenig schöne Dinge an der Vollendung gehindert waren, tut mir sehr leid. Ich verstehe es natürlich sehr gut, daß Sie neben 30 Schulstunden schwer noch die Konzentration zu wissenschaftlicher Arbeit aufbringen können. Ich hatte doch auch, als ich in den Ferien die kleine Arbeit schrieb, das deutliche Gefühl: *neben* meinem gewöhnlichen Speyerer Betrieb brächte ich sowas nicht fertig. Indessen ist meine Thomas-Bearbeitung langsam vorgerückt. Ich stehe jetzt bei der 29. der Quaestionen. Wenn die aber fertig sind, dann muß ich das Ganze noch mal durcharbeiten, und das kann Monate dauern. Immerhin ist einige Aussicht, daß der Band im nächsten Jahr gedruckt werden kann[4]. – Conrad hat Ihnen den II. Teil der „Zeit" geschickt, er muß wohl verloren gegangen sein. Man wird Ihnen aber ein 2. Exemplar zubilligen[5].

Da habe ich Ihnen nun von lauter Dingen geschrieben, die mir eigentlich gar nicht wichtig sind. Aber Sie wissen ja, daß die nicht mein eigentliches Leben bedeuten und werden sich nicht dadurch täuschen lassen.

Herzliche Grüße an Sie und Ihre Frau
Ihre
Edith Stein

[1] Die Festschrift zu Husserls 70. Geburtstag enthält Ingardens *Bemerkungen zum Problem ‚Idealismus-Realismus'* (S. 159–190). Die Festschrift kam als „Ergänzungsband" zum JPPF 1929 heraus.

[2] Alexandre Koyré, *La Philosophie de Jacob Boehme*, Paris 1929, darin *Die Gotteslehre Jakob Böhmes. Ein Fragment.* Das Fragment übersetzte Hedwig Conrad-Martius ins Deutsche. – Jakob Böhme (1575–1624), Schuhmachermeister in Görlitz, war Naturphilosoph und Mystiker.

[3] Erich Przywara schreibt dazu (*In und Gegen*, Nürnberg 1955, S. 63), es sei Edith Steins Absicht gewesen, „die Phänomenologie E. Husserls und die Philosophie und Theologie Thomas' von Aquin Aug in Aug zueinander zu stellen: wie sie es am eindringlichsten für die Festschrift für E. Husserl in einem auch künstlerisch bedeutenden Gespräch zwischen E. Husserl und Thomas v. Aquin darstellte, das sie dann freilich auf Wunsch von Martin Heidegger in einen sogenannten neutralen Artikel umwandeln mußte." Vermutlich spielt Edith Stein im Brief auf dieses Ereignis an. Der Festschriftbeitrag hieß dann *Husserls Phänomenologie und die Philosophie des hl. Thomas von Aquino. Versuch einer Gegenüberstellung* (S. 315–338); auch die ursprüngliche Dialog-Fassung blieb erhalten und wurde in ESW XV, S. 19–48, publiziert; demnächst in ESGA 9.

[4] Der Band wurde erst 1931 veröffentlicht. Die 29. Quaestio ist die letzte des 2. Bandes, der 1932 erschien.

[5] Theodor Conrad schickte Ingarden die Arbeit seiner Frau *Die Zeit*, in: *Philosophischer Anzeiger*, hg. von Helmuth Plessner, Bonn (bei Cohen), 1. Teil: Heft 2/1927; 2. Teil: Heft 4/1928. (Jetzt enthalten in: Hedwig Conrad-Martius, *Schriften zur Philosophie I*, München 1963.)

124

Postkarte
Polen!
Herrn Dr. Roman Ingarden
Lemberg (Lwów)
Jabłonowskich 4

Poststempel: unleserlich

Vorderseite: Beuroner Hochaltarbild in der Weihnachtszeit

29. XII. 28.

Ihre Weihnachts- und Neujahrswünsche erwidere ich herzlich. Wenn Sie mir Ihre Arbeit[1] ratenweise zuschicken wollen, wäre es nicht praktisch, es so einzurichten, daß sie dann von mir direkt in die Druckerei gingen?

Viele Grüße an die ganze Familie
Ihre
E. Stein.

[1] *Das literarische Kunstwerk*, erschienen in Halle 1931.

125

Postkarte
Herrn Dr. R. Ingarden
Jabłonowskich 4
Lemberg (Lwów)
Polen

Gedruckter Text: Erinnerung an das 700jährige Jubiläum des Dominikanerinnen-Klosters St. Magdalena, Speyer a. Rh.

Poststempel: Speyer 12. 5. 29

11. V. 29.

L. H. I., ein Separatum brauchen Sie nicht zu schicken, Sie werden Ihre Exemplare nötig brauchen, und ich habe die Festschrift[1]. Sobald ich Zeit habe, werde ich Ihren Beitrag lesen und Ihnen darüber schreiben. Es freut mich, daß Sie den meinen als Darstellung gut fanden. Auf mehr kann ja dieser kleine Versuch keinen Anspruch erheben. Ein schönes Pfingstfest für Sie und die Ihren!

Ihre
E. St.

[1] Die Festschrift zu Husserls 70. Geburtstag mit Ingardens Beitrag *Bemerkungen zum Problem ‚Idealismus-Realismus'*.

126

Gedruckter Briefkopf. Dr. phil. Edith Stein

Speyer (Pfalz), den 16. V. 29

Lieber Herr Ingarden,

als Pfingstgruß kann ich Ihnen schreiben, daß es mir gestern und heute endlich geglückt ist, mir die Zeit zu stehlen, um Ihre Arbeit[1] zu lesen. Sie gefällt mir ausgezeichnet, bei weitem am besten von allem, was ich von Ihnen gelesen habe (das ist, wie Sie wissen, leider nicht alles, was es von Ihnen gibt). Es ist eine wahre Wohltat, nach all dem verworrenen Gerede von beiden Seiten diese scharf und präzis umrissene Problemstellung vor sich zu haben.

Einige Fragen habe ich zu stellen:

1.) S. 164 machen Sie gegen H. Conrad geltend, Seinsselbständigkeit sei kein Seinsmodus, sondern ein existentielles Moment. Aus Ihrer Darstellung ist mir nicht genügend klar geworden, wie Sie beides – Seinsmodus und e⟨xistentielles⟩ M⟨oment⟩ – scheiden.

2.) Ich finde nicht genügend umschrieben, was Sie unter Realität verstanden haben wollen. (Auch wenn es nur eine vorläufige Bestimmung sein konnte, weil ja das Verhältnis von Realität zu Seinsautonomie etc. erst durch Beantwortung der aufgeworfenen Fragen geklärt werden kann, so hätte doch vielleicht so etwas Vorläufiges gesagt werden können und sollen.)

Daß ich die Möglichkeit einer reinen Erkenntnislehre, die keinerlei petitio principii enthielte, bezweifle, ist nur das Korrelat Ihres Dissentierens gegenüber meinem Beitrag.

Ich muß noch anmerken, daß die Arbeit in tadellosem Deutsch geschrieben ist. 2 oder 3 kleine Härten sind da – d. i. weniger als bei vielen deutschen Schriftstellern.

Alles Gute und viele herzliche Grüße
Ihre
Edith Stein

[1] Vgl. Br. 125.

127

St. Magdalena, 11. VII. 29.

Lieber Herr Ingarden,

am 15. VII. beginnen meine Ferien. Ich habe die Absicht, noch am selben Tag nach Würzburg zu fahren, wo 2 unserer Schwestern[1] studieren, und von dort weiter nach Breslau. Vom 18. VII. bis etwa 25. VIII. werde ich dort sein, dann einige Tage in München (da habe ich einen Vortrag[2] zu halten), 1. IX. sicher wieder hier. Die Zeit in Breslau ist, soweit sie nicht von persönlichen Verpflichtungen ausgefüllt wird, in erster Linie für den hl. Thomas bestimmt. Ich bin seit Ostern verschwindend wenig dazu gekommen und will nun alles daran setzen, ihn in den Ferien druckfertig zu machen. So kann ich Ihnen vorläufig nur versprechen, falls diese Arbeit *vor* dem Schluß der Ferien beendet sein sollte, mich bei Ihnen zu melden und um Ihre Abhandlung zu bitten.

Ihre Arbeit ist bisher das Einzige geblieben, was ich von der Festschrift lesen konnte. Von Hering und Frau Conrad habe ich nicht nur über Ihre Arbeit, sondern überhaupt seit Ostern nichts mehr gehört. Ebensowenig weiß ich, ob von Heidegger etwas erschienen ist. Sie sehen – ich lebe ebenso weit von der Welt entfernt wie Sie oder noch viel weiter.

Ich danke Ihnen für die erläuternden Bemerkungen zu Ihrer Arbeit. Der Unterschied von Seinsmodus und existenzialem Moment ist mir nun ganz klar. Daß Sie in der Realität auf etwas gestoßen sind, was Sie „vorläufig" nicht auflösen können, freut mich sehr. Wenn Sie da genau so sauber und peinlich gewissenhaft weiter arbeiten, wie diese ganze kleine Abhandlung gehalten ist, glaube ich, daß Sie von hier aus sehr viel mehr finden können als Sie suchen.

Meinen Sie aber nicht etwa, daß ich mehr darüber wüßte, weil das so großartig orakelhaft klingt. Dazu müßte ich selbst erst einmal dahin kommen, etwas sauber und gründlich arbeiten zu können. Und vielleicht wird das gar nicht mehr eintreten.

Ich wünsche Ihnen eine fruchtbare Ferienzeit und der ganzen Familie gute Erholung. Wie geht es Ihrer Frau? Ist der Basedow[3] zurückgegangen und durch welche Mittel? Ich habe in der letzten Zeit von erstaunlich vielen Fällen gehört.

Mit herzlichen Grüßen
Ihre
Edith Stein

[1] Zwei junge Dominikanerinnen aus St. Magdalena, Sr. Callista Kopf und Sr. Immolata Matheis.

[2] Im Archiv der Zisterzienserinnen-Abtei Seligenthal in Landshut findet sich folgender Passus in der Klosterchronik für 1929: „Ende August wurde die von H. H. Domkapitular Stahler (Würzburg) 1916 gegründete klösterliche Arbeitsgemeinschaft … nach München berufen zu einer wissenschaftlichen (erziehlich-unterrichtlichen) Konferenz." Irene Schneider OCist, die diese Angaben sandte, fügte Kopien des *Münchner Klerusblattes* 1929, Nr. 48/49, S. 1–4 hinzu. Dort ist ein Vortrag Edith Steins abgedruckt: *Die Mitwirkung der klösterlichen Anstalten an der religiösen Bildung der Jugend*. Es ist wohl kein Zweifel möglich, daß Edith Stein diesen Vortrag meint, den sie auf Ende August in München ansetzt. Eine weitere Bestätigung ist ihr Brief an Adelgundis Jaegerschmid OSB vom 26. 1. 1930 (ESGA 2, Nr. 80), der inhaltlich auf den genannten Vortrag gut paßt. Der Vortragstext ist veröffentlicht in ESGA 16 50–62.

[3] Basedow: Überfunktion der Schilddrüse, benannt nach dem Entdecker und Erforscher dieser Krankheit, Karl Basedow, Arzt in Merseburg, 1799–1854.

128

Postkarte
Polen
Herrn Dr. R. Ingarden aus Lemberg
z. Zt. Graudenz (Grudzian)
ul. Lipowa
Seminarjum Pańastwowe

Absender
Dr. E. Stein
Breslau X
Michaelisstr. 38

12. VIII. 29.

Lieber Herr Ingarden,

obgleich ich mein Möglichstes tue, werden die Ferien nicht ganz für meine Textrevision reichen und es werden wohl noch einige Wochen nachher dafür nötig sein. Ich überlege schon lange, wie ich es mit Ihrer Arbeit machen soll, und denke, es ist am besten, wenn ich sie unmittelbar nach meinem Thomas vornehme. Ich gebe Ihnen Nachricht, sobald ich so weit bin, und Sie schikken mir dann nach Speyer, was Sie fertig haben, nicht wahr? Da Sie in derselben Zwickmühle sind wie ich, wissen Sie ja, wie es solchen Leuten mit Arbeitsterminen geht, und ich brauche mich nicht lange zu entschuldigen. Hier hörte ich, daß Heideggers[1] Kant erschienen sei. – Ich habe in diesen Ferien oft an Sie gedacht: weil ich in Speyer gar nicht dazu komme, etwas von „schöner Literatur" zu lesen, was nicht ex officio[2] ist, habe ich Ihren „Lord Jim"[3], um ihn endlich kennen zu lernen, hierher mitgenommen – ich brauche hier immer etwas für meine Mutter zum Vorlesen –, und habe große Freude daran. Es sind prachtvolle Typen. Und dann bewundere ich – ähnlich wie bei Reymont[4] – die Kraft, mit der eine geschlossene sociale Welt vor einen hingestellt wird.

Herzliche Grüße
Ihre E. St.

[1] *Kant und das Problem der Metaphysik*, Bonn 1929.
[2] Von Amts wegen.
[3] Ein Hauptwerk des englischen Schriftstellers polnischer Herkunft Joseph Conrad (Józef Korzeniowski), geb. 3. 12. 1857 in Berditschew, gest. 3. 8. 1924 in Bishopsbourne/Canterbury (Kent); *Lord Jim* erschien 1900.
[4] Vgl. Br. 1 Anm. 12.

129

Postkarte
Polen
Herrn Dr. Roman Ingarden
Lemberg (Lwów)
Jabłonowskich 4

Absender
Dr. E. Stein
Speyer a. Rh.
St. Magdalena

Poststempel: Tag unleserlich 10. 29

29. X. 29.

Lieber Herr Ingarden, im Drang der Geschäfte konnte ich Ihnen bisher nicht für Ihre Glückwünsche[1] danken und möchte auch jetzt nur kurz Ihre Fragen beantworten. Nachrichten über ein neues Jahrbuch habe ich gar keine. Zu einer geteilten Publikation[2] Ihrer Arbeit würde ich nur dann raten, wenn die Teile etwas in sich Geschlossenes wären. Sonst hat das Abbrechen für den Leser etwas Peinliches. Außerdem könnte sich beim Weiterarbeiten rückwärts eine Korrektur als notwendig erweisen, und die würden Sie sich durch verfrühten Druck abschneiden. – Mit meinem Thomas *wäre* ich fertig, wenn ich nicht jetzt wieder eine Pause von 3 Wochen hätte machen müssen. Morgen hoffe ich neu zu beginnen und, wenn ich dann nur 3 Tage daran bleiben könnte, käme ich zu Ende. Auf alle Fälle könnten Sie in einigen Wochen mit einem Ms. anklopfen, wenn Sie es jetzt überhaupt wollen.

Herzliche Grüße
Ihre E. St.

[1] Zu ihrem Geburtstag am 12. Oktober.
[2] Ingarden arbeitete an *Das literarische Kunstwerk.*

130

Postkarte
Polen.
Herrn Dr. Roman Ingarden
Lemberg (Lwów)
Jabłonowskich 4.

Poststempel: Speyer 16. 12. 29
St. Magdalena, 15. XII. 29.

Nur einen frühen Weihnachtsgruß, weil ich nicht weiß, ob ich später noch Zeit dafür fände. Hoffentlich können Sie alle das Fest gesund feiern. Zu erzählen gäbe es wohl manches, aber das Schreiben ist eine zu zeitraubende Sache.

Mit den herzlichsten Wünschen
Ihre Edith Stein

131

Breslau X, Michaelisstr. 38.
29. XII. 29.

Lieber Ingarden,

Ihren lieben Brief bekam ich noch nach Speyer, aber es war keine Zeit mehr zu antworten. Das Weihnachtsfest habe ich in Würzburg mit 2 Speyerer Dominikanerinnen gefeiert, die dort studieren, und seit vorgestern bin ich hier. Jetzt möchte ich Ihnen gern zum Neujahrstag durch den gewünschten langen Brief eine kleine Freude machen. Hoffentlich wird sie Ihnen nicht dadurch getrübt, daß ich trotz Ihrer Bitte weiter an „Sie" schreibe. Sie werden nicht den Verdacht haben, daß ich es aus „moralischen" Gründen tue. Ich hätte gern die kleine Bitte gewährt. Aber es wäre unwahrhaftig, weil nicht meinem Empfinden entsprechend, und so etwas möchten Sie ja selbst nicht. Vielleicht ist das polnische Sprachgefühl anders als das deutsche. Für mich hängt an der vertraulichen Anrede etwas von Familienwärme, wie sie in mein Leben nicht mehr paßt. Sie müssen immer denken, daß um mich herum unsichtbare Zellenwände sind. Die Liebe, die nicht von dieser Welt ist, geht durch diese wie durch alle materiellen Wände hindurch, sie kennt keine Grenzen von Zeit und Raum, aber anderes wird dadurch fern gehalten. Wenn Ihnen das weh tut, ist es mir leid, aber ich kann es nicht ändern. Es geht Ihnen dann nur so wie meinen Lieben hier. Ich habe den herzlichen Wunsch, ihnen alles zu Liebe zu tun und benehme mich natürlich so, wie sie es von einer guten Tochter, Schwester und Tante erwarten können, aber sie spüren das andere doch.

Von Husserl habe ich seit seinem Geburtstag[1] kein Wort mehr gehört, von Koyré auch nicht, von Hering einmal eine Karte, von Conrads vielleicht 2 kurze Nachrichten. Das Kant-Buch von Heidegger habe ich noch nicht gesehen, Husserls Logik[2] nur von außen. Sie sehen, ich bin eine schlechte Quelle für Nachrichten. Das Buch von Cohn[3] habe ist erst recht nicht gesehen. Zu so etwas komme ⟨ich⟩ ja schon gar nicht. Daß mein Thomas fertig ist, aber durch seinen Umfang die Verleger schreckt, schrieb ich wohl schon. Für mich scheint es jetzt das Nötigste, den richtigen Schulthomismus kennen zu lernen, der doch für sich in Anspruch nimmt, das eigentliche System des hl. Thomas erst aufgebaut und tatsächlich aufgebaut zu haben. Es kommen da wohl zunächst die Arbeiten der französischen Dominikaner in Betracht. Das wird aber bei mir auch nur sehr tropfenweise gehen. Alle guten Wünsche zum neuen Jahr für die ganze Familie
Ihre Edith Stein

[1] Zum 70. Geburtstag am 8.4.1929 waren außer Edith Stein und Roman Ingarden auch Alexandre Koyré, Jean Hering und weitere Freunde nach Freiburg gekommen (vgl. BRI, S. 161–162; HChr S. 345).

[2] *Formale und transcendentale Logik. Versuch einer Kritik der logischen Vernunft*, Sonderdruck aus JPPF 10 (1929). Das von Edith Stein selbst mit ihrem Namen und der Jahreszahl 1929 versehene Exemplar befindet sich in ihrem Nachlaß (D I 8).
[3] S. Br. 17 Anm. 2. Das erfragte Buch könnte die 1928 erschienene 5. Auflage von Jonas Cohn, *Allgemeine Ästhetik*, gewesen sein.

132

Postkarte
Polen!
Herrn Dr. R. Ingarden
Lemberg (Lwów)
Jabłonowskich 4

Absender
Dr. E. Stein
St. Magdalena
Speyer a. Rh.

Poststempel: Speyer 14. 1. 30

13. I. 30.

L. I., eben las ich Ihren Brief. Ich dachte, ich hätte Ihnen schon um Allerheiligen[1] herum vom Abschluß meiner Arbeit geschrieben und daß nun der Zeitpunkt sei, wo ich am ehesten die Durchsicht Ihrer Arbeit einschieben könnte. Arbeit habe ich natürlich immer. Aber bis der Druck des großen Werks erledigt ist, werde ich mich wahrscheinlich doch auf Bücherstudium beschränken, und das kann man ja leichter einmal unterbrechen als eigene Arbeit. Herder ist vor dem Umfang der Quaest⟨iones⟩ de Ver⟨itate⟩ zurückgeschreckt. Der Theatiner-Verlag existiert längst nicht mehr. Mein Breslauer Buchhändler[2] hat mir jetzt seinen Verlag angeboten. Hildebrand hat sich s⟨eine⟩r Zeit in München für Pädagogik habilitiert[3]. Gelesen hat er jetzt viel über Soziologie.

Herzlichst
Ihre E. St.

[1] Edith Stein hatte Ingarden am 29. 10. geschrieben, ihr „Thomas“ würde fertig, wenn sie noch ein paar Tage „dranbleiben“ könne. Der Abschluß der Arbeit wird am 29. 12. mitgeteilt.
[2] Otto Borgmeyer, Breslau, An der Sandkirche 3.
[3] 1919 bei Clemens Baeumker für Philosophie, vielleicht zeitweise verbunden mit einem pädagogischen Lehrauftrag; die Habilitationsarbeit *Sittlichkeit und ethische Werterkenntnis* befindet sich in JPPF 5, Halle 1922.

133

Postkarte
Polen!
Herrn Dr. Roman Ingarden
Lemberg (Lwów)
Jabłonowskich 4.

Absender
Dr. E. Stein
Speyer a. Rh.
St. Magdalena

Poststempel: Speyer 4. 3. 30

3. III. 30.

L. I.,

vorgestern kam Ihr Brief, heute das Ms. Am 10. beginnen unsere Prüfungen. Dann habe ich öfters ein paar Stunden Aufsicht und kann sie zur Lektüre verwenden. Sobald ich ein Gesamturteil oder einzelne Fragen habe, schreibe ich Ihnen. Wenn keine Rückfragen nötig sind, soll doch wohl das Ms. direkt von hier nach Halle[1]? – Ich lese eben mit sehr großer Freude Husserls F⟨ormale⟩ u. Tr⟨anscendentale⟩ Logik. 2/3 habe ich schon durch. Es kam mir gerade sehr gelegen im Zusammenhang meiner Thomas-Fragen. – Ihnen und den Ihren herzliche Grüße
Ihre
E. St.

[1] An den Verleger Max Niemeyer.

134

St. Magdalena, 18. III. 30.

Lieber Herr Ingarden,

gewiß warten Sie schon sehr auf Nachricht. Ich habe die ganze letzte Woche abwechselnd mit Prüfungsarbeiten und mit der Durchsicht Ihres opus[1] ausgefüllt. Eben bin ich damit fertig geworden. Nach dem, was Sie über Husserls Logik schrieben, konnte ich schon erwarten, daß ich grundsätzlich mit Ihrer Arbeit übereinstimmen würde, und so ist es tatsächlich. Alle Einzelheiten sachlich nachzuprüfen, darauf konnte ich mich unmöglich einlassen, zumal Ihnen selbst an einer schnellen Erledigung lag. Kleine sprachliche

Korrekturen waren natürlich auf jeder Seite anzubringen. Das habe ich unbedenklich auf eigene Faust getan. So bleiben nur wenige Punkte zu besprechen.

1.) Vor allem ein wichtiger *terminologischer*: ich habe fast durchgehend für literarisches *Kunst*werk einfach „lit. Werk" gesetzt, (nur das Inhalts-Verzeichnis habe ich noch unverändert gelassen) und würde Ihnen das auch für den Titel raten. Ich stieß darauf S. 4, weil „wertloses Kunstwerk" nach deutschem Sprachgefühl eine contradictio in adjecto[2] ist. Andererseits besagt „*lit. Kunst*werk" eigentlich schon etwas zuviel, weil „*lit.* Werk" das „lit. *Kunst*werk" mit umgreift und weil sogar schon ein Anspruch auf lit. Wert darin mitverstanden werden kann. Der Titel „Lit. Kunstwerk" erweckt die Erwartung, daß es sich speziell um die Herausarbeitung des aesth. Wertes handelt, d. h. dessen, was das *Kunst*werk von anderen lit. Werken abhebt. Und das ist ja gerade *nicht* das, worauf es Ihnen in 1. Linie ankommt. In der Konsequenz habe ich S. 22 §6 die beiden letzten Sätze gestrichen. In der Ausschaltung der wissenschaftlichen Werke (S. 203) liegt ja für diese Terminologie eine gewisse Schwierigkeit. Aber ich glaube, daß sie S. 4 genügend berücksichtigt ist.

2.) *S. 91* „Die Wiesen *grünen*" ist nicht = „… sind grün". Wir empfinden hier wirklich etwas von Tätigkeit: … treiben frisches Grün hervor. Das Beispiel ist also nicht sehr glücklich.

S. 175 „Ein Wagen ist vorbeifahrend" ist Englisch, aber nicht Deutsch (fahren*der* als Prädikat ganz unmöglich). Und „Es gibt einen vorbeifahrenden Wagen" wird man dem Sinne nach niemals sagen. (Es gibt sprechende Vögel. Es gibt einen spanischen König.)

S. 214f. Zeit*genössische* Romane sind Gegenwartsromane. Sie meinen offenbar *Zeit*romane (z. B. ein Rokoko-, ein Biedermeierroman).

S. 250 In dem Satz von Strich[3] scheint etwas ausgelassen. „Aber er hätte dann für Kleist / weil jede Bewegung verloren."

Noch einige typische Fehler, die Sie in Zukunft vielleicht vermeiden können: Lek*türe*, nicht Lektur.

„nicht" steht gewöhnlich zu weit hinten im Satz.

Sie verwenden lateinische Partizipial-Konstruktionen, die im Deutschen ungeheuerlich klingen. Besser Relativsätze.

S. 114 sollten Sie wohl jetzt die Anm. über Husserls Logik streichen und statt dessen im Vorwort das Verhältnis Ihrer Arbeit zu diesem Werk – sachlich und zeitlich – ganz offen klarlegen[4]. Gegen eine Teilung der Arbeit, wenn sie im Jahrbuch gedruckt würde, hätte ich gar keine Bedenken. Bei einem Buch würde es natürlich nicht in Betracht kommen. Daß Husserl Ihnen „böse" ist, halte ich für ausgeschlossen. Schreiben Sie ihm nur ruhig und dringen Sie auf Antwort, ev. durch Vermittlung seiner Frau.

In Eile herzliche Grüße
Ihre
Edith Stein

[1] *Das literarische Kunstwerk.*
[2] Widerspruch in sich.
[3] Fritz Strich, geb. 13.12.1882 in Königsberg, gest. 15.8.1963 in Bern. – Der Satz stammt aus dem Werk *Deutsche Klassik und Romantik oder Vollendung und Unendlichkeit,* 1922, S. 206: „Aber er hätte dann für Kleist jeglichen Reiz, weil jede Bewegung verloren …"
[4] Ingarden befolgte den Rat. Die Klarlegung findet sich in der 1. Aufl. S. VII–X, in der 2. erw. Aufl. S. X–XIV.

135

Gedruckter Briefkopf
Dr. phil. Edith Stein

Speyer (Pfalz), den 29. III. 30.

Lieber Herr Ingarden,

zunächst die Frage des Druckes. Ich glaube, daß ich in Ihrem Fall nicht nach ev. Hintergedanken bei Husserl gespürt, sondern mich einfältig an seine Worte gehalten und die 6–7 Bogen[1] Platz angenommen hätte. Dann hätten Sie für den Rest den 1. Platz in Bd. XII sicher. Solche grotesken Teilungen sind ja im Jahrbuch nichts Neues und unschädlich, wenn das Ganze dann als Buch herauskommt. Dazu müßte Niemeyer sich natürlich verpflichten. Die zweitbeste Lösung wäre der Druck in 2 Bänden. Ich hätte jetzt gegen einen Teildruck keine Bedenken mehr, weil ich nicht glaube, daß das, was später kommt, noch wesentliche Änderungen an dem, was bereits vorliegt, erforderlich machen könnte. *Wie* Sie teilen sollten, dazu könnte ich erst raten, wenn ich einen Überblick über den Inhalt der späteren Teile hätte. Vielleicht könnte ich mal einen kurzen Plan bekommen.

1.) *S. 91* werde ich einsetzen „Der Himmel blaut". Das ist eine ganz ungebräuchliche – eine schlechte poetische – Wendung und gerade darum ohne verbalen Nebensinn. Freilich spricht das sachlich nicht gerade für Ihre These. Im Deutschen ist es sicher so, daß man nur bei verbalem Sinn die verbale Ausdrucksweise als natürlich und sinngemäß empfindet.

2.) *S. 175* consentio[2] und werde entsprechende Anmerkung fabrizieren.

3.) Es ist wohl am besten, zeitgenössischen + Zeitroman zu erwähnen, wie Sie vorschlagen.

4.) Ad „Literarisches Werk". Ich hatte schon gemerkt, daß Sie „Werke der schönen Literatur" meinen. Tatsächlich ist das die einzige ganz treffende Ausdrucksweise, und darum wäre es schon gut, gleich in einer Anmerkung zum Titel zu sagen, daß es sich *darum* handelt. Einen kurzen, *ein*deutigen

Ausdruck gibt es nicht. „Literarisch" wird vorwiegend in diesem Sinn gebraucht. – „Literat" ist ein Mann, der „in schöner Literatur macht" – mit einem etwas geringschätzigen Nebensinn, also gegen den Wissenschaftler und den wirklichen Künstler abgehoben. „Literarisches Kunstwerk" würde man, wenn man das „literarisch" betont, als Gegensatz zu „Werk der bildenden Kunst" etc. auffassen, dann aber das „Kunst-" fast als tautologisch. Betont man *Kunst,* dann ist es das *echte* Kunstwerk im Gegensatz zum Machwerk. Mir würde als Titel am ehesten gefallen: „Über den Aufbau literarischer Werke". Es ist dabei an Werke der „schönen Literatur" gedacht. Das wäre zugleich eindeutig und sprachlich einwandfrei.

Daß Sie sich ein ausführlicheres Urteil einfordern, ist sehr berechtigt. Ich empfand es gleich hinterher, daß ich zu eilig geschrieben hatte und daß Sie nicht befriedigt sein würden.

Ich finde, daß die Arbeit Neues und Wertvolles enthält, und wenn ich nicht so viel anderes zu tun hätte, wäre es mir sehr dienlich, mich gründlicher damit zu beschäftigen.

Die Sprache ist klarer und besser als bei manchem deutschen Philosophen – aber die schreiben meist ein erbärmliches Deutsch. Also, sie ist ziemlich schwerfällig und umständlich ganz habe ich das auch nicht wegbringen können, aber manches werden Sie doch aus meinen Korrekturen entnehmen können, und darum dachte ich schon, ob es nicht ganz praktisch wäre, wenn Sie sie bald sehen würden. Etwa 10.–28. IV. werde ich verreist sein (Beuron, Nürnberg)[3].

Herzliche Grüße
Ihre E. St.

[1] Husserl hatte Ingarden am 19. 3. 1930 geschrieben, er könne das von Ingarden auf ca. 12 Druckbogen veranschlagte Buch nicht ins *Jahrbuch* übernehmen, sondern ihm in Bd. 11 höchstens 6 Bogen anbieten (*Briefwechsel*, Bd. III, Tl. 3, S. 262).

[2] Ich stimme zu.

[3] Edith Stein weilte vom 10. – 12. 4. in Freiburg, wo sie in St. Lioba übernachtete (vgl. ESGA 2, Nr. 86 an Adelgundis Jaegerschmid vom 28. 3. 1930). Am 11. 4. sprach sie mit Engelbert Krebs: „Da kam mir gestern eine Angelegenheit in die Hände, die eine Unterredung mit Herrn Prof. Krebs dringend wünschenswert macht". Krebs, geb. am 4. 9. 1881 in Freiburg, dort gest. am 29. 11. 1950, seit 1916 Professor für Dogmatik, hat in seinem Tagebuch Edith Steins Besuch am 11. 4. 1930 vermerkt, erwähnt aber nichts von ihren Gründen (vgl. Hugo Ott, *Edith Stein in Freiburg*, in: *Freiburger Diözesan-Archiv*, 107. Band (4. Folge 39. Band) 1987, S. 253–274). – Vom 12.–23. 4. war Edith Stein in Beuron, d. h. vom Samstag vor Palmsonntag bis Mittwoch in der Osterwoche. Anschließend nahm sie an der 16. Hauptversammlung des Vereins katholischer bayerischer Lehrerinnen in Nürnberg vom 23. bis 26. April teil mit dem Vortrag *Theoretische Grundlagen der sozialen Bildungsarbeit* (am Vormittag des 24. 4. im Hotel „Deutscher Hof", Frauentorgraben). Am 26./27. 4. hielt sich Edith Stein in Würzburg auf, vermutlich zum Besuch der dort studierenden Dominikanerinnen; am 28. 4. war sie wieder in Speyer. Der Nürnberger Vortrag wurde

veröffentlicht in der Zs. *Zeit und Schule* am 1. und 16. Juni (Jg. 27), München 1930. Er ist auch abgedruckt in ESW XII, S. 52–72 und in ESGA 16, 15–34.

136

St. Magdalena, 28. IV. 30.

Lieber Herr Ingarden,

Ihr letzter Brief erreichte mich noch kurz vor Schulschluß. Aber dann packte ich gleich alles weg und fuhr davon und kam unterwegs nicht dazu, Ihnen zu schreiben, obwohl ich es vorhatte. Ich war einen Tag in Freiburg, um mit Prof. Krebs etwas zu besprechen. Husserl war gar nicht da[1], sonst hätte ich Ihre Angelegenheit zur Sprache gebracht. Dann Karwoche und Ostern in Beuron (d. i. „Himmel auf Erden"), hinterher einige Tage in Nürnberg, wo ich bei einer großen Lehrerinnentagung einen Vortrag zu halten hatte (Die theoretischen Grundlagen der sozialen Bildungsarbeit), gestern über Würzburg zurück. Die Schule beginnt am 1. Mai, bis dahin will ich noch möglichst viel Rückständiges erledigen. Heute früh habe ich gleich angefangen und eben auf Grund Ihrer beiden letzten Briefe die paar Änderungen und Anmerkungen in Ihr Ms. eingetragen. Nun müssen wir abwarten, was weiter wird. Nach Ihrem Plan scheint mir eine Teilung ganz unbedenklich. – Daß mein „Staat"[2] vergriffen ist (schon ziemlich lange), besagt nur, daß er jetzt – wie meine sämtlichen andern Arbeiten – im Buchhandel nicht zu haben ist. Niemeyer druckt nicht neu, so lange die Separata der andern Arbeiten aus diesem Band auf Lager sind. Das Thomas-Ms.[3] lagert in Breslau, und der Verleger rührt sich seit vielen Wochen nicht. Aber das stört mich wenig.

Ich habe heute schon so viel geschrieben, daß meine Hand nicht mehr recht weiter will. So bitte ich Sie, mit diesen paar Zeilen und recht herzlichen nachträglichen Ostergrüßen und -wünschen für Sie und alle Ihre Lieben zufrieden zu sein.

Herzlichst
Ihre
Edith Stein

[1] Husserl war mit seiner Frau nach Florenz und Siena gefahren und weilte dann zur Erholung in Chiavari an der italienischen Riviera.

[2] *Eine Untersuchung über den Staat*, JPPF 7, 1925.

[3] *Des hl. Thomas von Aquino Untersuchungen über die Wahrheit*, verlegt bei Otto Borgmeyer in Breslau 1991/32.

137

Zwei Ansichtskarten als Brief geschickt; Vorderseiten:
Kloster St. Magdalena Speyer a. Rh.;
Schule und Mission. Franziskaner-Mission in Japan.

3. V. 30.

L. I., wenn Ihnen daran gelegen ist, daß ich die Durchsicht bald mache, dann schicken Sie die fertigen Teile. Die Zeit werde ich schon herausbringen. Wenn es Ihnen aber gleichgültig ist, dann würde ich vorschlagen, daß ich das Ganze im Juli, d. h. in der 2. Hälfte, in Breslau durchsehe. Speyer wird in diesem Jahr durch das 900j⟨ährige⟩ Domjubiläum[1] sehr unruhig sein, vielleicht werde ich gelegentlich auch mein Zimmer einem Gast räumen. Für diesen Fall wäre es mir lieber, keine fremden Ms⟨s⟩. zu hüten. Wenn es Ihnen recht wäre, würde ich auch den 1. Teil schon jetzt an Niemeyer schicken. Sie müßten dann nur noch endgültig schreiben, wie der Titel sein soll. Ich denke „Das literarische Werk"? Aber, bitte, entscheiden Sie ganz frei. Ich habe Ihnen die sprachlichen Gründe auseinandergelegt. Urteilen können Sie selbst am besten.[2]

Das Urteil von Prof. Kleiner[3] ist wohl richtig. Es existiert ja noch gar nichts dergleichen. Lassen Sie sich durch die Verzögerung nicht niederdrücken. Wenn Niemeyer im Spätsommer druckt, so fallen ja Abschluß der Arbeit u. Druckbeginn fast zusammen. – Ob Heidegger annimmt, weiß ich nicht. Ich glaube schon, daß er es tun wird[4] (und daß Husserl dann vielleicht ganz froh ist).

Alles Gute u. herzl. Gruß
E. St.

[1] Man feierte den 900. Jahrestag der Grundsteinlegung des Speyerer Kaiserdoms.
[2] Ingarden entschied sich für die Beibehaltung des Titels *Das literarische Kunstwerk*.
[3] Julius Kleiner.
[4] Martin Heidegger erhielt einen Ruf nach Berlin durch den ehemaligen Husserl-Schüler Adolf Grimme, der 1930–32 Preußischer Minister für Wissenschaft, Unterricht und Volksbildung war. Heidegger nahm diesen Ruf nicht an.

138

Ansichtskarte: Kloster St. Magdalena, Speyer a. Rh.
Polen!
Herrn Dr. R. Ingarden
Jabłonowskich 4
Lemberg (Lwów)

19. V. 30.

L. I., damit Sie sich nicht beunruhigen: ich stecke eben so tief in Korrekturen, daß es mir noch nicht möglich war, Ihr Ms. postfertig zu machen. Sobald es geht, schicke ich es.

Herzl. Gruß
E. St.

139

Ansichtskarte: Kloster St. Magdalena, Speyer a. Rh.
Herrn Dr. Roman Ingarden
Jabłonowskich 4
Lemberg (Lwów)
Polen.

2. VI. 30.

Das Wertpaket ging am 24. V. hier ab. Hoffentlich ist es indessen gelandet. Ich pflege etwa am 16. VII. in Breslau einzutreffen und bis Ende August dort zu bleiben. Ich wollte Ihnen schon vorschlagen, in der Zeit mal zu kommen und sich das Ms. selbst zurückzuholen, weil es äußerst schwierig ist, ein Paket nach Polen auf den Weg zu bringen. – Es wird tatsächlich jetzt mein Thomas gedruckt.

Herzl. Grüße
E. St.

140

Postkarte
Polen!
Herrn Dr. Roman Ingarden
Lemberg (Lwów)
Jabłonowskich 4.

Absender
Dr. E. Stein
Breslau X
Michaelisstr. 38

Poststempel: Breslau 19.7.30

19.VII.30.

L. I.,

eben kam Ihr Brief. Seit vorgestern bin ich in Breslau. Wenn Sie umgehend Ihr Ms. schicken, will ich mir alle Mühe geben, es bis zum 1.VIII. durchzusehen. Ich darf es doch dann direkt an Niemeyer schicken? Und vielleicht wäre es praktisch, wenn Sie den 1. Teil schon jetzt dorthin vorausschickten und mir nur das, was noch durchzusehen ist. Dann könnte er ja bald mit dem Druck beginnen. – Für heute nur dies und herzlichen Gruß Ihre
E. St.

141

Postkarte
Polen!
Herrn Dr. R. Ingarden aus Lemberg
z. Zt. Tatarów nad Prutem
Ost-Karpathen
Poste restante

Absender
Dr. E. Stein
Breslau X
Michaelisstr. 38.

Poststempel: Breslau 26.7.30

26.VII.30.

L. I.,

heute ist das Ms. auf dem Zollamt eingelaufen und soll noch im Lauf des Tages abgeholt werden; ich beeile mich aber, es Ihnen zu bestätigen. Wegen der Korrekturen mögen Sie selbst entscheiden; ich will Ihnen nur die Situation wahrheitsgetreu schildern. Ich habe ein Trimester hinter mir, in dem ich öfters einen Teil der Nacht zu Hilfe nehmen mußte, weil der Tag nicht reichte. Die 1. Ferientage habe ich benützt, um einen Vortrag auszuarbeiten, den ich am letzten Ferientag in Salzburg zu halten habe[1]. In der Zwischenzeit soll möglichst viel von dem Thomas-Druck erledigt werden, der leider bisher sehr stockend vor sich gegangen ist. Und einige Stunden am Tage muß ich natürlich meinen Angehörigen widmen. So wäre es nicht ganz leicht, auch noch für Ihre Korrekturen die Zeit herauszuschlagen, aber wenn Sie es für sachlich notwendig halten, will ich versuchen, es einzurichten. Ich denke, wenn Sie mit den Druckbogen die zugehörigen Ms.-Teile bekommen, also meine Änderungen zur Hand haben, müßte es auch so gehen. – Ich wünsche Ihnen recht gute Erholung in der Tatra!

Ihre E. St.

[1] Edith Stein sprach bei der Herbstversammlung des Katholischen Akademikerverbandes in Salzburg (30.8.–3.9.1930). Bei dieser Tagung wurde der Beschluß zu den Salzburger Hochschulwochen gefaßt, die seit 1931 gehalten werden. Die Tagung 1930 stand unter dem Motto: „Christus im Berufsleben des modernen Menschen". Edith Steins Vortrag lautete *Das Ethos der Frauenberufe* und fand statt in der Aula der Universität am 1.9. um 10 Uhr. Der Vortrag erschien als Büchlein bei Haas & Grabherr, Augsburg 1931 (ESGA 13, S. 16–29).

142

Breslau X, Michaelisstr. 38.
31.VII.30.

Lieber Herr Ingarden,

die Arbeit[1] liegt versandbereit, nachher bringe ich sie zur Post und lasse sie einschreiben. Soweit ich mir auf Grund der notgedrungen flüchtigen und mehr auf das Sprachliche als das Sachliche eingestellten Durchsicht ein Urteil erlauben darf, glaube ich, daß etwas sehr Wesentliches damit geleistet ist, vieles ganz neu herausgestellt und angeregt. Aus dem II. Teil gefiel mir wohl am besten das Kapitel über den formalen Aufbau, d.h. die nicht zeitlich zu verstehende Ordnung d. Teile (ich glaube, es ist das XI.). Die letzten Kapitel sind wohl etwas flüchtiger als die andern gearbeitet – auch an der Sprache ist das zu merken – und in großer Ermüdung. Besonders finde ich das Problem des Lebens unbefriedigend behandelt. Trotzdem würde ich Ihnen jetzt nicht zu einer Umarbeitung raten, wenn sich Ihnen nicht *von selbst* die Arbeit nach einer ausreichenden Erholung wieder aufzwingt. Denn gewaltsam läßt sich ja so etwas nicht machen. Schlimmstenfalls müssen Sie das opus mit diesem Schönheitsfehler hinausgehen lassen und eine entsprechende Kritik hinnehmen, natürlich mit dem Vorsatz, das Versäumte bei nächster Gelegenheit nachzuholen. – Nun noch einige kleine Einzelheiten:

S. *287* Anm. X würde sich wohl ein genauer Stellenverweis zu dem Lipps-Zitat empfehlen.

S. *307* 2. Abs. „die in den entsprechenden Gegenständen *bestehenden* Sachverhalte" – so könnte ich sachlich nicht sagen. Wäre nicht „fundierten" besser?

S. *308/09* Der Anspruch auf Darstellung der Realität in nicht-historischen Werken scheint mir nicht klar und ausführlich genug behandelt.

Nun kommt eine kleine Bosheit: S. 347/48 konnte ich nicht umhin, mich meiner Arbeit im J⟨ahr⟩b⟨uch⟩ V[2] zu erinnern, und ich sagte mir: ein Autor, der sie gelesen hätte, würde sie zweifellos hier zitieren. Sie sollen aber nicht verurteilt werden, das Versäumte nachzuholen. Ich liebe diese Arbeit selbst gar nicht; und das Zitieren hat wenig praktischen Wert, weil sie (wie alle meine Werke) nicht im Buchhandel zu haben ist.

S. *348* Z. 6. „Unstabilität" ist sprachlich unmöglich und scheint mir auch sachlich nicht ganz zutreffend. „Erregbarkeit" würde vielleicht passen.

S. *375* Abs. 1. Es scheint mir unstatthaft, das Wort „Gnade" unter Ausschluß des religiösen Sinns zu brauchen, ohne die Möglichkeit dieses Ausschlusses zu begründen. Sodann nehme ich Anstoß an der Verwendung des Wortes „mythologisch" an dieser Stelle, und zwar nicht nur gefühlsmäßig, sondern rein sachlich; es liegt nämlich darin eine bestimmte Stellungnahme zu gewissen Sachverhalten, die auch an dieser Stelle nicht begründet und nicht einmal ausgesprochen wird. Und dadurch kommt etwas Unsachliches hinein.

S. *409* Z. 1/2 habe ich die Klammerbemerkung gestrichen, weil sie mir in sich unverständlich war und überdies den Zusammenhang des übrigen Satzes bis zur Unverständlichkeit zerriß.

S. *484/85.* Den Schlußpassus würde ich an Ihrer Stelle streichen. Er hat für mein Gefühl einen zu persönlichen Charakter.

Was die sprachliche Seite im allgemeinen angeht, so schreiben Sie durchschnittlich zu umständlich und kompliziert. Vielleicht könnten Sie bei einer künftigen Arbeit probieren, sich möglichst einfach, in kurzen, klaren Sätzen auszudrücken. Ich habe das nicht ändern können. An manchen Stellen habe ich es versucht. Um es ganz durchzuführen, wäre gemeinsame Durchsicht nötig gewesen und außerdem viel mehr Zeit, als mir zur Verfügung stand. So habe ich mich begnügen müssen, nur für sprachliche Korrektheit zu sorgen. Das bedrückt mich etwas, weil es doch nur halbe Arbeit ist.

Für die Beilagen danke ich herzlich. Die Literaturgeschichte interessiert mich sehr. Natürlich habe ich bisher nur darin blättern können und weiß nicht, wann ich zu genauerem Einblick Zeit finden werde.

Nun wünsche ich Ihnen von Herzen, daß die Arbeit bald herauskommen und zu dem erhofften Erfolg führen möchte.

Mit herzlichen Grüßen
Ihre
Edith Stein

[1] Der 2. Teil des Manuskriptes von *Das literarische Kunstwerk.*

[2] Im JPPF 5 befinden sich Edith Steins *Beiträge zur philosophischen Begründung der Psychologie und der Geisteswissenschaften,* Halle 1922.

143

Postkarte
Polen
Herrn Dr. Roman Ingarden
Lemberg (Lwów)
Jabłonowskich 4

Absender
Dr. E. Stein
Breslau X
Michaelisstr. 38

Poststempel: Breslau 6. 8. 30

6. VIII. 30.

L. I.,

heute erhielt ich Ihre Karte vom 5. aus Krakau. Ihr Ms. habe ich am 31. VII. an Niemeyer geschickt und vor einigen Tagen schon die Bestätigung aus Halle bekommen. Ebenfalls am 31. VII. schickte ich einen Brief an Ihre Adresse nach Tatarów mit Bemerkungen über die Arbeit. Hoffentlich ist er nicht verloren gegangen.

Mit herzlichen Grüßen
Ihre
E. St.

144

Postkarte
Polen.
Herrn Dr. R. Ingarden
Lemberg (Lwów)
Jabłonowskich 4

Absender
Dr. E. Stein
Breslau X
Michaelisstr. 38

Poststempel: Breslau 12. 8. 30

12. VIII. 30.

L. I.,

wenn Sie einen Vertrag mit N⟨iemeyer⟩ haben und darin eine bestimmte Bogenzahl festgelegt wäre, *müßten* Sie sich wohl fügen. Andernfalls wäre es rechtlich nicht nötig, aber vielleicht taktisch klüger, wenn Ihnen die Beschleunigung des Druckes am Herzen liegt.

In Eile viele Grüße
Ihre
E. St.

145

Postkarte
Herrn Dr. R. Ingarden
Tatarów n/Prutem
Dom. Gesia Diaczula

Absender
Dr. E. Stein
Breslau X
Michaelisstr. 38

Poststempel: Breslau 21.8.30

20.VIII.30.

L. I.,

bitte, seien Sie zufrieden, wenn ich Ihren langen Brief nur mit einer Karte beantworte. Ich habe sehr wenig Zeit und möchte Sie nur beruhigen, daß meine Kritik nur die allgemeine Behandlung des „Lebens", nicht das Leben des Kunstwerks betraf. Wie ich schon in dem Brief schrieb, möchte ich Ihnen durchaus nicht zu einer großen Umarbeitung raten, im Gegenteil von allem abraten, was den Druck verzögern würde. Natürlich habe ich nicht geglaubt, daß Sie diese Behandlung als eine „endgültige" geben, aber auch als „vorläufige" scheint sie mir nicht befriedigend. Freilich läßt sich etwas Befriedigendes in kurzer Form erst sagen, wenn man die großen Untersuchungen durchgeführt hat.

Herzlichen Gruß Ihre
E. St.

146

St. Magdalena, 22. X. 30.

Lieber Herr Ingarden,

gewiß warten Sie schon wieder sehr auf eine Bestätigung, aber meine Zeit wird immer knapper.

Eben habe ich die Vorrede gelesen. Daß der Zweck der Arbeit klar gelegt wird, ist gut und notwendig. Auch die Abgrenzung gegen Husserl kann nützlich sein. Da würde ich aber gern manches gekürzt sehen, was in der jetzigen Form einen falschen Eindruck machen könnte. So S. IVf. die Angaben über die Entstehung der Arbeit. Die wirken in ihrer peinlichen Genauigkeit doch wie eine Sicherung der Priorität (ich weiß, daß es nicht so gemeint ist, aber der Anschein ist da und kann durch die nachträgliche Versicherung des Gegenteils nicht aufgehoben werden). Ich würde an Ihrer Stelle den ganzen Abschnitt in einen Satz zusammenziehen. Aus demselben Grunde würde ich die Unterschiede nicht so in kleine Einzelheiten verfolgen, wie es S. VII f. geschieht, sondern Nr. 5 und 6 weglassen. Es kann da leicht das peinliche Gefühl erweckt werden, als sollte Ihre Selbständigkeit recht nachdrücklich bewiesen werden. Der 1. Satz von Nr. 7 scheint mir als Ersatz für das Weggefallene zu genügen. Andererseits brauchte vielleicht Husserls praeeminentia[1] nicht gar so dick aufgetragen zu werden. Solange ich keinen Bescheid habe, schicke ich das Ms. noch nicht an Niemeyer. Daß Husserl die Vorrede, wenn Sie in diesen Punkten die Sache noch etwas diskreter formulieren, übelnimmt, glaube ich nicht. Er hat mir auf meine briefliche (sehr entschiedene) Stellungnahme lange Zeit nicht geschrieben. Kürzlich kam aber eine ausführliche Karte, die darauf einging und so herzlich abgefaßt war wie nur möglich. Sein Schweigen ist meist nicht auf Verstimmung zurückzuführen.

Hoffentlich geht es Ihrem Jüngsten wieder gut. Mehr zu schreiben, gestattet die Zeit nicht.

Herzlichst Ihre E. St.

[1] Vorrang.

147

Beuron, 22. XII. 30.

Lieber Herr Ingarden,

verzeihen Sie, daß ich erst heute für das Buch[1] danke. Ich habe es schon lange, aber es fehlte – wie so oft schon – die Zeit zum Schreiben. Ich freue mich, daß Sie es so weit haben, und wünsche ihmeinen guten Erfolg. Immerhin: so schnell wird die neue Auflage nicht nötig sein, daß ich mich mit dem Fehler-Verzeichnis beeilen müßte. Sie sind meinem Thomas[2] bei weitem vorausgeeilt. Mein Breslauer Buchhändler – Otto Borgmeyer – hat ihn in seinen Verlag genommen. Dessen Bruder, Franz Borgmeyer in Hildesheim, besorgt den Druck – seit Juni. Es geht eßlöffelweise mit wochen- und monatelangen Pausen, und ich muß jeden Eßlöffel durch Intervention bei beiden Brüdern herauslocken. Immerhin liegen schon einige, sehr gut gelungene Reindruckbogen vor, und bei etwas gutem Willen könnte der I. Band sehr schnell fertig gestellt werden. – Nun Ihr „Geschäft". Wenn ich früher so „dilatorisch" geantwortet habe, wie Sie berichten (ich weiß nichts mehr davon), so war das nur eine Beruhigungspille für Sie. Im Ernst habe ich nie daran gedacht, von Ihnen etwas anzunehmen. Väter von 3 Söhnen brauchen so einen Zuschuß (königlich ist das Honorar sicher nicht) nötiger als eine virgo superadulta[3], die im Kloster lebt.

Nun genug von Geschäften! In 2 Tagen ist Heilige Nacht und ich darf sie in meinem lieben Beuron[4] fast wie ein richtiger Mönch mit feiern. Ihnen und Ihrer ganzen Familie wünsche ich auch ein recht schönes Fest und ein glückliches neues Jahr.

Mit herzlichen Grüßen
Ihre
Edith Stein

Vielleicht fahre ich über Freiburg[5] zurück. Von Koyré[6] habe ich aus Montpellier schon ausführlichen Bericht. Es ist natürlich mit Paris nicht zu vergleichen. Aber es ist doch gut für ihn und für seine Frau, daß endlich ein sicheres Einkommen da ist und obendrein eine schöne, gesunde Umgebung.

[1] *Das literarische Kunstwerk* erschien Halle 1931; vielleicht handelt es sich um ein Vorausexemplar.

[2] *Des hl. Thomas von Aquino Untersuchungen über die Wahrheit (Quaestiones disputatae de veritate).* In deutscher Übertragung von Edith Stein. Mit einem Geleitwort von Martin Grabmann. I. Band (Quaestio 1–13), Verlag von Otto Borgmeyer/Buchhandlung, Breslau 1931. – II. Band (Quaestio 14–29) 1932; das lateinisch-deutsche Wörterverzeichnis 1934 (als gesondertes Beiheft).

[3] Anspielung auf 1 Kor 7, 26. Die *Stuttgarter Kepplerbibel,* die zur Zeit Edith Steins in Gebrauch war, übersetzt: „Jungfrau, die schon über das blühende Alter hinaus ist". Hier scherzhaft, etwa: reichlich alte Jungfer.

[4] Edith Stein war in Beuron vom 20.12.1930 bis 3.1.1931, gemäß Gästebuch der Pension Mayer. In dieser Zeit fand in der Abtei die Taufe von Alice Reis statt. Edith Stein ist im Taufbuch der Benediktiner-Pfarrei als Patin eingetragen. Alice Reis, am 17.9.1903 in Berlin geboren, flüchtete später vor der Judenverfolgung in die Niederlande, wurde wie Edith Stein am 2.8.1942 verhaftet und traf ihre Patin im Sammellager Westerbork wieder. Sie

starb wie Edith und Rosa Stein und die übrigen Gefährtinnen am 9. 8. 1942 in Auschwitz-Birkenau.

[5] Edith Stein verließ Beuron am Morgen des 3. 1., weilte am 4. 1. im Kloster der Benediktinerinnen in Günterstal (St. Lioba) und besuchte wahrscheinlich auch Husserl, denn HChr S. 376 verzeichnet am 14. Januar 1931: „Neulich besuchte uns Frl. Stein". – In Beuron schrieb Edith Stein ihren Vortrag *Das Weihnachtsgeheimnis* nieder, den sie am 13. 1. in Ludwigshafen hielt.

[6] Koyré war zum Akademischen Jahr 1930/31 als Maître de conférences nach Montpellier berufen worden.

148

Postkarte: Kindergroschenkarte Nr. 1. Im Kindergarten.
Polen!
Herrn Dr. R. Ingarden
Lemberg (Lwów)
Jabłonowskich 4

20. II. 31.

L. I., in größter Eile (weil, wie jetzt chronisch, in fast absurder Zeitbedrängnis) 1.) den herzlichsten Glückwunsch und Ausdruck meiner Freude[1], 2.) als 1. bibliographische Notiz: *Siegfried Behn,* Philosophie d. Werte, Kösel & Pustet 1930, 3.) daß ich von Hering nichts weiß, 4.) daß ich von mir manches zu erzählen hätte, was Sie interessieren und auch freuen würde, daß es mir aber zum Erzählen keine Zeit läßt.

Herzlichst
Ihre E. St.

[1] Edmund und Malvine Husserl hatten auch im Februar 1931 ein Glückwunschschreiben an Ingarden gesandt. Dieser bemerkt dazu: „Die Freude Husserls bezieht sich auf den Beschluß der Humanistischen Fakultät der Universität in Lemberg, mich zum a. o. Professor zu ernennen." Die Verwirklichung des Beschlusses verzögerte sich noch bis 1933 (BRI, S. 167).

149

Postkarte Polen!
Herrn Dr. R. Ingarden
Lemberg (Lwów)
Jabłonowskich 4

Absender: Dr. E. Stein
Breslau X
Michaelisstr. 38.

1.V.31.

L. I.,

zu einem Brief komme ich nicht so schnell wieder. Ich möchte Ihnen aber bald sagen, daß Sie ganz unbedenklich nach Halle[1] fahren könnten. Bei Kongressen geht es durchaus friedlich zu, und auch sonst ist die Stimmung nicht so, wie Sie meinen[2]. Damit Sie nicht meiner Weltfremdheit mißtrauen, habe ich meinen Schwager und andere Leute aus den Universitätskreisen gefragt. Sie haben auch nur den Kopf geschüttelt über eine solche Befürchtung.

In Eile herzlichen Gruß,
E. St.

[1] Vom 14.–16.6. traf sich die Kantgesellschaft in Halle; Husserl hielt am 16.6. einen Vortrag *Phänomenologie und Anthropologie*. Vermutlich hatte Ingarden erwogen, dorthin zu fahren.
[2] Ingarden vermutete wohl eine Resonanz auf die damalige Politik der polnischen Regierung unter Pilsudski, welche die deutsche Außenpolitik des Reichskanzlers Brüning zu durchkreuzen suchte.

150

Breslau X, 14.VI.31
Michaelisstr. 38

Lieber Herr Ingarden,

Ihren letzten Brief vom 21.V. erhielt ich in Wien. Ich war 2 Wochen dort[1]. Zu der Übersendung meines Thomas möchte ich noch anmerken, daß ich nur meine Hand auf die Rezensionsexemplare gelegt habe, weil ich zu wenig Freiexemplare hatte, um meine Freunde zu versorgen. Eine kleine Notiz würde mir als Entgelt für den Verleger genügen; die Last einer großen Besprechung möchte ich niemandem aufbürden. Aber wenn Sie es für nützlich halten, in einer größeren Besprechung auf das Werk hinzuweisen, und wenn

Sie das gern tun wollen, werde ich das natürlich dankbar annehmen. Vom II. Bd. ist ein Teil gesetzt; jetzt ist der Druck unterbrochen (der Verleger will wohl erst die Wirkung des I. abwarten und hat etwas anderes dazwischen geschoben), soll aber bald wieder aufgenommen werden. Bisher habe ich von Fachleuten durchweg sehr anerkennende Urteile bekommen und bin natürlich froh darüber. – Husserl schickte mir seine Méd. Cart.[2], ich hatte aber noch keine Zeit, sie zu lesen. Über seinen Berliner Vortrag[3] brachten B.T. und Voss. Ztg[4]. große Berichte, die zeigen, daß sein Auftreten eine große Sensation war: aber eben, wie so etwas heute ist und besonders in Berlin ist – es ist den meisten Leuten um die Sensation und nicht um die Sache zu tun.

Sie wollen wissen, was Pädagogische Akademien sind. Es sind die neuen Institute zur Ausbildung von Volksschullehrern. Die Lehrerbildung ist in den letzten Jahren fast in allen Bundesstaaten neu geregelt worden. In manchen (z.B. in Hamburg) haben die Universitäten sie übernommen. In Preußen sind eigene Akademien begründet worden, die erste in Münster, allmählich in andern Landesteilen; es sollen alle Provinzen damit versorgt werden. Es gibt kath., prot. und paritätische. Ich würde natürlich an eine katholische kommen. Die, an die ich kommen sollte, war zu Spandau geplant (1 Schnellzug-Stunde von Berlin), und es war mir die Psychologie-Professur zugedacht. Sie wird aber wahrscheinlich auch 32 noch nicht kommen, weil das Geld fehlt. Ich bin nicht traurig darüber. Die Akademien sind zwar an sich günstig gestellt, als Lieblingskinder der Regierung reichlich ausgestattet; als Vorbildung wird Abitur verlangt, und es wird nur eine Elite von Schülern aufgenommen. Aber nach meinen Erfahrungen in Speyer erscheint mir ihre Aufgabe als eine fast unlösbare; Lehrer müssen erzogen werden; es hat keinen Sinn, daß ihnen etwas 2 Jahre lang akademisch vordoziert wird. – Ganz neu ist die Frage der Habilitation in Breslau an mich herangetreten. Qui vivra, verra[5]. Vorläufig gibt mir das neue Opus[6] genügend zu tun.

Herzliche Grüße Ihnen und Ihren Lieben
Ihre E. St.

[1] Edith Stein war eingeladen zum Dritten Österreichischen katholischen Frauentag vom 26.–31.5.1931, zu dem sich prominente Referenten aus dem In- und Ausland trafen. Zur dortigen Zentenarfeier zum 700. Todestag der hl. Elisabeth von Thüringen hielt Edith Stein den Vortrag *Elisabeth von Thüringen – Natur und Übernatur in der Formung einer Heiligengestalt* (vgl. Briefe vom 11. und 23.5.1931 in ESGA 2, Nr. 153, Nr. 156). Der Vortrag wurde gedruckt in: *Das Neue Reich. Wochenschrift für Kultur, Wissenschaft und Volkswirtschaft*, hg. von A. Schöpfer und J. Messner, Wien, Innsbruck und München, 13, 37 (13.6.1931) und 13, 38 (20.6.1931), ferner in ESW XII, S. 126–138; jetzt in ESGA 19/20.

[2] *Méditations Cartésiennes*, Paris 1931 (Bibliothèque de la Société Française de Philosophie). – Das Exemplar im Nachlaß trägt auf der Vorderseite die von Husserls Hand eingetragene Widmung: „Edith Stein zugeeignet, mit herzlichen Grüßen in treuer Gesinnung, von EHusserl, Freiburg, 13.V.31" (Edith-Stein-Archiv D I 13).

[3] Husserl hielt in Berlin in der Kant-Gesellschaft am 10.6.1931 den Vortrag *Phänomenologie und Anthropologie.*
[4] *Berliner Tageblatt* und *Vossische Zeitung* (nach dem Verleger Voss benannte Tageszeitung in Berlin, 1934 erloschen).
[5] „Wer noch lebt, wird's sehen."
[6] Die als Habilitationsschrift gedachte Studie *Potenz und Akt* (ESGA 10).

151

Freiburg i. Br.-Günterstal
St. Lioba, 29. XI. 31.

Pax!

Lieber Herr Ingarden,

Ihr letzter Brief (vom 27. IX.) traf mich in Breslau kurz vor der Abreise. Vom 12. X. / 30. X. hatte ich im rheinisch-westfälischen Industrieezirk 15 Vorträge an 15 verschiedenen Orten zu halten, am 12. XI. noch mal einen in Bonn, zwischendurch war ich in Speyer, von Bonn fuhr ich hierher, um die Frage der Habilitation zu klären. Sie ist auf Grund der allgemeinen Wirtschaftslage negativ entschieden worden; d.h. die beiden Fachleute haben mir die Habilitationsfähigkeit auf Grund der früheren Leistungen und auch der neuen Arbeit zugesprochen, aber mir von einem offiziellen Versuch abgeraten, weil er bei der Fakultät und beim Ministerium nicht durchzusetzen wäre[1]. Die Aussichten auf eine pädagog. Akademie sind auch völlig geschwunden, da keine neuen Akademien mehr gegründet und sogar einige bestehende aufgelöst werden. Einige Aussichten haben sich unterwegs eröffnet. Ich habe die eine nun zunächst ins Auge gefaßt: eine Dozentenstelle am Pädagogischen Institut in Münster, das als Zentrum der katholischen Pädagogik für ganz Deutschland anzusehen ist[2]. Hoffentlich wird das nun bis Ostern. Ich möchte natürlich das Wander- und Redeleben nicht immer fortsetzen. Mitte Januar muß ich nochmal zu Vorträgen nach Zürich[3]. Bis dahin will ich hier bleiben. Der Meister ist überaus lieb und herzlich; es tut ihm sehr leid, daß ich nicht hier bleiben kann. Gestern habe ich mit Kaufmann einen großen Spaziergang gemacht und mir von seinen aesthetischen Arbeiten erzählen lassen, die sich ja etwas mit den Ihren berühren. – Daß bei Ihnen ebenso wie bei uns das Kulturleben durch die Finanzlage eingeschnürt wird, habe ich aus Ihrem Brief mit Staunen gesehen; natürlich tut es mir sehr leid, daß auch Sie persönlich so davon betroffen werden. Koyrés letzte Karte mit seiner neuen Adresse kann ich leider nicht finden. Vielleicht erreicht es ihn, wenn Sie nach Montpellier an die Universität schreiben. Seine Hoffnung, bald nach Paris zurück zu können, hat sich nicht erfüllt. Von Hering verlautet seit längerer Zeit nichts. Darf ich Ihnen schon heute, am 1. Adventssonntag, meine herzlichsten Weihnachtsgrüße für Sie und die Ihren mitschicken?

Ihre
E. St.

[1] Vgl. dazu die Arbeit von Hugo Ott, *Edith Stein und Freiburg*, in: *Freiburger Diözesan-Archiv*, 107. Band (3. Folge 39. Band) 1987, S. 253–274.
[2] Deutsches Institut für wissenschaftliche Pädagogik, gegr. 1922. Die Gründung ging vor allem auf Maria Schmitz zurück und wurde getragen vom Verein katholischer deutscher Lehrerinnen (VkdL) und dem Katholischen Lehrerverband Deutschlands. Maria Schmitz, geb. 5.2.1875 in Aachen, gest. 9.7.1962 in Essen, Pädagogin und 1. Vorsitzende des VkdL, setzte sich zuerst für die Berufung Edith Steins als Dozentin ein. – Das Institut befand sich, als Edith Stein am 29.2.1932 nach Münster kam, im Borromäum nahe dem Domplatz, zog aber bald um in die Engelstr. 25. Edith Stein war Mitglied des VkdL. Von diesem Verein ging die erste Bemühung um eine Seligsprechung Edith Steins aus.
[3] Die Katholische Frauenorganisation Zürich lud ein zu vier Vorträgen unter dem Thema „Christliches Frauenleben“: *Frauenseele; Frauenbildung; Frauenwirken; Frauenleben im Licht der Ewigkeit* (ESGA 13, S. 79–114). Edith Stein hielt jeden Vortrag zweimal: am 18., 20, 25. und 27.1.1932 im Kasino Aussersihl, dem Pfarrsaal von St. Peter und Paul, und am 19., 21., 26. und 28.1. im katholischen Gesellenhaus am Wolfbach. Der Sonntag, 24.1., war einer großen Elisabethfeier im großen Saal der Tonhalle in Zürich vorbehalten, bei der Edith Stein den Vortrag hielt: *Lebensgestaltung im Geist der hl. Elisabeth* (ESW XI, S. 27–39; ESGA 19/20). – Edith Stein wohnte während ihres Aufenthaltes in Zürich in der Dreikönigsstr. 34.

152

Pax!

Beuron, 25.XII.31.

Lieber Herr Ingarden,

den Tod Ihrer Mutter[1] hatte ich durch Husserl erfahren. Ich dachte aber, daß Sie noch Näheres schreiben würden. Ich kann mir wohl denken, daß es schwere Tage für Sie waren und daß sie noch nachwirken.

Die Freiburger Philosophen muß ich entschieden verteidigen. Honecker[2] hat sich, obwohl er mich gar nicht kannte, große Mühe gegeben. Er hat sich vergeblich! bemüht, mir ein Privatdozentenstipendium vom Ministerium zu verschaffen, hat stundenlang mit mir und mit Husserl beraten. Da aber Leute, die keinerlei Versorgung haben, von d. Fakultät nicht mehr zugelassen werden, hat er mir schließlich geraten, lieber nicht einzureichen, um mir eine Zurückweisung zu ersparen. Heidegger war durchaus freundlich, wenn er mir auch die Sache als aussichtslos hinstellte. Er meinte, vor 1 Jahr wäre es noch ohne Schwierigkeiten gegangen. Und er hat sich meine Arbeit zum Lesen behalten und neulich über 2 St. mit mir darüber gesprochen, in einer sehr anregenden und fruchtbaren Weise, so daß ich ihm wirklich dankbar bin. Was aus mir wird, weiß ich nun freilich nicht. Sollte bis nach meinen Züricher Vorträgen[3] noch nichts entschieden sein, so würde ich Anf⟨ang⟩ Februar wieder nach Breslau gehen. Das Weihnachtsfest[4] habe ich mir dadurch nicht trüben lassen. 28. XII./13. I. bin ich wieder in Freiburg-Günterstal St. Lioba. Koyré hat indessen den Ruf nach Paris bekommen und wohnt dort 2 rue Navarre.

Herzlichst
Ihre E. St.

[1] Witoslawa Radwanska.
[2] Martin Honecker, geb. 9.6.1888 in Bonn, gest. 20.10.1941 in Freiburg, Professor für christliche Philosophie in Freiburg.
[3] Vgl. Br. 151, Anm. 3. – Die Vorträge Edith Steins in Zürich wurden veröffentlicht in: *Mädchenbildung auf christlicher Grundlage. Organ der Abteilung für höhere Mädchenbildung des Vereins katholischer deutscher Lehrerinnen und des Verbandes katholischer deutscher Philologinnen*, 1. und 2. Vortrag in 28,6 (20. März 1932) S. 161–174, 3. und 4. Vortrag in 28,7 (5. April 1932) S. 193–205; Nachdruck in ESGA 13, S. 79–114.
[4] In Beuron findet sich im Gästebuch der Pension Mayer ihr Eintrag: „… gnadenreiche Weihnachten 22./28. XII. 31, E. Stein".

153

Pax!

Münster i⟨n⟩ W⟨estfalen⟩, 9. III. 32.
Collegium Marianum.

Lieber Herr Ingarden,

Ihr letzter Brief ist mit mir in Zürich – Beuron – Freiburg[1] gewesen und schließlich mit hierher gereist. Seit dem 29. II. bin ich hier.

Sie schrieben damals, Sie hätten Husserl gefragt, wie er sich zum Problem des Todes stelle. Ich habe versucht, ihn darauf zu sprechen zu bringen, unbarmherzig nach allen Abschweifungen immer wieder darauf hingelenkt – aber vergeblich. Er verfolgte den Strom immer rückwärts (übrigens ohne die Frage der Geburt hinreichend zu klären) und war nicht vorwärts zu bringen. Es ist noch viel schwerer als früher, mit ihm sachlich zu diskutieren. *In* seinen Bahnen kann er noch erstaunlich intensiv und zäh arbeiten, aber ihn herauszubringen ist kaum noch möglich. Er möchte gern jetzt noch systematisch die ganze Transzendentalphilosophie aufbauen und alle seine älteren Untersuchungen mit den nötigen Verbesserungen darin einordnen (utopische Arbeitspläne!) – außerhalb gibt es nichts mehr. Persönlich ist er immer lieber, wärmer und herzlicher geworden; darum sind mir die Freiburger Monate wertvoll und ich bin nicht leicht von ihm weggegangen. – Sie fragten, ob ich meine Arbeit „*über* Thomas und Husserl" aufgeschrieben hätte. Das ist es nicht. Es ist eine systematische Arbeit über „Akt und Potenz", die nur die Problematik von Thomas aus entwickelt und sich dann zu meinem „System d. Philosophie" – und das ist freilich eine Auseinandersetzung *zwischen* Thomas und Husserl – auswächst. Dies zu schreiben war ja meine Arbeit im letzten Sommer, um derentwillen ich von Speyer wegging (ich habe es nie bereut, trotz der wirtschaftlichen Krisis). Es ist ein Ms. von über 450 Maschinenseiten, das ich Husserl, Heidegger und Honecker vorgelegt habe. Mit Heidegger hatte ich eine sehr schöne, fruchtbare Aussprache darüber. Für den Druck müßte es noch einmal gründlich durchgearbeitet werden[2]. Wann ich dazu komme, weiß ich nicht. Denn ich gehöre ja nun seit dem 1. III. zum Deutschen Institut für wissenschaftliche Pädagogik (der katholischen Zentralstelle für ganz Deutschland) und muß mich in die psychologische und pädagogische Literatur einarbeiten, um die ich mich seit bald 20 J. sehr wenig gekümmert habe. Ich habe im S⟨ommer⟩ S⟨emester⟩ bestimmt Vorlesungen über Probleme der neueren Mädchenbildung[3] zu halten und vielleicht auch noch ein Kolleg über die Synthese der philosophischen Disziplinen in der Erziehung und Bildung (falls der Mann, der es bisher gehalten hat, wegberufen würde)[4]. Vorher habe ich aber noch in der Osterwoche Vorträge in München zu halten (1. und 3. IV. im Bayrischen Rundfunk[5]) und werde wohl die Gelegenheit benutzen, auf der Hinfahrt doch noch mal Karwoche u. Ostern in Beuron[6] zu sein. Ab 5. IV. etwa wieder hier.

Mit herzlichen Grüßen und Wünschen Ihre
E. St.

[1] Zu den Zürcher Vorträgen vgl. Br. 151, Anm. 3. Edith Stein verließ Zürich am 30. 1., um nach Beuron zu fahren. Im Gästebuch der Familie Mayer befindet sich über diesen Aufenthalt kein Eintrag. In Beuron hat sie auch einige Male anderswo Quartier bezogen.

[2] Diese Arbeit wurde 1998 in ESW XVIII veröffentlicht, bearbeitet durch Hans Rainer Sepp; demnächst in ESGA 10.

[3] Die Vorlesung fand 14tägig am Samstag von 18.30 h–20 h statt. Edith Stein hat die ersten drei Abschnitte der Vorlesung für den Abdruck in der *Benediktinischen Monatsschrift* (Beuron) leicht überarbeitet, hier unter dem Titel *Probleme der Frauenbildung* in Jg. XIV, Heft 9–10, S. 356–371 und Heft 11–12, S. 436–444; Jg. XV Heft 1–2, S. 24–44 und Heft 3–4, S. 110–122. In ESGA 13, S. 127–208 findet sich der Text unter dem ursprünglichen Titel *Probleme der neueren Mädchenbildung*.

[4] Bernhard Rosenmöller, geb. am 17.4.1883 in Hamburg, gest. am 19.3.1974 in Münster, las im Sommersemester 1932 über „Die Synthese der philosophischen Disziplinen im Rahmen der Bildungs- und Erziehungslehre". 1934 wurde er nach Braunsberg/Ostpreußen und 1937 nach Breslau berufen. Dort kam er in ernste Schwierigkeiten wegen seiner Katholizität und seines Eintretens für verfolgte Juden. Er versorgte auch die in Breslau zurückgebliebenen Schwestern Stein mit Lebensnotwendigem.

[5] In den Archiven des BR war über Edith Steins Vorträge nichts aufzufinden. (Unterlagen über jüdische Referenten sollen im Dritten Reich vernichtet worden sein; manches ging wohl auch durch den Krieg verloren.) In der Zeitschrift *Frauenland*, dem Organ für die Hausfrauen- und Landfrauen-Vereinigungen des Katholischen deutschen Frauenbundes, findet sich eine Anzeige (1932, Heft 6, S. 46) über Edith Steins Vortrag *Fragen der mütterlichen Erziehungskunst* am Freitag, den 1.4. Nach Edith Steins Brief vom 20.3.32 an Elly Dursy (ESGA 2, Nr. 247) sprach sie darüber auch am 3.4. Das Manuskript ist in zwei getrennten Abhandlungen verfaßt und mit den beiden obigen Daten versehen. – Am Nachmittag des 3.4. sprach Edith Stein beim Jungen Frauenkreis des Frauenbundes über *Die geistige Lage der Frau in der Jetztzeit.* Es gibt keinen Anhaltspunkt für eine schriftliche Fassung oder einen Druck. – Die Verbindung zum BR kam vermutlich zustande durch Marie Buczkowska (geb. 18.4.1884 in Wien-Mödling, gest. 16.10.1968 in München), die in der „Stunde der Frau" des BR tätig war und Edith Stein vom Frauenbund her kannte. Marie Buczkowska wurde 1933 aus diesem Amt entfernt, kam aber 1948 als Vertreterin der Christlichen Frauenverbände Bayerns in den Rundfunkrat, dem sie lange Jahre angehörte. – Während dieses Aufenthalts in München wohnte Edith Stein in Haus Venio, damals Baader Str. 56 a; s. die dortige Chronik. Edith Stein traf dort auch Alois Mager OSB, Erich Przywara SJ und wahrscheinlich auch Gertrud von le Fort.

[6] Edith Stein war in Beuron vom 19.–29. oder 30.3. (Ostern war am 27./28. März).

154

Pax!

Münster i.W., 29.IV.32
Collegium Marianum.

Lieber Herr Ingarden,

jedesmal fasse ich den guten Vorsatz, bald zu antworten (Ihr Brief vom 13.III. war wieder mit in Beuron u. München), aber nie läßt er sich ausführen. Ich muß mich jetzt durch eine ∞ ⟨unendliche⟩ Flut psychologischer, pädagogischer u. Frauenliteratur durcharbeiten. Aber beim Ausarbeiten der Vorlesungen bin ich doch sehr schnell zu philosophischen Fragen gelangt. Und es ist sehr wahrscheinlich, daß der Professor, der jetzt nebenamtlich am Institut die Philosophie liest, bald wegberufen wird, und dann soll sie mir zufallen. In den letzten Wochen ist in rasendem Tempo mein II. Thomas-Band gesetzt worden, angeblich soll der Druck am 20.V. abgeschlossen sein. Daß ich Ihnen von der großen Arbeit des letzten Sommers[1] im letzten Brief zum erstenmal geschrieben haben soll, erscheint mir mehr als unwahrscheinlich. Ich weiß zwar bei meiner Riesenkorrespondenz gewöhnlich nicht, was ich an wen geschrieben habe. Aber ich habe Ihnen doch sicher mal von Breslau aus geschrieben. Und was sollte ich dann anderes geschrieben haben als von dieser Arbeit, derentwegen ich von Speyer wegging und die damals meine Hauptbeschäftigung war? Ich vermute also einen lapsus Ihres Gedächtnisses (den ich gut verstehen und gar nicht übelnehmen würde). *Hier* habe ich nur einen Abzug, den ich nicht gut aus der Hand geben kann. Es liegen aber noch welche bei Honecker und Heidegger; ich hatte nur noch keine Zeit sie einzufordern. Vielleicht wäre es auch besser, wenn Sie bis zum Druck warteten, 1.) weil ich wohl noch manches ändern werde; 2.) weil ich noch mit Schauder daran denke, was für Schwierigkeiten es gemacht hat, bis mir auf der Post in Speyer Ihr Ms. (Lit⟨erarisches⟩ Kunstwerk) zur Rücksendung abgenommen wurde. – Im Sept.–Okt. muß ich in Aachen einen Kursus über die Anthropologie des Hl. Thomas halten[2]. Zur Vorbereitung bleibt mir nur der August: zugleich die einzige Zeit, um nach Breslau zu fahren (ich war seit Oktober nicht mehr zu Hause), davon werde ich nicht gut etwas streichen können. Aber sicher stünde Ihrem Besuch in Schlesien gar nichts im Wege. Meine Angehörigen wunderten sich schon im letzten Jahr über die absurde Idee, daß das Schwierigkeiten machen sollte[3]. – Ich habe den Meister bis zuletzt von Ihnen nie anders als mit großer Liebe sprechen hören. Sachlich freilich kommen wir alle nicht mehr in Betracht: denn wenn wir den Idealismus kapiert hätten, müßten wir zustimmen. Nach seiner Überzeugung hat er nur *einen* Schüler, und das ist Fink[4]. Kaufmann oder Becker betrachtet er durchaus nicht als ihm zugehörig. Darum glaube ich auch nicht recht an ein organisiertes Vorgehen gegen Sie.

Koyré ist jetzt an der Sorbonne (Paris, 2 rue Navarre). Im Mai soll er nach Köln kommen (wegen Schelers Nachlaß[5]), dann wird er mich wohl besuchen.[6] Alles Gute und herzliche Grüße

Ihre E. St.

[1] Die als Habilitationsschrift gedachte Abhandlung *Potenz und Akt.*

[2] Dieser Kursus kam nicht zustande – „zum Glück für mich“ schreibt Edith Stein am 28. 8. 1932 an Adelgundis Jaegerschmid (ESGA 2, Nr. 216).

[3] Siehe Br. 149, Anm. 2.

[4] Eugen Fink, geb. 11. 12. 1905 in Konstanz, gest. 25. 7. 1975 in Freiburg; seit 1928 Assistent und nächster Mitarbeiter Husserls bis zu dessen Tod, auch in der Zeit, als dieser als jüdischer Philosoph in Mißkredit gekommen und vereinsamt war. Fink arbeitete mit Ludwig Landgrebe nach Husserls Tod am Husserl-Archiv in Löwen. Von 1948 bis 1971 war er Ordinarius in Freiburg.

[5] Maria Scheler und Heidegger hatten Alexandre Koyré, Walter F. Otto, Adhámar Gelb und Paul-Ludwig Landsberg zu Beratungen eingeladen über die Edition von Schelers Nachlaß.

[6] Koyré besuchte Edith Stein in Münster am Fronleichnamstag, 26. Mai 1932.

155

Münster i. W., 11. XI. 32
Collegium Marianum

L. I.,

oft habe ich in den letzten Monaten an Sie gedacht und mir einige Sorge gemacht, ob Sie etwa krank seien oder vielleicht jemand von Ihren nächsten Angehörigen. Aber der Entschluß, mich zu erkundigen, kam nicht zur Reife – aus demselben Grunde, aus dem Sie nicht schrieben. Mit Heinrich Scholz habe ich hier eine sehr alte Bekanntschaft erneuert. Aber nach den Ferien sprach ich ihn noch nicht, bekam also auch Ihre Grüße noch nicht ausgerichtet. – Meine Arbeit über Akt u. Potenz[1] habe ich nach meiner Rückkehr hierher seit einem Jahr zum erstenmal wieder vorgenommen, 1.) um festzustellen, was noch daran revisionsbedürftig sei – und das ist erheblich viel; 2.) um zu sehen, was ich daraus für meine Vorlesung (Aufbau der menschlichen Person)[2] brauchen könne – das ist auch allerhand, aber es muß doch alles neu durchgedacht u. geformt werden, und so nimmt mir das die meiste Zeit. Und da noch einige andere Dinge nebenher laufen, ist wenig Aussicht, daß ich bald an das systematische Durcharbeiten jener Arbeit komme. Münster ist eine wunderschöne Stadt, die Ihnen auch gefallen würde. Die Arbeit würde mir sicher große Freude machen, wenn ich besser dafür ausgerüstet wäre. Aber ich sehe immer deutlicher, wie völlig ich dem Wissenschaftsbetrieb entfremdet war, und so brauche ich für alles unverhältnismäßig viel Aufwand an Zeit und Energie und komme mir doch wie ein blutiger Dilettant vor.

Im September habe ich eine sehr schöne Arbeitstagung der Société Thomiste in Juvisy[3] bei Paris mitgemacht (etwa 35 persönlich eingeladene Teilnehmer, darunter 6 Deutsche[4]). Thema: Phänomenologie u. ihre Bedeutung für die thomistische Philosophie. Bei der Gelegenheit habe ich Paris kennen gelernt; ich war 10 Tage bei Koyrés. Unterwegs traf ich Frau Conrad in Heidelberg[5] und war einen Tag bei Hering in Straßburg. Frau Conrad hat sehr Schönes in der letzten Zeit gearbeitet[6]: einen kleinen Aufsatz in der Zeitschrift Catholica (Paderborn) über die „Bedeutung eines substanziellen Seinsbegriffs für eine theistische Metaphysik“, einen über „Metaphysik und ihre methodische Stelle“ in den Philosophischen Heften (Berlin-Wannsee); dieser 2. enthält eine prachtvolle Kritik von Nikolai Hartmann. Eine größere Arbeit über Stufen des Seins ist noch nicht gedruckt. Sie liegt seit einigen Monaten in England, um Fr⟨au⟩ C⟨onrad⟩ ein Stipendium für 3 J. im Newnham-College–Cambridge zu erwirken. Ich warte von Tag zu Tag auf Nachricht, ob die Entscheidung endlich gefallen sei[7].

Ich wollte Sie schon immer fragen, ob Sie den 1. Band meiner Thomas-

Übertragung behalten oder weitergegeben haben. Ein Rezensionsexemplar des 2. Bdes. gibt der Verleger nur an Leute, die den 1. besprochen haben. Wenn Sie aber beide Bände nicht haben und gern hätten, würde ich sie Ihnen so schicken.

Daß Sie auf einem Wege sind, bei dem Ihnen eine Begegnung mit mir immerhin möglich scheint, ist mir natürlich eine sehr willkommene Nachricht.

Mit herzlichen Grüßen, auch an Ihre Frau und Ihre Söhne
Ihre Edith Stein

[1] Edith Stein zitiert den Titel ihrer Arbeit öfter umgekehrt; eigentlich: *Potenz und Akt.*
[2] ESGA 14.
[3] Dort hatten die französischen Dominikaner ein großes Kloster mit Studienkolleg.
[4] Die sechs eingeladenen Deutschen waren: Daniel Feuling OSB, Alois Mager OSB (beide Beuron), Fritz-Joachim v. Rintelen (München), Bernhard Rosenmöller, Edith Stein (beide Münster) und Gottlieb Söhngen (Bonn).
[5] Hedwig Conrad-Martius weilte in Heidelberg wegen eines Krankenhausaufenthalts. Sie besuchte mit Edith Stein die Abtei Neuburg bei Heidelberg, wo sie P. Petrus Jans trafen und wo Edith Stein mit P. Daniel Feuling sprach. Dieser erzählt in seinen Erinnerungen (Original im Archiv des Kölner Karmel: G I/Fe/1946), daß er Schwierigkeiten mit seinem französischen Referat für Juvisy hatte und daß Edith Stein ihm vor Beginn der Tagung noch eine Arbeit von Koyré besorgte, aus der er sich über die französische Terminologie unterrichten konnte. Präsident der Tagung war Jacques Maritain. Feulings Vortrag *Le mouvement phénoménologique: position historique, idées directrices, types principaux* und die anschließende Diskussion mit ausführlichen Beiträgen von Edith Stein sind abgedruckt in *La Phénoménologie. Journées d' Études de la Société Thomiste*, Juvisy 1932.
[6] Zu den beiden erwähnten Arbeiten vgl. den folgenden Brief. Aus der größeren Arbeit über Stufen des Seins erschien der Hauptteil *Grundformen des Seins – Stoff und Geist* erst in neu bearbeiteter Fassung als zweiter Teil von *Das Sein*, München 1957.
[7] Conrad-Martius hatte sich für das Stipendium beworben, um eine Arbeit über *Ontologie in ihrem Verhältnis zum Idealismus und Realismus, sachlich und historisch dargestellt*, schreiben zu können, die nach der negativen Entscheidung unausgeführt bleiben mußte. Unsprünglich war Edith Srein selbst für dieses „Research Foellowship" in Cambridge vorgeschlagen worden durch die dortige Vorgängerin Ellen Sommer von Seckendorff, hatte aber wegen der Verpflichtung in Münster ihrerseits auf H. Conrad-Martius verwiesen.

156

Münster i. W., 18. XII. 32
Collegium Marianum

Lieber Herr Ingarden,

mit den herzlichsten Wünschen zum Weihnachtsfest und zum neuen Jahr wenigstens eine kurze Beantwortung Ihrer Fragen. Die an Koyré gehen an ihn weiter mit der dringenden Bitte, sie zu beantworten. Er ist Ihnen natürlich nicht böse, sondern hat die Sache einfach verbummelt. (Er selbst sagt in solchen Fällen: ich bin ein Schwein.)

Die beiden Arbeiten von H. Conrad-Martius sind:

1.) Die fundamentale Bedeutung eines substanziallen Seinsbegriffs für eine theistische Metaphysik (Catholica, Zf. Vierteljahrsschrift für Kontrovrstheologie, 1. Jg., 2. Heft, April 1932, Verlag des Winfriedbundes, Paderborn. – N.b. Frau Conrad ist nicht katholisch!)

2.) Bemerkungen über Metaphysik und ihre methodische Stelle. Enthaltend eine Auseinandersetzung mit Nikolai Hartmanns „kritischer Ontologie". (Philosophische Hefte, herausgegeben von Maximilian Beck, Berlin-Wannsee 1932)

Im nächsten Band von Koyrés Recherches (die Sie sicher sehr interessieren würden) kommt auch ein Beitrag von Fr. C⟨onrad⟩: Über Dasein, Substanz, Seele[1].

Wegen meines Thomas brauchen Sie sich keine Mühe zu machen. Ich bin nicht traurig, wenn keine Besprechung kommt. Und wenn es Ihnen Freude macht, dann behalten Sie den Band und schreiben es mir; dann lasse ich Ihnen den II. schicken.

Neulich hat sich eine studierende Klosterfrau von mir Ihr literarisches Kunstwerk geliehen, weil Günther Müller[2] es in seinem Literaturkolleg empfohlen hatte.

Viele herzliche Grüße
Ihre
Edith Stein

[1] *L' existence, la substantialité et l'âme*, in: *Recherches philosophiques* II, Paris 1932/33, S. 148–181. Der deutsche Originaltext wurde veröffentlicht in: Hedwig Conrad-Martius, *Schriften zur Philosophie I*, München 1963; dort auch Wiederabdruck der beiden oben genannten Arbeiten.

[2] Günther Müller, Husserl-Schüler aus Göttingen, geb. 15.12.1890 in Augsburg, gest. 9.7.1957 in Bad Honnef, Professor in Freiburg/Schweiz, in Münster und Bonn, bedeutender Literaturkritiker. – Edith Stein erwähnt ihn in den Aufzeichnungen über Göttingen ESGA 1, 205; 253.

157

Münster i. W., 25. I. 33
Collegium Marianum.

Lieber Herr Ingarden,

Ihren lieben Brief vom 2. I. habe ich in Berlin bekommen, wo unser Institut einen Ferienkursus gab. Dann war ich 2 Tage in Breslau und kam in einem ähnlichen Ermüdungszustand zurück, wie Sie ihn schilderten. Sonst hätte ich schon eher Ihre Fragen beantwortet, d. h. Ihnen wenigstens geschrieben, daß es mir vorläufig nicht möglich ist, Ihre Idealismusarbeit noch einmal zu lesen und ebensowenig, Hartmanns Buch (das mich sachlich sehr interessieren würde, weil ich mich mit dem Thema selbst beständig herumschlage) zu studieren und mit Ihrem lit. Kunstwerk zu vergleichen. Ich bin sehr untüchtig. Ich kann selbst von dem Notwendigsten, was ich zu tun hätte, nur einen kleinen Bruchteil bewältigen.

Schreiben Sie doch mal an Frau Conrad um Separata. Es ist möglich, daß Sie wenigstens das eine oder andere von ihr bekommen können. Die Sachen, die Sie so nicht bekommen, würde ich Ihnen ev. auf kurze Zeit leihweise schicken. Eben hat sie wieder eine sehr schöne Kritik von Heideggers Sein u. Zeit im „Kunstwart" veröffentlicht[1]. Den gibt es doch wohl bei Ihnen?

Kenner der Scholastik und des Hl. Thomas bin ich leider noch immer nicht. Bei Thomas spielt die Frage der verschiedenen Seinsweisen natürlich überall eine Rolle. De ente et essentia[2], die Quaest⟨iones⟩ disputatae de potentia, auch de veritate geben sicher viel dafür, dann wohl die Aristoteleskommentare, bes. zur Metaphysik. Eine verhältnismäßig knappe und schöne Orientierung über Thomas finden Sie in Gilsons[3] „Le Thomisme". Zur Orientierung über die Scholastik wird Ihnen Grabmanns „Geschichte der scholastischen Methode"[4] sehr nützlich sein, obwohl (oder vielleicht weil) er reiner Historiker ist.

Wenn Prof. Stepa[5] eine Besprechung des I. Thomas-Bandes schreibt, bitte ich ihn, 2 Belegexemplare an den Verleger zu schicken und sich den II. Bd. als Rezensionsexemplar einzufordern. Dann bekommt er ihn sicher. Und wenn er die Rezensionsexemplare I und II in seinem Besitz hat, dann will ich Ihnen gern für Ersatz sorgen.

Nehmen Sie für heute mit diesen spärlichen Zeilen vorlieb und schon heute herzliche Glückwünsche zu Ihrem Geburtstag, der doch jetzt bald kommt.

Mit herzlichen Grüßen an Sie und die Ihren
Ihre
Edith Stein

[1] *Heideggers ‚Sein und Zeit'* in: *Deutsche Zeitschrift* (vormals *Kunstwart*) 46, 4 (1933); jetzt ebenfalls in *Schriften zur Philosophie I.*

[2] Edith Stein hat De ente et essentia übersetzt und dabei den Titel gewählt: *Das Seiende und das Wesen* (Handschrift im Edith-Stein-Archiv in Köln, B I 5). Die von Rudolf Allers, einem Freund Edith Steins, besorgte Übersetzung trägt den Titel *Über das Sein und das Wesen*, Hegner Wien 1936. Ein Exemplar befindet sich im Nachlaß Edith Steins (D I 22). Erstausgabe in ESGA 24.

[3] Étienne Gilson, geb. 13.6.1884 in Paris, gest. 19.9.1978 in Cravan/Yonne, war Mitglied der Académie Française in Paris. *Le Thomisme* erschien 1927 in 3. Aufl.

[4] Martin Grabmann, *Geschichte der scholastischen Methode*, 2 Bde., Freiburg 1909 und 1911.

[5] Jan Stepa (1892–1959) war Ordinarius für Philosophie in Lemberg, katholischer Geistlicher und später Erzbischof von Tarnow. Seine Rezension erschien in: *Przeglad Filozoficzny* 36 (1933), S. 296f.

158

Postkarte
Herrn Dr. R. Ingarden
Jabłonowskich 4
Lemberg (Lwów)
Polen

Absender
Dr. E. Stein
Köln-Lindenthal
Dürenerstr. 89.

Poststempel: Kassel 13.10.33

13.X.33.

L. I.,

lange haben wir nichts von einander gehört. Ich war die letzten beiden Monate bei meiner Mutter und bin jetzt auf dem Wege nach Köln, um morgen dort ins Kloster der Karmeliterinnen[1] einzutreten. Es ist ein alter Plan, der durch die Zeitverhältnisse zur Reife gekommen ist.

Ihnen und Ihren Lieben alle guten Wünsche und herzliche Grüße

Ihre
E. St.

[1] Veraltete Form für Karmelitinnen. Der Kölner Karmel befand sich damals in Köln-Lindenthal, Dürener Straße 89. Edith Stein gibt schon diesen Absender an. Sie übernachtete bei ihren Freunden, Hedwig und Dr. Siegfried Spiegel, die ganz in der Nähe in der Uhlandstr. 15 wohnten, und trat am folgenden Tag in die Klausur ein.

159

Pax Xi.[1]

Köln-Lindenthal, 27.XI.33
Dürenerstr. 89.

Lieber Herr Ingarden,

vor Adventsbeginn erledigen wir gern unsere Briefschulden, weil wir dann möglichst frei von äußeren Verpflichtungen sein möchten. So sollen auch Sie jetzt den ersten Gruß aus der stillen Zelle haben. Ich konnte es mir wohl denken, daß Sie diesen Schritt nicht gleich mit Freuden begrüßen würden. Aber eigentlich sollten alle meine alten Freunde sich mit mir freuen, daß ich endlich dort gelandet bin, wo ich längst hingehörte. Es war ja für mich durchaus kein neuer Entschluß, sondern nur die Ausführung eines sehr alten, wozu die Zeitverhältnisse den Anstoß gaben. Und für niemanden, der mir nahestand, bedeutet es einen Verlust, sondern alle sollen Anteil haben an dem Gewinn, den es mir bringt. Ich glaube, wir werden uns nicht einmal seltener sehen als sonst, denn wenn Sie einmal nach Deutschland kommen könnten, würden Sie mich ja doch besuchen. Und die Angelegenheiten meiner Freunde werden immer meine Teilnahme finden. Ich denke auch, daß das Verständnis für philosophische Fragen mir nicht gänzlich abhanden kommen wird. Das Wesentlichste sind sie mir ja schon seit vielen Jahren nicht mehr gewesen. Überdies habe ich Erlaubnis, die Stunden, die uns für private Arbeit zur Verfügung stehen, zur Fortführung meiner alten Arbeiten zu verwenden. Ich habe in den letzten Wochen sogar ein bißchen Duns Scotus[2] studieren können, wozu ich bisher nie Zeit fand, obwohl ich längst weiß, was für Schätze bei ihm zu finden sind. – Wenn Sie den Wunsch hätten, vom Geist des Karmel etwas zu erfahren, müßten Sie die Schriften unserer großen Ordensheiligen Teresia von Jesus und Johannes vom Kreuz zur Hand nehmen. Ich vermute, daß es polnische Übersetzungen gibt. Sonst würden Ihnen ja wohl deutsche erreichbar sein. Die Romanisten werden Ihnen Auskunft geben können.

Ihnen und Ihrer Familie sende ich schon heute die herzlichsten Wünsche für die Advents- und Weihnachtszeit und viele Grüße

Ihre
Edith Stein

[1] Friede Christi!
[2] Johannes Duns Scotus, scholastischer Philosoph und Theologe, bedeutender Vertreter der franziskanischen Schule, geb. 1266 in Duns/Schottland, gest. 8.11.1308 in Köln; sein Grab ist in der dortigen Minoritenkirche.

160

Pax Xi!

Köln-Lindenthal, 5. V. 34
Dürenerstr. 89.

Lieber Herr Ingarden,

Sie haben sträflich lange nichts mehr von mir gehört, nicht einmal – expressis verbis[1] – einen Glückwunsch zu Ihrer Professur, obgleich ich doch weiß, wie lange Sie darauf gewartet haben und wieviel sie, wirtschaftlich und wissenschaftlich und dadurch schließlich auch seelisch, für Sie bedeutet. Ich habe es aber auch selbst büßen müssen, daß ich Ihrem professoralen Gedächtnis nicht zu Hilfe gekommen bin: zu Weihnachten schrieben Sie nämlich, Sie freuten sich von Herzen, daß ich hier offenbar das Glück gefunden hätte. Die Erinnerung an diese Tatsache und damit die Freude selbst sind Ihnen aber in den Monaten seither wieder entschwunden, und so habe ich zu meinem schönen Einkleidungsfest einen sehr säuerlichen Glückwunsch-Ersatz bekommen. Nun kann ja ein einziges Essigtröpfchen in einem Meer von Süßigkeit nicht viel anrichten. Aber es tut mir doch für Sie selbst leid, daß Sie an meiner Freude keinen Anteil haben sollen. Ich war so froh um jeden, der hier war und sich mit mir freute. Und das waren viele. Von den Phänomenologen Hedwig Conrad-Martius. – Es ist also nun schon 3 Wochen[2] her, daß für Edith Stein das Sterbeglöckchen geläutet hat. Statt dessen gibt es jetzt die Schwester Teresia Benedicta a Cruce[3]. Das ist etwas lang für den täglichen Gebrauch, und so wird sie gewöhnlich Schwester Benedicta genannt. Sie trägt einen braunen Habit und einen weißen Novizenschleier, bei feierlichem Chordienst einen weißen Mantel. Sie schickt Ihnen ein Bildchen, aus dem Sie sehen können, wie sie als Braut ausgesehen hat. Und ein anderes, dessen Texte[4] Ihnen etwas von der Geschichte ihrer Seele erzählen. Davon auch 1 Exemplar für Ihre Frau.

Hat Ihnen der Meister geschrieben, daß er einen Ruf nach San Francisco angenommen habe?[5] Man berichtete mir das als Zeitungsmeldung. Er selbst schrieb noch kürzlich, ohne etwas davon zu erwähnen. Wenn es sich bestätigen sollte, werden Sie ebenso wenig damit zufrieden sein wie ich.

Wenn ich die unabzählbare Menge meiner Dankbriefe erledigt habe, soll ich wieder an die Arbeit gehen und die verschiedenen Fragmente, die ich hierher mitbrachte, eins nach dem andern zu Ende führen. Deus providebit[6].

Immer mit den besten Wünschen für Sie und alle Ihre Lieben und mit herzlichen Grüßen

Ihre Schwester
Teresia Benedicta a Cruce
O.C.D.

[1] „mit ausdrücklichen Worten".

[2] Die Einkleidungsfeier war am 15. April 1934, am 2. Sonntag nach Ostern.

[3] „a Cruce" = vom Kreuz. – Es besteht im Karmel der Brauch, solch einen Zusatz zum Rufnamen zu tragen. „Der tiefste Sinn ist aber doch wohl der, daß wir eine persönliche Berufung haben, im Sinn bestimmter Geheimnisse zu leben." – „Unter dem Kreuz verstand ich das Schicksal des Volkes Gottes, das sich damals schon anzukündigen begann. Ich

dachte, die es verstünden, daß es das Kreuz Christi sei, die müßten es im Namen aller auf sich nehmen …" (ESGA 3, Nr. 352, Nr. 580).

[4] Zur Einkleidungsfeier benutzte man Bildchen mit Text, die im Kloster für solche Anlässe ohnehin vorhanden waren, und die Novizin schrieb mit Hand einige Worte darauf. Erst zur Ewigen Profeß wurden eigens Andenkenbilder für die Neuprofesse gedruckt. – Das Bildchen an Ingarden trägt auf der Rückseite den Text: „Der Herr ist mein Licht und mein Heil – wen sollte ich fürchten? Ps. 1, 26" – „Ich brachte euch in das Land des Karmel, daß ihr seine Früchte und seine besten Güter genießet (Introitus aus der Vigilmesse des Hochfestes U.L.F. vom Berge Karmel)". – „Willst du dahin gelangen, alles zu sein, verlange in nichts etwas zu sein (Hl. Johannes v. Kreuz)". Handschriftlich hatte Edith Stein hinzugefügt „Zur Erinnerung an meine hl. Einkleidung am 15. IV. 34. Teresia Benedicta a Cruce O.C.D."

[5] Im November 1933 hatte Husserl einen Ruf an die University of Southern California in Los Angeles (nicht nach San Francisco) erhalten, den er im Januar 1934 ablehnte.

[6] „Gott wird vorsorgen".

161

Köln-Lindenthal, Dürenerstr. 89
⟨ohne Datum; Sommer 1937⟩

Lieber Herr Ingarden,

es hat mich sehr gefreut, etwas von Ihnen zu hören. Das will ich Ihnen dadurch beweisen, daß ich nicht 3 J. mit der Antwort warte. Daß Sie mir wegen meines Eintritts in den Orden „böse wären", glaubte ich nicht. Eine sachlich so unmögliche Reaktion auf eine letzte persönliche Entscheidung könnte ich Ihnen doch nicht zutrauen. Ich dachte nur, es könnte in meinem letzten Brief etwas gewesen sein, was Ihnen die Lust zum Schreiben nahm. Umso besser, wenn es nicht so war. Für Zeitmangel habe ich das größte Verständnis aus eigner Not und dispensiere Sie daher gern vom Schreiben, wenn Sie nicht etwa mal gerade etwas auf dem Herzen hätten, was Sie gern sagen möchten.

Was Sie an Voraussetzungen über unsere Einstellung zum Leben aussprechen, geht so gründlich daneben, daß wir wohl an kein Ende kämen, wenn ich mich aufs Widerlegen einlassen wollte. Es wird besser sein, wenn ich Ihnen ganz einfältig etwas von unserm Leben erzähle. Wir glauben, daß es Gott gefällt, sich eine kleine Schar von Menschen auszuwählen, die besonders nahen Anteil an seinem eigenen Leben haben sollen, und glauben zu diesen Glücklichen zu gehören. Wir wissen nicht, nach welchen Gesichtspunkten die Auswahl getroffen wird. Jedenfalls nicht nach Würde und Verdienst, und darum macht uns die Gnade der Berufung nicht stolz, sondern klein und dankbar. Unsere Aufgabe ist es, zu lieben und zu dienen. Weil Gott die Welt, die er geschaffen hat, niemals preisgibt und vor allem die Menschen sehr lieb hat, ist es natürlich für uns unmöglich, die Welt und die

Menschen zu verachten. Wir haben sie nicht verlassen, weil wir sie für wertlos hielten, sondern um für Gott frei zu sein. Und wenn es Gott gefällt, müssen wir auch mit manchem, was jenseits unserer Mauernliegt, die Verbindung wieder aufnehmen. An sich gilt es bei uns gleich, ob man Kartoffeln schält, Fenster putzt oder Bücher schreibt. Im allgemeinen verwendet man aber die Leute zu dem, wozu sie am ehesten taugen, und darum habe ich sehr viel seltener Kartoffeln zu schälen als zu schreiben. Anfangs waren es kleine Sachen, rein religiöse oder Buchbesprechungen. Aber ziemlich bald, nachdem ich die 1. hl. Gelübde abgelegt hatte (das geschah Ostern 1935[1]), bekam ich den Auftrag, einen großen Entwurf[2], den ich hierher mitgebracht hatte, für den Druck fertig zu machen. Ich habe den Entwurf sehr bald kassiert und neu zu schreiben begonnen. Es ist ein 2bändiges opus geworden über „Endliches und ewiges Sein". Das Ms. des I. Bdes. ist schon dem Verlag Anton Pustet in Salzburg zum Druck übergeben. An dem II. werde ich noch einige Zeit herumzufeilen haben. Vielleicht könnte mir daher Ihre Arbeit über den formalen Aufbau des indiv⟨iduellen⟩ Gegenstandes[3] noch nützlich sein. Aber, bitte, schicken Sie sie nur, wenn es Ihnen keine Mühe macht. – Es sind jetzt bald 4 J., seit ich hier bin[4]. Eine sehr schwere Prüfung habe ich in dieser Zeit durchmachen müssen. Das war die letzte Krankheit und der Tod meiner Mutter. Wir hatten uns seit meinem Abschied von daheim nicht wiedergesehen. Im letzten Sommer habe ich monatelang in ständiger Erwartung der Todesnachricht gelebt. Meine Mutter starb am 14. Sept., am Fest Kreuzerhöhung, gerade zu der Stunde, als wir hier – wie alljährlich an diesem Tage – unsere Gelübde feierlich erneuerten.

Könnten Sie sich wohl entschließen, mich „Schwester Benedicta" zu nennen, wie ich es jetzt gewöhnt bin? Bei „Fräulein Stein" muß ich mir überlegen, was das für ein Ding ist.

Mit den herzlichsten Wünschen und Grüßen für Sie und Ihre Lieben
Ihre Schw. T. Benedicta a Cruce, O.C.D.

[1] Am frühen Ostermorgen, 21.4.1935, legte Edith Stein zeitliche Gelübde (für drei Jahre) ab; sie müssen, wie es kirchenrechtliche Vorschrift ist, der feierlichen Profeß (den „ewigen Gelübden") vorausgehen.

[2] Ihre ehedem als Habilitationsschrift gedachte Abhandlung *Potenz und Akt*. Das neue Manuskript sandte der Verlag Anton Pustet am 3.6.1937 an das Fürsterzbischöfliche Ordinariat in Salzburg, um die vorgeschriebene Druckerlaubnis (Imprimatur) einzuholen – ein Anhaltspunkt für die Datierung des Briefes auf 1937.

[3] Roman Ingarden, *Vom formalen Aufbau des individuellen Gegenstandes*, in: *Studia Philosophica. Commentarii Societatis Philosophorum Polonorum*, Bd. I, Leopoli 1935, S. 29ff.

[4] Edith Stein trat am 14.10.1933 in den Orden ein; auch diese Angabe spricht für das Jahr 1937, ebenso der Tod ihrer Mutter († 1936). Zur Zeit Edith Steins fand am Fest Kreuzerhöhung (14. September) eine Devotionserneuerung der Gelübde statt. Heute nimmt man diese in der Osternacht vor, im Anschluß an die Erneuerung des Taufgelübdes.

162

† Pax Xi!

Köln-Lindenthal
6. V. 38

Lieber Herr Ingarden,

heute habe ich Ihren lieben Brief bekommen. Ich antworte Ihnen sofort, weil ich wohl weiß, was Husserls Tod[1] für Sie bedeutet. Ich weiß nicht, ob man Ihnen Näheres geschrieben hat. Er hatte sich in den letzten Wochen ganz von Irdischem gelöst, auch von seiner Arbeit, und war nur noch von Sehnsucht nach der ewigen Heimat erfüllt. So war es ein seliges Sterben, das keine Trauer der Zurückbleibenden will. Damit ist aber die Dankesschuld seinem Lebenswerk gegenüber nicht aufgehoben. Gerade in dieser Zeit wäre es sehr angebracht, sie in einer Gedenkschrift zum Ausdruck zu bringen. Aber wer wird sie herausgeben? In welchem Lande soll sie erscheinen? Wir sind ja so weit in der Welt zerstreut und durch so viele Schwierigkeiten gebunden. (N. B. Auch für mein 2bändiges opus hat sich das Land noch nicht gefunden, in dem es erscheinen kann[2].) Vielleicht können Sie es ermöglichen, nach Köln u. Freiburg zu kommen, um mündlich das Nötige zu besprechen. Sonst wird schwerlich etwas zustandekommen. Leider können wir Koyré nicht herzitieren, er ist an der Université Égyptienne in Kairo – wie es scheint, jetzt dauernd.

Die Feste, die ich feiern durfte, bilden den letzten Abschluß der Prüfungsjahre: die endgültige Bindung und Aufnahme in den Orden durch die ewigen Gelübde; die Aufnahme in den kirchlichen Stand der gottgeweihten Jungfrauen durch die öffentliche Überreichung des Schleiers[3].

Was es bedeutet, von Gott für ewig angenommen zu sein, das läßt sich in Worten nicht aussprechen. – Ich habe schon seit dem letzten Herbst durch häusliche Ämter so viel zu tun, daß für zusammenhängende wissenschaftliche Arbeit keine Zeit mehr bleibt. Meine Vorgesetzten würden mich gern arbeiten lassen, aber die lebensnotwendigen Geschäfte gehen vor; und in so einer kleinen klösterlichen Familie – wir dürfen nicht mehr als 21 aufnehmen – ist niemand überzählig. Ich glaube sicher, daß man Mittel und Wege finden würde, um mir einen Beitrag zu ermöglichen, wenn eine Gedenkschrift zustandekäme. Aber die organisatorische Arbeit könnte ich nicht leisten. Abgesehen davon käme ich auch aus andern Gründen für die Herausgabe nicht in Frage[4].

Wissen Sie, daß Conrads Bergzabern ganz aufgegeben haben? Sie wohnen jetzt München 55, Kattenplatz 3. Vielleicht werden Sie dorthin auch schreiben. Frau Conrad dürfte ja nicht fehlen.

Viele herzliche Grüße an Sie und Ihre Lieben,
Ihre Schwester
Teresia Benedicta a Cruce O.C.D.

[1] Husserl starb am 27.4.1938.
[2] Als Österreich dem Großdeutschen Reich als „Ostmark" eingegliedert wurde, war auch in Salzburg keine Publikationsmöglichkeit mehr für eine jüdische Autorin. Zuletzt hatte sich der Breslauer Verlag Otto Borgmeyer, der schon Edith Steins Thomas-Übertragung verlegt hatte, zu dem Wagnis angeboten. Er konnte aber den Druck nicht beenden, weil nur noch Mitglieder der Reichsschrifttumskammer (zu der „Nichtarier" nicht zugelassen waren) publizieren durften. Das Werk *Endliches und ewiges Sein* konnte erst 1950 veröffentlicht werden (ESW II, 1. Aufl. 1950, 2. Aufl. 1962, 3. Aufl. 1986; Neuauflage in ESGA 11 und 12). Dem Kölner Karmel war es mit Hilfe guter Freunde gelungen, das Manuskript zu retten.
[3] Damals war die Überreichung des (schwarzen) Schleiers eine eigene, von der Gelübdeablegung getrennte Feier, nämlich für Edith Stein am 1. Mai 1938; die ewigen Gelübde waren am 21.4. vorausgegangen.
[4] Wegen ihrer jüdischen Abstammung.

Verzeichnis der benutzten Literatur

Edith Steins Werke (ESW):

Bd. VI: *Welt und Person. Beitrag zum christlichen Wahrheitsstreben.* Hg. von L. Gelber und Romaeus Leuven OCD, Louvain und Freiburg 1962

Bd. XI: *Verborgenes Leben. Hagiographische Essays, Meditationen, Geistliche Texte.* Hg. von L. Gelber und Michael Linssen OCD, Druten und Freiburg – Basel – Wien 1987

Bd. XII: *Ganzheitliches Leben. Schriften zur religiösen Bildung.* Hg. von Lucy Gelber und Michael Linssen OCD, Freiburg – Basel – Wien 1990

Edith Stein Gesamtausgabe (ESGA):

Bd. 1: *Aus dem Leben einer jüdischen Familie und weitere autobiographische Beiträge.* Bearbeitung und Einleitung von Maria Amata Neyer OCD. Hg. von Klaus Mass OCD, Freiburg – Basel – Wien 2002.

Bd. 2: *Selbstbildnis in Briefen. Erster Teil 1916–1933.* Einleitung von Hanna-Barbara Gerl-Falkovitz; Bearbeitung und Anmerkungen von Maria Amata Neyer OCD. Hg. von Michael Linssen OCD, Freiburg – Basel – Wien 2000, 2. Aufl. 2004

Bd. 3: *Selbstbildnis in Briefen. Zweiter Teil 1933–1942.* Einleitung von Hanna-Barbara Gerl-Falkovitz; Bearbeitung und Anmerkungen von Maria Amata Neyer OCD. Hg. von Michael Linssen OCD, Freiburg – Basel – Wien 2000, 2. Aufl. 2004

Bd. 13: *Die Frau. Fragestellungen und Reflexionen.* Einleitung von Sophie Binggeli; Bearbeitung von Maria Amata Neyer OCD. Hg. von Michael Linssen OCD, Freiburg – Basel – Wien 2000, 2. Aufl. 2002

Bd. 16: Bildung und Entfaltung der Individualität. Beiträge zum christlichen Erziehungsauftrag. Einleitung von Beate Beckmann; Bearbeitung von ders. und Maria Amata Neyer OCD. Hg. v. Michael Linssen OCD, Freiburg – Basel – Wien 2001

Andere:

Edith Stein. Ein Lebensbild, gewonnen aus Erinnerungen und Briefen. Von Sr. Teresia Renata de Spiritu Sancto OCD (Posselt), 7. Auflage, Nürnberg 1954

Edith Stein. Die zweite Lebenshälfte. Aus den Originaldokumenten dargestellt von Maria Amata Neyer OCD, in: Edith Stein, *Aus meinem Leben.* Sonderausgabe, Freiburg – Basel – Wien 1987, S. 375–400

Edmund Husserl und die phänomenologische Bewegung. Zeugnisse in Text und Bild. Katalog zur Ausstellung, hg. von Hans Rainer Sepp, Freiburg-München 1988

Husserl, Edmund, *Aufsätze und Vorträge 1911–1921.* Husserliana Bd. 25. Mit ergänzenden Texten hg. von Thomas Nenon und Hans Rainer Sepp, Dordrecht 1987

Husserl, Edmund, *Briefe an Roman Ingarden* (Phaenomenologica Bd. 25). Mit Erläuterungen und Erinnerungen an Husserl hg. von Roman Ingarden, Den Haag 1968

Husserl, Edmund, *Briefwechsel.* Husserliana, Dokumente Bd. III, 10 Tle. In Verbindung mit Elisabeth Schuhmann hg. von Karl Schuhmann, Dordrecht 1993–1994

Husserl-Chronik. Denk- und Lebensweg Edmund Husserls. Husserliana, Dokumente Bd. I. Hg. von Karl Schuhmann, Den Haag 1977

Jahrbuch für Philosophie und phänomenologische Forschung. In Gemeinschaft mit M. Geiger/München, A. Pfänder/München, A. Reinach/Göttingen (bis Bd. 3), M. Scheler/Berlin hg. von Edmund Husserl, Verlag Max Niemeyer, Halle a. d. S., Bd. 1/1913 – Bd. 11/1930

Reinach, Adolf, *Sämtliche Werke.* Textkritische Ausgabe in 2 Bänden. Hg. von Karl Schuhmann und Barry Smith, München 1989

Rodi, Frithjof, und Karl Schuhmann, *Hans Lipps im Spiegel seiner Korrespondenz.* In: *Dilthey-Jahrbuch für Philosophie und Geschichte der Geisteswissenschaften.* Hg. von Frithjof Rodi in Verbindung mit O. F. Bollnow, U. Dierse, K. Gründer, R. Makkreel, O. Pöggeler und H.-M. Sass, Bd. 6, Göttingen 1989, S. 52–98

Register

Namen aller Personen, die in den Brieftexten oder in den Anmerkungen erwähnt sind

(Ziffern beziehen sich auf die Briefnummern)

Zeitfracht Medien GmbH
Ferdinand-Jühlke-Straße 7,
99095 - DE, Erfurt
produktsicherheit@zeitfracht.de

FSC
www.fsc.org
MIX
Papier | Fördert
gute Waldnutzung
FSC® C083411